教师情感表达与师生关系构建丛书

···· 丛书主编 **朱小蔓** ····

教师情感表达与师生关系构建

操作手册

|初中|教师卷|

主编◎王平

副主编◎徐志刚 范小江

北京师范大学出版集团
BEIJING NORMAL UNIVERSITY PUBLISHING GROUP
北京师范大学出版社

图书在版编目(CIP)数据

教师情感表达与师生关系构建操作手册．初中教师卷/朱小蔓，王平主编．—北京：北京师范大学出版社，2018.10(2019.8重印)
(教师情感表达与师生关系构建丛书)
ISBN 978-7-303-23947-4

Ⅰ.①教… Ⅱ.①朱… ②王… Ⅲ.①初中—中学教师—教学工作—手册 Ⅳ.①G451—62

中国版本图书馆CIP数据核字(2018)第162242号

营 销 中 心 电 话　010-58802181　58805532
北师大出版社职业教育与教师教育分社网　http://zjfs.bnup.com
电 子 信 箱　zhijiao@bnupg.com

出版发行：北京师范大学出版社　www.bnup.com
北京市海淀区新街口外大街19号
邮政编码：100875
印　刷：北京溢漾印刷有限公司
经　销：全国新华书店
开　本：787 mm×1092 mm　1/16
印　张：14
字　数：220千字
版　次：2018年10月第1版
印　次：2019年8月第2次印刷
定　价：38.00元

策划编辑：郭　翔　　责任编辑：薛　萌
美术编辑：焦　丽　　装帧设计：焦　丽
责任校对：陈　民　　责任印制：陈　涛

丛书总序

“教师情感表达与师生关系构建丛书”是基于“全球化时代的‘道德人’培养——教师情感表达与师生关系构建”项目的系列成果。这个项目由本人主持开展，2018 年已进展到第 4 年。本丛书是我们在前几年开展活动及进行理论和实践探讨基础上形成的成果。本丛书现在由北京师范大学出版社出版，希望能借此让广大一线教师在教育教学活动中对情感表达及师生关系构建有更好的认识和相应的实践改善。

本人在《情感教育论纲》中曾指出：“研究情感教育也就是研究人的情感与人的生存发展的道德关系、认知关系、审美关系、价值关系如何取得最佳状态。”因此，情感教育的过程必然不排斥知性教育，更不把情感与知识、道德等对应或者割裂开来，而是将“情感”作为辐射教育活动和人的发展全领域的基础性、全息性因素看待。情感教育是以个体的生命活动规律及其呈现出来的情绪、情感状态为生理依据，以教育的方式，将与人的发展密切相关并且对于人的发展具有重要影响的情绪、情感进行正向、积极的引导，并使其生长出新的情感品质。

从 20 世纪 80 年代开始至今，由于复杂的文化发展和历史原因，特别是受西方技术理性主义思想影响，受全球化体系下的竞争性文化、绩效文化的冲击，教育中越来越强调量化的绩效和问责，导致人的鲜活、丰富的精神世界和教育、学习活动中的情感被忽视、缺失等问题愈来愈严重。因此，在实践和理论研究中探索情感教育更具有现实的针对性。

正是基于本人 30 多年来对情感教育的理论探索，以及对现实教育场域中情感教育的极大缺失所带来的道德滑坡、师生关系恶劣带来的极端恶性事件的时常发生感到痛心，深感有必要更多地进入教育现场中为改善学校情感生态环境尽一份力。从教师情感表达和师生关系的构建切入，是因为我们认为教学是学校生活的核心，教师和学生主要是在教和学的过程中建立师生关系。

教师是教学的组织者和引导者，教师情感表达的质量、方式和效果成为构建良好师生关系的关键。因此，在项目的实施中，我们从“情感”切入，引导教师在教学生活中关注师生双方，特别是学生在教与学中的感受，引导教师关注教学过程中的体验，努力摆脱既定的教学设计对教学过程中不确定的、充满活力的生命的束缚，及时调整教学设计和教学评价，特别是关注师生之间、生生之间有质量的导向学习和互动探究。同时，我们也关注教师课堂生活之外的学习，帮助教师提升整体人文素养和回应情感需求的敏锐性。

我们从一开始就是从教育现实的问题中来，凭借多年在情感教育领域的理论探索，回到教师实践中去，是理论和实践融合并相互补充的方法路径。我们组建了包括大学研究者和优秀一线教师的大型研发团队，历时两年多，研发编写了《教师情感表达与师生关系构建操作手册》(幼儿园、小学、初中三卷本)。同时在两所种子学校，即北京中学和江苏省南通田家炳中学进行扎根式的教师情感素养培育，在课堂中与教师开展持续的“情感—交往型”课堂观察和研讨，并将出版“情感—交往型”课堂教学指南和示例作为该丛书中的一部。在项目开展过程中，我们凝聚了一批志愿投身情感教育课堂实践中的教师，也希望以出版物的形式分享他们的思考和实践以飨读者，召唤、吸引更多志同道合的教师实践情感育人的事业。

这是一个加速变化的时代，人们的物质欲望在消费的快速更迭中不断被激发，人工智能的发展不断地对各种职业包括教师职业提出挑战。但是，在技术大有取代人的形势下，情感教育更是凸显出其重要性，因为正是情感使得人无法简化为一种如智能机器一般仅仅作为功能性的存在。在师生交往中培育优美的情感和指向善的完整人格，是立足时代又超越时代的教育主旨。希望我们所做的情感教育实践的努力，能够为教育的正本清源贡献一些力量。

最后，衷心感谢香港田家炳基金会对项目的慷慨资助。感谢北京师范大学教师教育研究中心为项目提供的智力支持。感谢北京师范大学教育基金会对项目的支持。感谢北京师范大学出版社对丛书出版的支持。感谢我的项目团队，特别是两所种子学校北京中学和江苏省南通田家炳中学老师们的热情参与。

朱小蔓
2018 年 6 月

CONTENTS

目录

引言

教育是人类社会中人与人之间一种特殊的情知相连的互动交往活动。联合国教科文组织报告《教育——财富蕴藏其中》一书中这样定义教育：教育是使人的身体、智力、审美和精神都得到发展。这一定义的意义在于提出教育应促进人的全面发展及培养完整的人。朱小蔓教授在《情感教育论纲》中指出："对教育要作完整的理解，不能回避、抽离情感层面。"情绪、情感是人类精神生活中最重要的组成部分，是人类经验中最亲近的、人类行动中最复杂的感受，它与生俱来，不断发育成为支持德、智、体、美诸方面素质发展的基础性、内质性材料。

在学校这一特定的环境内，教学活动建立在教育性的师生关系基础之上。在师生交往过程中，情感是师生关系构建最基本的线索、渠道。教师工作的重要性之一在于培养学生成为心灵丰富且健康的人。苏霍姆林斯基在《和青年校长的谈话》中谈到，教师是有情感修养的人，儿童每天都在亲身感受老师对其行为举止在他的心灵深处做出的最细腻的情感反应。这种反应就是用人道精神进行教育的强大基础，离开它就无所谓学校。① 教师情感对于和谐师生关系构建具有重要意义。内在情感和精神世界丰富并保持开放性的教师，能够关注学生的情感(包括情绪)的表达，敏锐地发现学生沉默、对抗等消极情绪背后的精神活动，并创造性地寻找到转化学生消极情绪为积极行动动机的契机。这些都需要教师不仅要关注学生外在的学习行为，更要关注学生的精神世界，需要教师具有情感的敏感性，更需要教师自身是情感饱满丰富的人。

师生交往过程中的情感氛围、情感体验不仅对包括学生学习、交往和参与学校班级生活在内的一切学生的健全发展构成重要的影响，而且对教师生

① ［苏］苏霍姆林斯基：《和青年校长的谈话》，赵玮等译，123页，北京，教育科学出版社，2009。

命的成长及教师专业素养的提升具有重要价值。在教育实践活动中，具有敏感性的教师能够敏锐发现学生的情感需求，理解、表达并与学生沟通，做出恰当的情感应对。如果没有教师本人对所教学科的挚爱甚至痴迷、执着的情感，没有经常性地对胜任该学科教学的自我肯定的积极体验，不但他自己成长不快，而且也无法影响学生的情感态度价值观。情感素质作为整个教师生命体的一部分，不仅是教师自我生命质量的重要部分，而且是构成教师专业素质的关键甚至是核心，是教师专业素质获得整体提升并由此获得专业与生命沟通的桥梁与内核。教师有无情感—人格资质与技能，是否形成情感交往关系或“情感场”，受教育者是否有情感经验的积累或改组，既是判断教师情感素质的重要指标，也是衡量教师专业成长的重要标志。

长期以来，关于教师专业发展的理论和实践，往往比较强调教师在学科知识与技能意义上的“专业性”，强调教师职业生涯必须追求专业发展，却忽视情感在教师成长中的重要性，相对缺乏对教师作为生命体的情感素质的重视。而在教师的职前培养和职后教育与培训中，相对于教师的专业知识、技能而言，对于教师情感素质的重视也显得不够。

“教师情感素质提升与师生关系构建手册”项目旨在通过和一线教师共同研究、探讨和实践，提升教师在师生交往中的情感表达水平，带动提高教师情感素质，改革学校教育教学实践，促进学生生命的积极健康成长。

一、“教师情感素质”的提出与教育应对

最近一二十年来，随着经济社会的快速发展，我国城市化进程不断加快。社会蓝皮书《2012 年中国社会形势分析与预测》，指出 2011 年中国城镇人口占总人口比重首次超过 50%。根据学者预测，到 2020 年中国城市化率将达到 60%左右，2050 年将要达到 70%～75%。伴随城市化进程的加速，学校人群结构发生很大变化，学生家庭在贫富、早期教养、生活方式、价值观方面出现前所未有的异质现象。同时，就大的社会文化背景而言，一方面中国人的物质生活总体富裕程度大大提升，但与此相伴贫富两极分化依然严重，迅疾到来的互联网时代、价值观的纷争多元等都使得整个民族及国民精神文明的提升、建设明显滞后于物质文明的提升、建设。这些都对教育，尤其对学校

教育构成巨大的压力与挑战，对学校管理水平、对教师队伍的人文素质带来冲击。杜威说："社会的激烈变革只有同样激烈的教育变革才能与之适应。"教育变革、学校变革任重而道远，其中教师人文素质，包括情感素质及能力的提升是改善学校教育效果、促进教育品质提升的重要路径之一。

情感是人性发育、人格健全、价值观形成的重要基础。学校教育要为人的生命顺遂成长展开自己的使命，就不能不关注人的情感状态、情感品质及能力的增长。在学校这个特定的时空场里，教师是与学生相处时间最长、交往最频繁的人。教师须有一定的情感素质去面对学生的情感需求，构成与学生互动良好、积极的师生关系，才能够使学校教育目标顺畅地得以实现。

（一）当代青少年的成长环境与突出问题

1. 独生子女家庭潜藏的情感危机亟待解决

伴随着中国改革及经济社会变迁而出现的独生子女家庭在20世纪80年代的中国城市开始出现，并在新婚家庭中普及，在农村也占有一定的比例，到今天已经逐渐成为主流家庭模式。80年代出生的独生子女被称为"独一代"。目前，这些"独一代"们也已进入了婚育年龄，他们的子女又多数成为"独二代"。这两代人经历了与其父辈和祖辈不同的家庭环境、经济环境和社会环境，与上两代人有着不同的生活模式、教育模式（教育观念）和成长模式。他们是家里的掌上明珠，物质生活有了极大改善，但是生活自理能力差、情感上过分依赖或孤僻、自私，不懂得感受他人等，暴露出很多现代家庭教育、学校教育和孩子的成长问题，对传统教育提出了新的挑战。

"五四"时期讨论过的"现在我们如何做父母"的问题依然困扰着每个家庭。每个人最早都是从家庭里成长，并逐步通过学校这个中间环节，最终实现走向社会的。家庭生活，形成了一个人人格的基础，在学校和社会上的表现，一定程度上只是其基础人格的展示和发挥的过程。因此可以说，有什么样的家庭教育，就有什么样的学生，而有什么样的学生，就可能有什么样的社会人。

家庭教育不是简单的亲子关系，父母遗传基因、教养方式、家庭生活氛围等在很大程度上影响和决定着一个人的人格和价值观，是社会文化传承和发展的初始点。家庭是情感教育的第一课堂，个体情感（包括亲情、友情、爱情、乡情等）最佳教育时段在学前，情绪模式和情感基调的形成则在家庭，个体情感的健康基础在这个时期奠定。然而，目前家庭中的情感教育多是非自觉状态甚至蒙昧状态（如部分家长对孩子青春期的性与爱的教育的回避等）。同时，受应试教育的影响，父母过度关注知识、技能，忽视、割裂了孩子的情感，孩子变成了分数机器，一个没有感情的人，一个冷漠的人，他的目标仅仅就是超过别人。这种状况亟待引导和改善。

2. 学校中的情感教育迫在眉睫

应试教育愈演愈烈、屡抑不止的现象使人的创造性和多元智力倾向在题海战术和标准答案的研磨中钝化窒息，并且影响到学生的身心健康。过度偏重认知训练而忽略情感成长，不仅可能会造就一些有知识没文化、有头脑没心灵的机械化的畸形发展的人，而且会不同程度地造成一部分学生产生抑郁、孤僻、自卑、胆怯、自私、冷漠、不诚实、缺乏自信等心理障碍。而近年来频繁出现并在媒体曝光引发公众高度关注的个别对生命的漠视、对待他人的冷漠残忍、处理人际关系的粗暴冲动等极端现象更是令人震惊。青少年学生在突发事件面前暴露出的无知无措、极端自私和不可理喻的冷酷，对自我和他人情感的茫然和麻木等现象昭示出情感教育的严重滞后。

朱小蔓教授于20世纪80年代中期提出学校德育应反对过于知识性、体系化教学，应反对过分追求标准化的评量，应将人的情绪感受、体验凸显出来。近30年的学术传播对学校课程改革、教师教育、学校管理走向以人为本的文化产生积极作用，也涌现一批有各自特色的情感教育实践典型，但总体看，情感教育的思想远未抵达实践层面，学校对情感教育的重要性缺乏认识，直接关心学生和教师情感成长为目标的学校情感教育实践及研究太少。其中不乏以“激情是追求真理的动力”为导向，利用积极情绪促进认知，强调教学中渗透情感者；或者从疏导、调节学生情绪入手，以解决心理问题或试图提升思想道德水平者。这些实践及研究的着眼点大多把情感作为手段，而真正把情感作为教育目标、研究对象，深入研究情感发展规律、情感教育方法的很少，在教育中研究如何促进人的情感认知、情感表达、情感交流、情感理解、情感发展的具体成果寥寥。当年朱小蔓教授呼吁学校情感教育需要人文情感素质的教师，时至今日，无论在职前还是职后教师教育中，仍鲜有对教师情感素质及能力的直接关心。

第一，学校在处理和应对学生成长中的情感需求和情感问题方面的教育不够。学校教育对于人的亲情、友情、人际关系处理、爱情、学习活动中的正面情感体验与负性情绪，乃至心灵成长等重要的情感现象的关注、呵护、引导与援助在课程体系中长期比较薄弱，或故意回避。比如厌恶学习、逃学，比如同伴排斥，比如青春期的异性交往、早恋等。学习困难的心理障碍、青春期困惑、反抗期焦虑、心理压力和精神疾患等几乎都被“正规教育”“计划教学”忽略，这种只见书本不见人的“非人”的教育，无法满足人的安全感、被承认感、被接纳感、独立感、惬意感及自由创造等正当情感需求。

第二，学校教育师生交往中的情感交流与表达现状令人担忧。比如，教师常常以指令性的语言，如“你们应该怎样”“不应该怎样”和学生进行交流，以自己的视角和自身的体验一厢情愿地揣测学生的反应，忽视学生的情感体验。如此，师生之间就容易产生隔阂，很难产生相互之间的认同和信任关系。此外，师生交往中过分注重工具性交往，而忽视情感交流，比如在课堂上，师生之间的交往被狭义强调为单纯的以知识、智力为核心的工具性交往，情感上的坦诚和深入交流不够。在课后，教师大部分时间待在办公室里备课、批改作业，很少深入学生中去与学生交往谈心。如此，教师不了解学生的真实思想，师生之间就很难产生真正的情感关系。不仅如此，教师和学生在课堂之外的交往，如家访等，常常演变为教师向家长告状，诉说学生学习活动的不足与缺陷，从而使师生之间的距离隔阂不断加深加宽，部分教师与学生之间甚至成为“敌人”。特别是随着年级增长，班级的科层制度逐渐增强，学生开始厌倦与教师的互动交流，教师在学生的情感交往中隐退，学生开始构建属于自己的“同类空间”。

第三，教师自身的情感素养和能力十分欠缺。纵观目前中小学基础教育阶段师生关系不理想的原因，除了现代化发展过程中带来的种种负面关系在学校中师生关系的投射，教师自身的情感素养低下也难辞其咎。教师对其自身的情感素养对儿童的人格发展的影响缺乏基本的认知，师生关系中缺乏基本的关怀性的情感氛围。同时，不管是在师范生培养还是在职后教师培训中，都缺乏对教师情感素养的教育，而家长作为学生成长过程中重要的教育者，往往也因对自身情感素养的无知而以爱的名义行伤害学生之实。

3. 留守、流动儿童的情感缺失亟须关注

随着城镇化快速推进，截至2011年，我国城镇人口达6.91亿，城镇化率上升到51.27%。今后相当长一段时间是我国城镇化发展的关键时期。快速城镇化和农村大规模撤点并校，使我国出现了两个新的教育边缘化群体，即进入城市的“流动儿童”和生活在农村的“留守儿童”。由于长期形成的二元结构及由此衍生的制度、法规、政策、社会心理都不可能在短期内改变，因此留守、流动儿童问题将长期存在。据统计数据显示，2010年我国0～17岁农村留守儿童和城乡流动儿童共有9683万，这近1亿儿童的规模，每年还以一定的速度在扩大，他们的成长和教育问题需要受到特别的关注和对待。

2013年5月，全国妇联课题组发布《我国农村留守儿童、城乡流动儿童状况研究报告》(以下简称《报告》)，根据《中国2010年第六次人口普查资料》样本数据推算，全国有农村留守儿童6102.55万，占农村儿童的37.7%，占全国儿童的21.88%。与2005年全国1%抽样调查估算数据相比，5年间全国农村留守儿童增加约242万。调查显示，46.74%农村留守儿童的父母都外出，在这些孩子中，与祖父母一起居住的比例最高，占32.67%；有10.7%的留守儿童与其他人一起居住。值得注意的是，单独居住的留守儿童占所有留守儿童的3.37%，虽然这个比例不大，但由于农村留守儿童基数大，由此对应的单独居住的农村留守儿童高达205.7万，这是要特别给予关照的留守孩子。所有隔代照顾留守儿童的祖父母，平均年龄为59.2岁，56%的年龄在60岁以下，绝大部分在50～59岁之间，甚至有12%的祖父母年龄在50岁以下。但是，隔代照顾农村留守儿童的祖父母的受教育程度很低，绝大部分为小学文化程度，甚至有8%的祖父和25%的祖母未上过学。由于受教育水平的限制，祖父母在抚养和教育留守儿童时面临诸多的困难和挑战。

父母监护是儿童社会化过程中的重要因素。由于与父母长期分离，亲情缺失，家庭教育弱化，留守儿童的生活质量、生理和心理健康状况、成长环境均劣于受父母监护的儿童。特别是亲情缺失，会造成一生无法弥补的缺憾。调查表明，留守儿童最大心愿就是与父母团聚，使自己不成为留守儿童。此外，有部分留守儿童需要寄宿在学校，学习生活中的烦恼和冲突都需要独自面对，缺少与亲人交流沟通的平台，缺乏正确的渠道来释放压力。这些导致了留守儿童的自卑心理，导致了他们对学校生活缺乏兴趣，导致了他们的敏感、脆弱、孤僻和消极。这些都为他们未来发展埋下了隐患。

对于流动儿童，《报告》指出，从人口数量上看，根据《中国 2010 年第六次人口普查资料》样本数据推算，0～17 岁城乡流动儿童规模为 3581 万，在 2005 年基础上增加了 41.37％。在这些流动儿童中户口性质为农业户口的流动儿童占 80.35％，据此推算全国有农村流动儿童达 2877 万，且有增长的趋势。流动儿童随父母和家庭流入城市，要面对和接受的是与家乡不同的文化环境、不同的城市语言、不同的生活习俗、不同的学校生活和不同的社区生活等，必然面临着一个归属感构建问题，受经济与福利制度、社会文化等方面的排斥，融入城市存在多方面障碍。同时，多数流动儿童父母忙于维持生计，无暇关注流动儿童的成长与发展，在家庭教育、情感关爱等方面严重缺位，导致部分流动儿童游手好闲，走上犯罪道路。

（二）为什么提出“教师情感素质”

社会转型与现代化进程加速带来的家庭、学校和社会结构调整后的新情况、新问题，更加凸显了情感及情感教育在解决现代化危机方面的重要意义。师生之间的交往是作为人之间的情感性交往。教师良好的情感素质对于学生的学习、人格完善及教师自身的专业素质发展而言，都具有重要意义。

1. 青春期学生的成长特征要求教师具备良好的情感能力

初中阶段是个体发展的一个特殊阶段，伴随着身体生长发育的第二个高峰期的到来，初中生在身体、心理、认知、情绪情感等各个方面都出现了一系列巨大的变化，这些变化相互影响并交织在一起，表现为初中生这个年龄段所特有的发展特点。

(1)自立感提升，心理上的自立与依附并存。在自立和依附之间摇摆不定。表面上强烈希望脱离家长和教师自立出来，内心却依然渴望依附于家长和教师，得到他们的帮助。

(2)自尊感增强，更需要有尊严的爱。在寻求独立的时候，他们也更加关注来自成人世界的尊重。

(3)情绪兴奋性高、波动性大，且出现心境化。青少年更容易有较强烈的情绪体验，甚至导致冲动，当然也更容易爆发激情。他们情绪波动起伏，一方面会因一时成功而欣喜若狂，激动不已，又会因一点挫折而垂头丧气，懊丧不止，从而出现情绪两极间的明显跌宕。另一方面，青少年还常会出现似乎莫名其妙的情绪波动、交替，给人以变化无常的感觉。

(4)出现掩饰情绪现象，表情更加成熟。在情绪表露上出现了隐蔽性，将喜怒哀乐各种情绪都尽可能地隐藏于心中，尤其是对于一些消极性情绪，隐藏得更是严密。这一阶段学生的社会性情绪逐渐占据主导地位，且情绪的表达逐渐符合社会规则，情绪表现与社会评价相联系。

所以，有人认为，与小学和幼儿园相比，初中生是“在矛盾和不平衡中快速发展”①。这就要求教师具有识别、回应和处理这些现象及问题的能力。而这些能力不仅仅是来自技巧和知识，而且还来自对学生的爱，来自对教育的相当的热情。“教师对学生的情感，像父母对孩子的情感一样，是在一个更广阔的背景下以成长和变化的价值为前提的，以这种价值对发展年轻人的自我人格和个性所起的作用为前提的。”②教师要有相当的教育艺术素养来应对学生的行为事件，教育教学机智的根源依然源于教师的情感。情感深沉的教师，他会为寻求一个好的解决方法而殚精竭虑，他会为找不到合适的办法而焦虑苦闷。“机智是一种对他人的关心指向。一方面，关心是主动愿意为他人承担重负、困难和悲痛。另一方面，关心他人也意味着注意他人、爱护他人，慈爱而温柔。……机智是一种实践中的规范性智慧，它受见解的支配同时又依赖于情感。”③教师对学生问题背后隐藏的深层问题的洞察及应对这些问题的情感能力，关系到初中学生的身心发展。

2. 教师良好的情感素质可以帮助促进学生认知发展并完善人格

初中阶段的学习任务比之于小学变得繁重了很多。长期以来，人们主要关注初中生的认识、技能等方面，而忽视了他们学习中的情绪情感。世界经

① 林崇德：《发展心理学》，362页，北京，人民教育出版社，1995。

② [加]马克斯·范梅南：《教学机智——教育智慧的意蕴》，李树英译，90页，北京，教育科学出版社，2001。

③ [加]马克斯·范梅南：《教学机智——教育智慧的意蕴》，李树英译，193页，北京，教育科学出版社，2001。

济合作与发展组织就此明确提出，“长期以来，在学校的教育过程中情绪总是被人忽视。”俄罗斯学者巴利辛柯夫也认为，现在学校教育还未能掌握学生的情感资源。同时巴利辛柯夫又指出，如果能够掌握学生的情感资源，学校教育的质量会大大提高。

哈佛大学戈尔曼的研究成果认为，一个人成功的80%在于情商，智商只占20%。史迪克兰的研究也发现，就任何领域的成功而言，情绪能力比认知能力和技术能力的总和还要重要两倍以上。也许我们可以质疑这些专家提出的情商与智商重要性比例的科学性，但是它至少说明：情绪情感能力对于人的学习活动及其真正的质量提升非常重要。

3. **良好的情感素质是提升教师自身专业发展水平的重要内容**

教师不仅仅是一个职业者，也是一个普通人，而且，教师首先是一般意义上的普通人，其次才是特殊的职业者。从本质上看，师生之间的交往首先是两个普通人之间的交往，其次才是两个特殊角色之间的交往。因而，在教育职场中，师生之间的情感交往首先是作为普通人之间的情感交往，其次才是作为教师与学生这两个角色之间的情感交往。作为普通人的情感与作为职业者的情感共同构成了教师丰富的情感世界，如果缺乏任一层面，教师的情感世界都是不完整的。①

尤其是作为一种特殊的职业角色，教师在情感方面也有着独特的规定性。这些独特规定性是教师职业活动长期累积之后形成的“相对稳定的状态。”②这些相对稳定状态的情感就是教师作为职业人的情感。包括“教育爱”在内的职业人的情感，包含着一套社会标准的期望与限定，这些情感是个体在学习“教师”这一角色与职业的概念与行为的同时，尤其是在与教育对象不断的互动之后逐渐感受、体验、内化而形成的。

---

① 将教师情感分为两个类别：一方面使得研究符合现实；另一方面可以通过二者的比较使作为教师职业人的情感特征更加清晰。不过本研究仍然以狭义的教师情感为研究对象，基本不涉及对作为教师普通人的情感表达进行研究，若行文涉及教师作为普通人的情感时，会做出说明。

② [美]戈夫曼：《日常生活中的自我呈现》，黄爱华、冯钢译，55页，杭州，浙江人民出版社，1989。

（三）有关“教师情感素质提升”的基本教育立场

1. 重视情绪、情感对于人的发展的重要价值

情感对人的学习经验有重要意义，是学习的重要的维度。2006 年，欧盟“学会学习”能力监测提出“认知—情感”二维概念框架。2008 年，他们又提出“认知—情感—元认知”三维概念框架，内含 10 个子维度，其中情感维度包括：学习动机、学习策略和面向变革的学习取向；学业上的自我概念和自我评价；学习环境。

朱小蔓教授在其专著《情感德育论》中对情感与道德教育之间的关系进行了较为详细的探讨，她认为人的情绪情感对于一个人良好道德品质和价值观的形成具有重要的影响。情感对人的价值观形成有重要意义。她还认为，情感与价值观之间具有相关性。情感最直接、真实地表达其与人的社会性联结，而这一联结从胎儿开始，发展到联系感的出现与强化，社会性发育显然与伦理价值相关。人类有超历史的伦理公理，这一公理被世代种系遗传及文化进化所证实，这可以从文化人类学和教育人类学证明。情感表达需求、愿望、喜好、趣味，人的价值倾向就隐藏和蕴含其中。尤其是一些基础价值，如生存、健康、幸福、伙伴、友谊、同情、助人、自尊、被人尊重、发现、美感体验、实现自由、生活的意义感等。它们的表现形式及侧重点会随时代变化，并受文化影响，但不论形式怎样，它们都有顽强的生命力，并抵抗着外部对它们的践踏。人在社会中必然会遇到情感矛盾，我们期望通过情感矛盾、价值选择后，形成稳定的情感人格。通过“冲突—平静—再冲突—再矛盾”这样的过程，价值获得统整，情感恢复平静，形成较为稳定的人格，实现人格的自我统整。自我统整的过程就是逐步的人格形塑的过程。价值观不是外部强加于人的，而是人本然地、真实地追求的。依循这一事实，价值观教育从根本上说，是承认、保护人的自然自发的价值需求，强化引导其正面的、为特定社会接受、容纳和需要的价值，也即把特定社会、文化所需求、所寄望的价值观与人性本然的正面积极的价值需求吻合一致起来。教育，尤其是学校教育必须做这样的工作。

情感和道德感密不可分，在人与人的交往中获得的情感对于道德养成有重要意义。道德感在生活中起着使人高尚的作用，没有他人，任何真正伟大

的东西都是不可能的。朱小蔓教授在研究俄罗斯伦理学家季塔连科教授的思想中发现，情感和道德感具有极为紧密的联系。首先，情感并不是仅指道德情感，而是包括人的直观感觉、情绪、各种感受体验、情绪情感性认知等，是一个较为宽泛的情感范畴。因为“个人内心生活是一种复杂的多层次的过程，包括：感觉和知觉；情绪、激情、心境、热情；赞成和谴责；共同感受、同情、爱情、友谊、忠诚和许多其他的东西。这是充满热情的深刻的道德—心理的机制，人的道德积极性和伦理上的自我发展正是通过这一心理机制表现出来的”。季塔连科认为：“情感是复杂的、多级的、深刻的道德心理机制，人的积极性、自我发展正是通过这一机制表现出来。……情感是人的社会活动中的复杂的探索机制，而这种机制是获得道德观念的根据和最初的渊源。”①

2. 关注师生交往活动中的教育引导和影响

师生交往作为最重要的教育实践，具有教育性。交往是人们在社会生活中为了满足某种需要而进行的信息交流或联系，是人的情绪状态的重要决定因素，人的整个情绪领域都是在人们交往的条件下产生和发展的。教师和学生作为社会基本元素的人，在人与人的交往过程中都有与他人建立情感联结的需要，以维持人类社会中最基本、最普遍存在的人际关系。否则，我们这个社会将是机械的、冰冷的、死气沉沉的和毫无人情味的。在学校教育中，如果没有师生关系的建立，孤立的教和学都是不存在的。但是，教学中的师生关系并不是在课堂中天然生成的，师生之间如果没有真实情感和思想的交流，就不存在真正意义上的师生关系。正如美国教育家杜威在《民主主义与教育》开篇即提出，不顾他人的情感和理智倾向的师生关系不是真正的社会化关系，只能是一种工具性的关系。

师生交往是师生双方作为社会的人与人交往中获得的情感关系，如教师尊重、理解、爱护学生，学生信任、尊敬、爱戴教师，师生双方乐于和对方交往等；师生交往又是师生双方在特定角色关系交往中立足于促进学生健康发展的基础上而产生的特殊的情感关系，如教师想教、乐教、爱教及学生想

① 朱小蔓：《永恒的道德，无尽的思念——写在俄罗斯著名伦理学家季塔连科教授20周年忌辰》，载《教育研究》，2013(5)。

学、乐学、爱学等。在教育实践中，教师的教育、教学，学生的学习、理解，都是在一定的情境和氛围中进行的。德国新现象学研究者施密特在现象学的基础上发展了情感空间理论，强调人所处的空间不是一个物理空间，或者主要不再是物理空间，它是具有情感氛围包裹着主体的情感空间。朱小蔓教授指出：师生交往作为一种“背景条件”，交往过程中形成的情感氛围或“情感场”，既作用着每一个学生的心理和学习行为，同时也有力地“支撑”和促发着教师的教学情趣和情绪①。师生间健康、和谐的交往关系有利于学生积极愉快的情绪情感体验的产生，并进而激励、促进学生学习活动的高效进行；有利于师生间产生信任感，学生敢于把自己对教师教学的真实感受与看法表述出来，教师乐于接受建议、改进教学方法，调整教学内容，真正达到教学相长。

3. **关注教师的内在情感与精神样态**

情感对教师培养和专业成长具有重要意义。人不同于万物就在于人类生命的存在和延续必须有意义的支撑和价值的衡量，那些在根基处，给生命以支撑的价值观念，构成人的核心价值观，它们给出生命存在和延续的理由和动力。教师作为学生的引路人，就要将这一粒粒饱满的种子，撒播在学生的心田，编织成一张“夏洛的网”。有一天，这些情感会生根、发芽，长成参天大树，最终内化为学生生命的价值取向，支撑起亲情、友爱、自尊、民族等生命的春天。生命与生活的过程原本由支离的生活碎片填充，而填充的图形一定要靠情感来编织。离开情感层面，不能铸造精神世界。因此，教师要做一个积极培养学生情感的人，自身也应该是一个情感丰富的人。

内在情感和精神世界丰富并保持开放性的教师，能够关注儿童的情感(包括情绪)的表达，敏锐地发现学生沉默、对抗等消极情绪背后的精神活动并创造性地寻找到转化学生消极情绪为积极的行动的契机。这就需要教师不仅关注学生外在的学习行为，更要关注学生的精神世界，需要教师具有情感的敏感性，需要教师自身是情感饱满丰富的人。教育是心灵的培养。苏霍姆林斯基在《和青年校长的谈话》中谈道，教师是有情感修养的人，儿童每天都在亲身感受老师对其行为举止在他的心灵深处做出的最细腻的情感反应。这种反

---

① 参见：《全球化时代的“道德人”培养——“教师情感表达与师生关系构建”项目申请书》(内部资料)。

应就是用人道精神进行教育的强大基础，离开它就无所谓学校。

现在关于教师专业发展的理论和实践，比较多地强调教师在学科知识与技能意义上的“专业性”、强调教师职业生涯必须追求专业发展而忽视情感素质及能力在教师专业化内涵中的地位，忽视情感素质对于教师职业成长及个体生命成长的重要性。其实，如果教师本人没有对所教学科的挚爱甚至痴迷、执着的情感，没有经常性地对胜任该学科教学的自我肯定的积极体验，不但他自己成长受限，而且也无法影响学生形成健康的情感态度价值观。情感对教师职业及个人成长的重要价值，体现在教育实践活动中的是：教师具有敏感性，能够敏锐发现学生的情感需求，理解、表达，并与学生沟通且做出恰当的情感应对。因此，在实践操作中，教师有无情感—人格资质与技能，是否形成情感交往关系或“情感场”，受教育者是否有情感经验的积累或改组，这些不仅是判断教师情感素质的重要指标，也是衡量教师专业成长的重要标志①。

二、本手册的定位、目标及架构

初中阶段是人的价值观、人生观形成和人格健全发展的关键时期。正处于青春期初级阶段的初中生有三个不同于小学生的显著特征：一是需要接触和学习的知识与任务越来越重；二是伴随着初中生的心理发展和青春期的人际交往需要，初中生的同伴交往方面出现了很多新的特征与心理变化；三是初中生的成人意识和独立意识逐渐增强，参与学校和班级的公共生活，并且在共同生活中锻炼自己的需求越来越强烈和迫切。

初中教师在教育教学活动和师生交往中教书育人，其情绪情感素养和能力在教育教学和师生交往中发挥着重要作用并得到锻炼和提升。具体而言，教师在师生交往中的情感素养主要集中体现在以下几个方面。

（一）情绪情感识别

情绪的自我觉察能力是指了解自己内心的一些想法和心理倾向，以及自己所具有的直觉能力。自我觉察，即当自己某种情绪刚一出现时便能够察觉，

① 朱小蔓：《关注心灵成长的教育》，北京，北京师范大学出版社，2012。

它是情绪智力的核心能力。一个人所具备的、能够监控自己的情绪及对经常变化的情绪状态的直觉，是自我理解和心理领悟力的基础。如果一个人不具有这种对情绪的自我觉察能力，或者说不认识自己的真实的情绪感受的话，就容易听凭自己的情绪任意摆布，以至于做出许多遗憾的事情来。

教师通过情绪情感的“觉察”与“识别”，敏锐地捕捉自身及学生所处的情绪情感状态，并且可以唤醒对“情绪反应”的认识与理解。当我们觉察到愤怒、害怕、喜悦、兴奋、嫉妒等各种情绪反应时，才有机会将潜意识里的感受、经历真实地呈现出来，并学习去面对和处理。

（二）情绪情感表达

情感具有信号功能，情绪情感的表达指“不仅能凭借表情传递情感信息，而且也能凭借表情传递着自己的某种思想和愿望。”①教师通过恰当的方式、在合适的时机表达自己的情绪情感并对学生的学习、交友和学校生活中的言行做出情感上的回应，都会影响到学生的成长。

因为人的需要的满足由环境提供滋养，而教师的各种努力，其实就是为学生提供一种生存需要、关系需要和发展需要的环境。在杜威看来，“成人有意识地控制未成熟者所受教育的唯一方法，是控制他们的环境。……我们从来不是直接地进行教育，而是间接地通过环境进行教育。”②环境之所以可以提供教育的前提在于环境中的某些元素满足了学生的需要，相反，学生的需要在环境中得不到满足，则对学生的生存、关系和发展构成了阻碍和伤害。教师不当的情感表达，就是环境中的破坏力。

（三）情绪情感调适

以情绪情感识别为基础，运用恰当的方式方法调适自身对于情绪情感的识别的敏感性及识别的方法，不断改善情绪情感表达的时机、方式和表达的程度，调整那些负面的、不利于自身及他人身心健康发展的情绪情感都是情感素质和能力的体现。

基于中国社会转型时期初中学生的身心发展特点，教师是否能够很好地认识他们的情绪情感发育特点，是否能够根据学生的个性特点、教学活动的

① 卢家楣：《情感教学心理学》，109页，上海，上海教育出版社，2000。

② ［美］杜威：《民主主义与教育》，陶志琼译，北京，中国轻工业出版社，2014。

场景变化、初中生的同伴交往心理和情绪情感特点，以及学校和班级生活的特定场景，自觉地、有意识地进行情感上的识别、表达，并依据教育的原则帮助他们进行适当的情绪情感调整和行为改变，这些都考验着教师的情感教育能力。而教师能否很好地反思自己的情绪情感状况，从专业的角度对自我情感进行调整并采取相应的行动变化，是良好师生关系及构建积极的教学双边活动和学校班级生活的重要部分，它直接构成学生能否积极、健康、充分、舒展地进行学习、交往和参与学校班级生活，以及能否在学校教育环境中得到情感上的良好发育的重要支持力量。同时，教师在与学生互动中建立的情感型的师生关系是支持教师专业内在发展的动力源。教师个人的价值观、情感品质依赖于教师自身的阅读、生活阅历、对职场工作的自觉反思，它们帮助教师从自己的从教经历中获得一致的、持续的、整合的意义，使自己的从教经历有所依托。

因此，本手册的定位是：试图通过回归教育场景，对不同师生交往生活中教师情感识别、表达和调适的原则、策略、方法进行提炼、梳理，帮助教师认识情感在教学、育人活动中的重要性，特别是教师情感素质对于良好师生关系建立的重要性；重点在于启发、带动教师自主开始行动研究，帮助引导教师进行观察、反思、讨论、实践及再反思，自己探索并构建起如何实施情感识别、表达和调适的认识框架及技能、策略、方法等，从而逐渐提升师生情感交往的质量，丰富师生交往的内在精神意蕴，并由此更好地促进学生生命的成长和教师自我生命与专业内涵的丰富与拓展。

我们认为，师生交往作为最重要的教育实践，具有教育性。教师和学生作为社会基本元素的人，在人与人的交往过程中都有与他人建立情感联结的需要，以维持人类社会中最基本、最普遍存在的人际关系。在学校教育中，如果没有师生关系的建立，孤立的教和学都是不存在的。但是，教学中的师生关系并不是在课堂中天然生成的，师生之间如果没有真实情感和思想的交流，就不存在真正意义上的师生关系。考虑到初中阶段的实际情况，教师情感素养在教育教学和师生交往过程中的具体体现在本手册的架构上。

我们将围绕项目的宗旨和主题，以初中教师如何在教育实践中提升情感素养为目标，按照教师情感的“识别—回应—调适”为线索，分别介绍教师如何识别、回应和调适在教育活动中的师生情感状况。在每一个块面，具体呈现教师在教与学、初中生同伴交往及学校和班级生活等三个场景中如何具体地进行情感的识别、回应和调适，突出教师识别、回应和调适中的情感依据和情感主题，并提供相应的认知和行动策略。目的在于通过具体的情境再现初中生不同学习和生活场景中的典型特点与问题，分析教师如何有意识和更好地通过情感识别、回应与调适来增强自身的情感素质和能力，从而处理好这些问题，引导和帮助初中生更好、更健康地成长。同时，使教师因为培育了有爱心和爱的能力的学生而感受做教师的职业乐趣，获得职业价值感和人生意义感。

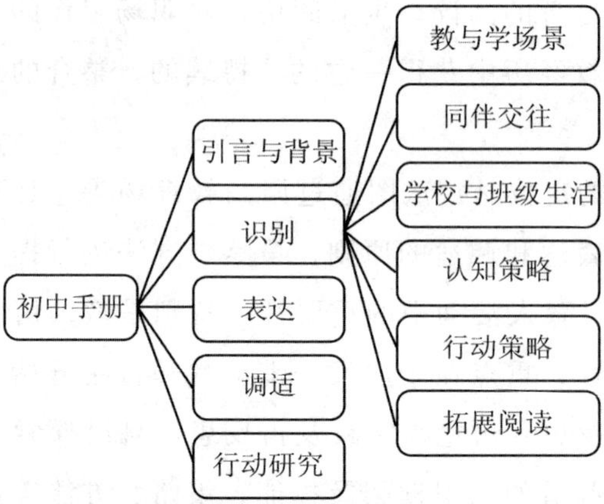

图导-1　初中手册架构

第一章　初中教师情绪情感识别与师生关系构建

小原国芳(Obara Kuniyoshi)提出："还学生一个真教师。父母是儿童最亲近的人，无论如何打骂，但毕竟有血缘关系。你见过父母的哭和笑，而教师有几个人能在学生面前哭和笑呢?"①亚米契斯(Edmondo De Amicis)的《爱的教育》中也有一段学生对自己老师的追忆："你总是充满热情：看见学生执笔写字的坏习惯，你会感到失望；督学考问我们学生时，你会紧张得发抖；而我们表现出色时，你又会无比高兴。"②这些论述表明，学生对教师作为普通人的情感是高度关注的。学生之所以关注教师作为普通人的情感，因为这些情感展现了真实的教师和真实的生活。反过来也是一样，教师要在学生面前做一个真实的人，赢得学生的信任，就必须要充分地了解学生，认识学生，在此基础上，与学生建立良好的关系。

青春期学生独特的心理和情绪情感发展特点，要求教师能够给予他们"特殊"的情绪情感关照。教师不仅应该敏感于学生的情绪情感，而且还应该敏感于自身在与学生相处过程中是否能够有意识地识别、认识并关注到学生的情绪情感状态和变化。因为这不仅关系到学生的成长，而且是否能够准确、敏锐地识别学生的情绪情感，也体现了教师作为普通人和职业人的情感修养与能力，它们是教师教育教学并且从中体会到自我情感发展变化和职业生命乐趣、意义的重要开端。

---

① ［日］小原国芳：《小原国芳教育论著选(上卷)》，由其民等译，152页，北京，人民教育出版社，1999。

② ［意］亚米契斯：《爱的教育》，梁海涛、蔡雪萍译，上海，上海人民出版社，2005。

第一节　教与学活动中教师的情绪情感识别

教学活动是教师与学生在学校中相处的最重要的活动和学习形式。在教学活动中，教师对于情感的识别能力、识别程度，不仅关系到教学活动的效果，而且影响师生关系，是构建良好师生关系的重要的教师情感素质之一，它主要包括：备课过程中对教材及相关文本等内容中情感要素的识别和挖掘；教学活动过程中对学生情绪情感状态的识别和运用；教学评价中的情感性因素的渗入；教师自身在教学全程中的情感状态的认识和关注，以及其他方面。

一、备课联系学生生活，化“死”为“生”

【情境再现】

在“探究凸透镜成像的规律”时，大多数学生在教师的指导下，能大体知道怎样去做实验，在教师的引导下也能够通过实验得出甚至能够熟练背出所谓的结论。但在实验中探究什么？为什么要改变蜡烛和凸透镜之间的距离？为什么要改变蜡烛的位置？绝大多数学生搞不清楚，从而形成学习难点。为此，在探究凸透镜成像规律之前，我让学生利用一节课的时间开展了“玩”放大镜的体验性活动。给学生放大镜、蜡烛，不给光具座等器材，让学生分别将教室外远处的树木等景物通过凸透镜成像在教室内的墙壁上，观察所成像的特点，然后让学生点燃蜡烛，观察蜡烛在墙壁上所成的像。在活动中，学生通过体验能够感知到近处的蜡烛成的像较大，远处的蜡烛成的像较小，进而会认识到物体通过凸透镜所成像的情况大小等特点跟物体到凸透镜的距离有关。既然知道了凸透镜“成像情况”与“物距”有关系，因而在随后的“探究凸透镜成像规律”的实验中，就要不断改变物距。这样，学生在探究过程中就能够思路清晰，目的明确。可以通过观察“改变物距时，像的变化情况”，分析归纳出凸透镜成像规律。这样的体验一方面降低了探究难度，另一方面也能够促进学生对凸透镜成像规律的理解。

【情境分析】

案例中，教师对物理中一些抽象的内容进行评估，认为对学生来说不容易记忆，也容易出错，在备课环节中，教师依托自身扎实的专业知识，设计既能够激发学生的学习兴趣又能够在做中学的学习活动，突破了教学难点，理解学生，发掘学生问题，在玩中探索物理现象背后的规律，使得枯燥的概念得以直观形象的阐释。在具体教学中，教师关注了学生的学习状态，及时跟进有关活动，促进学生思维发展；在师生共同学习中，学生的情绪状态得到了积极的响应，同时也理解了本节内容的学习价值和意义。

教师注重备课环节中的情感因素，并注意在课堂上创造一个由内向外的教学过程。教师热爱自己的学科，精通本学科相关知识，并对学生的学情有着较为深刻的理解，从而设计了以个体体验为载体，以活动为中介，引导学生在主观心理感受和体验的基础上，建立起为学生所认同和接受的规范和价值的教学模式，让学生在获得相应的知识和技能的同时，学习并形成正确的价值观和良好的道德品质。

【深度解析】

教师在教学设计时注重情感因素，就是要通过设计各种教学活动，让学生去体验、感悟、提升。"体验"具有亲历性、个性化、情绪化等特征。从亲历性方面看，实践层面的亲历是让主体通过实际行动亲自经历某件事，心理层面的亲历是强调认识主体对事实的真实心理感受；从个性化方面看，每个学生性格各异，水平不一，对事物的理解不尽相同，即便是对同一事物，由于家庭背景、生活经历、知识结构等不同，其体验也各有特点；从情绪化方面看，体验往往受情绪的影响，对同一事物不但不同的个体会产生不同的体验，就是同一个体在不同的情绪状态下也会产生不同的体验。

让学生获得体验，教师就要从学生的生活经验出发，让学生在情境和场景中自己体验，在体验中探索知识。为了达到既定的学习目标，教师从教学需要入手，引入、营造或创设与教学内容相适应的具体场景或氛围，引起学生的情感体验，帮助学生迅速而正确地理解教学内容，促进他们心理机能全面和谐发展，提高教学效益。

在教学设计中，首先要关注情境设计与问题设置。教师可以根据教学内容和需要创设一定的情境。情境设置要考虑下面三个方面的因素。

一是学情。教师要了解学生，善于剖析学生身上的问题，只有抓住和学生生活密切联系的素材，才能引起学生的共鸣并积极参与。

二是教材内容。我们不能拘泥教材，也不能脱离教材，要灵活使用教材。

三是社会生活。提倡在生活中备课、在备课中生活，也就是陶行知先生提出的“生活即教育、教育即生活”。教师要鼓励学生离开书桌，参与各种实践活动，丰富人生的体验。

情境设置涉及问题解决的过程，实际上就是新课程所倡导的注重知识的生成性。这一设计摆脱了只注重传授知识的最终结果，而忽视知识的生成过程这一教学弊病，教给了学生解决问题的方法。师生关系中，教师让学生有获得感是构建良好师生关系的重要前提，亲其师，信其道。当信任成为重要的情感基调，师生关系走向良性就有了重要保障。

情境创设的方法很多，有材料情境法、小品表演、漫画、角色扮演、实践探究等，教师要有目的、有计划地创造情真意切、具有美感的教学情境，并加以引导、分析、探讨，以培养学生的创新能力。

表 1-1　情境创设方法“大搜集”

方法	目的	举例验证
材料情境法		
小品表演		
漫画		
角色扮演		
……		

二、教学中发现情感需求，真正“懂”学生

【情境再现】

在探讨如何处理和父母之间的矛盾时，老师发现学生给的答案都是书本上的“标准答案”，教师灵机一动，设置了一个学生熟悉的情境和学生一起探讨。

师：“假设你现在是一个12岁孩子的父母，你现在很苦恼。你每天晚上都要督促孩子写作业，否则他就会磨蹭到很晚。你还得帮他收拾书包，免得他第二天有课本没带，叫你送到学校。每天早上你要花很多时间，一遍遍叫他起床，以免孩子上学迟到。实在来不及了，你就打车送他上学。你觉得这

样做家长很累，可是用什么办法来改变这一切并让孩子学会自立呢？请全班的‘家长们’分小组讨论一下，说说各自的‘高招’。”

（讨论后，学生纷纷举手，教师在黑板上记录下他们的对策）

1. 给孩子买10个闹铃，让他睡不了懒觉。

2. 给孩子请一位全职保姆。

3. 让孩子自己起床，迟到的话后果自负。

4. 遇到事情只提醒孩子一遍，让孩子学会自己提醒自己。

5. 让孩子去读军校。

6. 表现不好就揍一顿。

7. 和孩子好好谈心，讲道理。

8. 设计奖惩措施，家长绝不帮孩子做事情。

9. 和孩子一起制订一个计划，按计划做事。

师：“各位‘家长’集思广益，出了不少主意。对于这些办法，你的看法是怎样的呢？请你选择一两条进行点评。”

生1：“我觉得家长打孩子不好，太暴力了。”

师：“哦？那我们来采访一下这条建议的提出者。你是怎么想到这个主意的？”

生2：“打一顿就听话了。我不完成作业，我家人就是这样的。”

师：“你是说对于你的一些坏习惯，你的家长就是这么惩罚你的，是这样吗？”

生2：“是的。”

师：“遇到这种情况，你的感觉是怎样的？”

生2：“不怎么样。我知道他们是为我好，但是我总不能说‘你们打得好’吧？！”

师：“我可不可以这样理解：一方面，你知道爸爸妈妈是为了你好，是想帮助你改正缺点；另一方面，你又觉得这种方法欠妥，让你感到难过、伤心。是这样吗？”

生2：“是的。”

生1：“那你干吗还要打你的小孩？”（同学们都笑了）

师："看来我们大家讨论得很投入，已经进入角色了。(对生2)看来，你很想改正这个缺点，但是你的亲身经历告诉你，靠暴力是不能彻底解决问题的。所以，我们可以理解爸爸妈妈他们想帮助我们的心，但是他们的方法不合适。好，那我们就一起找出一种更有效的方法，你回去以后，也可以把今天的收获和爸爸妈妈沟通一下，免得他们好心办坏事，好吗？"

生2："好。"

师："谁能帮他分析一下，总是打孩子会造成什么后果？"

生1："打孩子会产生两个不良后果。一是爸爸妈妈总是用暴力，会激发孩子的逆反心理，故意和他们对着干。二是爸爸妈妈对孩子用暴力，这样的孩子也会学坏，对别人用暴力。"

师："这位'家长'说得太好了。感谢你的分享。"

【情境分析】

案例中，教师发现学生在用标准答案回应问题，意识到学生对教师的提问不感兴趣，或者是不能激发学生的思考和对问题的探究欲望，因而及时调整教学设计，设置能够调动起学生参与的生活情境，让学生转换角色，扮演"家长"，通过换位思考来处理问题。教师通过富有层次的问题，将学生的情绪调动起来。设置新情境之后，教师通过问题启发学生思考。在实际教学中要注意察觉所设问题跟学生生活的联结度，因为有些问题或者任务过于简单，学生缺乏情绪；有些问题过于直接，学生会给教师想要的答案，甚至直接拒绝回答。对此，教师要保持敏锐的觉察，当学生出于讨好或者避免责罚的心理，或者因为缺乏情感而只从道理上给出答案的时候，教师可以往下多一些追问，引发学生进一步的思考。

因此，在问题设置上，也要注意三点：一是考虑学生的可接受能力；二是要隐含思路的启发；三是根据教学内容，问题的设置要有层次性。

【深度解析】

有情感的课堂实际上是师生活动过程：情境设计(提出问题)——协作探讨——实践运用；同时也是学生心理变化过程：思启趣激——体验感悟——意义构建。一堂课就是由多个基本要素的重复叠加而完成的，即由师生共同开发和设计的一系列相关事件构成的。这里最关键的就是学生必须借助体验感悟来达到意义构建，师生的活动或创设的事件都是为学生的体验、感悟服务。

教学过程是师生交往、共同发展的互动过程。在课堂中，教师从学生成长需要和心理发展规律出发，设置互动性的活动，在活动中，教师引导学生深化体验，将所学的知识内化。师生活动的目的，是引导学生由被动到主动、由依赖到自主、由接受性到创造性地对教育情境进行体验，并形成生生互动、师生互动的氛围，将学生的情感体验上升为一般的行为要求，既有助于学生的实践能力的锻炼，也提升了学生的情感体验，进一步深化学生的情感，从而增强了教育效果。这样比简单、枯燥的说教和抄写更能激发学生的学习兴趣。

课堂上学习的知识，最终要能在实践中运用，使知行得到统一。实践运用是实施体验式教学的目的所在，教师应在课堂教学中积极引导学生进行实践活动，并采取多种形式的及时反馈，充分注意学生的感悟情况。课堂中的多种形式的活动，给课堂营造一个空间和氛围，让学生有机会去感受、觉察、呈现和创造。

以上都要求教师要能够把握学生的情感特点和表达方式。随着认知结构的完善和社会经验的丰富，青少年的情感体验日益深刻，体验的内容日益广泛，道德感、理智感、美感等社会性情感逐渐上升到主导地位，社会性情感的水平也不断提高。随着认知能力的发展，青少年对具有社会性的、抽象的内容更加关注，从而极大地丰富了情感体验的内容。不仅如此，青少年的情感也变得更加细腻、敏感和微妙。青少年的情感还具有"掩饰性"，即情感的表达和内心的真实体验是分离的。所以，教师需要真正"懂得"学生，能够体会到学生真实的需要，才能激发和调动学生的情感。

三、注重教学中的情感性评价，还评价权给学生

【情境再现】　　　　　《行道树》教学判断

师："刚才大家和老师一起用声音演绎了这篇优美的散文，不知道大家是否同意老师的体验，请大家对老师的朗读做一下点评。"

生1："听了老师刚才的朗读，我仿佛听见了行道树在痛苦地述说，因为

老师的声调比较低沉。”

生 2：“我也从老师的配乐中听出了这一点。”

生 3：“我觉得有些地方应该读得比较高昂，比如‘直等到……光明迎来’。”

师：“我觉得你比老师读得好，感谢大家。我相信大家一定会比老师读得好。”

“下面，再请同学们带着自己的感受去品读课文，注意‘读出自己’，然后用‘实话实说’和‘焦点访谈’法讲给小组内的同学听。”

[“实话实话”学习方法提示：a. 理解法，读了，我知道(懂得)了；b. 感悟法，读了________，我感受(体会)了________；c. 拓展法，读了________，我想到(仿佛看到)________。“焦点访谈”学习方法提示：质疑法，读了________，我不理解________]

(学生自读，分小组交流，七八分钟后)

师：“哪位同学把你的感受说给同学们听听?”

生 1：“我用的是‘实话实说’中的‘理解法’。读了‘是的，我们的命运……点缀’，我理解了行道树的痛苦，从‘悲凉的点缀’中，我知道了行道树的内心是非常痛苦的。”

师：“非常好，除此之外，还能找出表现行道树痛苦的句子吗?”

生 2：“我从这句话里也能读出行道树的痛苦(朗读)：‘当夜幕……牙咬得酸痛’，这里把‘行道树’和‘城市里的人’进行对比，用生活在×天×地(师提醒花天酒地)里的城里人的生活腐化，来衬托行道树的崇高的奉献精神。”

师：“说得太好了。他不光理解了文章内容，还找出了写作方法。大家给他掌声(鼓掌)。请继续说。”

生 3：“我用的是‘实话实说’的‘拓展法’。读了‘这种命运……献出浓荫’，我仿佛看到了春天，行道树枝繁叶茂；夏天，它用自己的身体遮挡住炎炎烈日，人们在树下乘凉、休息，行道树为人类做出了很大贡献。”

师：“说得好，哪些同学还读到了这一点?”

生 4：“我从这句中也能体会到：‘这时，或许……最自豪……清新’，我知道行道树在不断地制造氧气，供人们呼吸。”

生 5："从这里也可以看出：'无论如何……把光明迎来。'我知道行道树在迎接光明。"

师："大家都说得非常好，接下来，我们来看看有没有不懂的问题。"

生 1："我用的是'焦点访谈'的'质疑法'。我不理解课文最后一句话，'立在……快乐的树'，为什么行道树既'忧愁'而又'快乐'呢，这不矛盾吗？"

师："问得好，哪位同学帮他？"

生 2："我的理解是：'忧愁'在于他不被人重视，'快乐'是因为他能为人类做贡献。"

生 3："他还'忧愁'城里人的生活，花天酒地，腐化堕落。"（掌声）

生 4："他因为生活在城市里而快乐。（众笑）不是么？他看到了他的祖辈、兄弟们从没见过的大世界。"

生 5："他离开了家乡，因'思乡'而愁。"（掌声）

师："齐秦有一首歌叫《痛并快乐着》，节目主持人白岩松也曾写过一本同名的著作。爱因斯坦曾说过：'一个人的价值在于他贡献了什么，不在于他取得了什么。'正是有了这些奉献者，人类才得以进步，社会才得以发展。你能找出你身边的奉献者，用一句话概述他们的动人事迹吗？好，大家准备两分钟。"（两分钟后学生发言）

【情境分析】

案例中，对于学生在课堂教学中的回答，教师不是马上根据自己的判断标准或者所谓的"正确答案"给出评价，而是将评价的权利给所有的同学们，让学生对自己进行评价，也同时对学生的回答及时予以反馈，并且能够具体点出学生答案好在哪里，这比泛泛地说"你真聪明"更让学生接收到教师的欣赏。在对学生进行评价时，我们可以做到以下四个方面。

首先，尊重学生的话语权。只要是他们真实的体验，只要不是人云亦云或抄袭教辅，即使片面也要鼓励。对于与教师的教学预设相反，甚至可能是对教科书的质疑，教师都应该以赞赏、接纳的心态，及时予以肯定与鼓励，使之成为全体学生的共同财富。一个小小的问题可以引发一场热烈的讨论，让几十个人成为积极的思索者，让思维在问题的天空进行一次自由自在的飞翔。讨论也会引发学生新的体验。教师对学生表达体验的开放与肯定，就是激起全班几十个人新的体验的前提。

其次，尊重学生思考和体验的独特性。学生思考和体验的独特性，可能是有别于传统的观点，教师在评价时应宽容地对待。教师对他们所表现的智慧及他们对教材内容有创见的体验表示赞叹，也要对他们的偏颇与不足进行指导和帮助。不可以宽容为由而迁就，更不能做“风吹两边倒”的墙头草。尊重学生独特体验的前提是“重视熏陶感染”和“价值取向”。如果有违这个前提，那就需要疏通和引导，但不能是指责或呵斥，也可以通过设置学生的辩论加以澄清，学生的独特体验应该是在教师的鼓励、指导、帮助下从幼稚走向成熟，从褊狭、肤浅走向全面、深刻。

再次，展开对话，让体验在交流中自然碰撞。体验的主体是学生，是学生的个性化行为，别人无法替代，但可以促使学生之间展开对话，把对学生体验的评价权交给学生，促使学生深入教材，用心灵去倾听、感受、体悟、接纳，领会编写者意图，对教材的把握也由肤浅到深刻，由片面走向全面，也让每一个体验在交流中自然碰撞出火光，学会建构和提升自己的认识，最终实现和作者视界融合，使学生在对作品交流的准确感悟中进入作品的“精神家园”。

最后，适时点拨，注重引导性、鼓励性语言的评价是创造和谐平等课堂氛围的重要措施。对学生学习的评价是有标准的，从社会意义方面看，要符合时代精神和社会主流的价值取向；从学生发展方面看，应有利于提高学生的品德修养和审美情趣，有利于促进学生良好个性和健全人格的形成。这个标准要调动的是积极向上、健康纯真的情感波澜和深思慎取的理性思考。

【深度解析】

在教师对学生的学习进行评价的过程中，教师既要善于倾听，让学生尽情发挥，充分表现，同时也要准确地把握好教学内容的价值取向，及时地诊断，适时地予以提示点拨，针对性地进行指导。如果学生言之有理，教师要帮助他开掘深度；如果学生的体验朦胧模糊，教师要善于搭桥解困；如果学生的观点似是而非，教师不要轻易否定，而应该设法让他自悟；如果学生的回答文不对题，教师则应巧妙设疑，扫清审题障碍……要肯定学生的发现，要大胆地矫正学生的偏失和谬误，让我们的学生在教师理解尊重的目光中及在教师智慧性的引导下，享受学习，体验崇高。

课堂上教师对学生的评价，除了要善于用激励性的语言外，还应经常用无声鼓励，即用表示赞许、喜欢的体态语言进行评价。如学生积极思考时摸一摸他的头，学生有独特见解时教师传递给他一个赞赏的眼神等。在课堂上，老师以满腔的热情、饱满的精神、丰富的情感，给予学生的一个微笑、一个眼神、一个拥抱，以及竖起大拇指的赞许、拍拍肩膀的激励，都是评价。它像一丝花香、一股清泉沁人心脾。这种评价简便、直接、有效，虽然没有量表，也无法记载，但对学生的成长却起着重要的作用。另外，根据学生的年龄特点，还可以巧用有形鼓励，即用象征物对学生作鼓励性评价，以激励学生的上进心和荣誉感。

表 1-2　课堂教学中教师评价“大考察”

教师评价的情感维度	我是否做到	我如何做到
尊重学生的话语权		
尊重学生思考和体验的独特性		
展开对话，交流碰撞		
适时点拨		
……		

四、“懂”自己，寻找师生情感的“连接点”

【情境再现】

开学第一天，学生需要缴纳伙食费、校服费等各项费用，可直到临近放学，仍有一个女生迟迟没交，问其原因，小女孩委屈地说：“老师，我带了钱，原先我把钱放在笔袋里的，但课间操回来，钱就不见了。”

光天化日之下，钱不见了？钱去哪儿了？是谁拿走了钱？一连串的问号跳入我脑海，我没想到，刚开学班级就出现了“丢钱”这样一个小插曲。怎么办？抓住时机，趁着没放学孩子们都在，声色俱厉地在全班进行大调查，大刀阔斧地找出那笔丢失的钱？可是，若拿了钱的这个孩子以这种方式被调查出来，他以后该如何面对同学，又该如何才能融入我们这个新的集体？我不希望用简单粗暴的处理方式伤害一个因一时糊涂犯了错的孩子。想到这里，我立马否决了这一做法。

可是，钱去哪儿了呢？看着丢钱的学生那焦急的眼神，我告诫自己，必须冷静，不可急躁。于是，放学时我用极为轻柔的语气与大家聊起了班上丢钱的事。我告诉大家，这笔钱没有丢，一定是有好心的同学帮我们暂时保管了，我相信这位好心的保管员一定会尽快把钱交给主人的。我建议说："放学以后，保管员既可以自己悄悄把钱交还给主人，也可以悄悄来办公室找我，我很愿意帮你完成转交的任务。"说完之后，我便若无其事地走了。

放学以后，同事们都下班回家了，我仍然坐在办公室。办公室里非常安静，安静到我可以听到时钟滴答滴答的声音。一分钟……两分钟……时间悄然而逝，办公室走廊依然毫无动静。我耐心地等待着，等待着那位神秘的保管员来敲门。六十多分钟过去了，期待中的美好没有出现，拿钱的孩子终究没有勇气来找我，丢失的钱仍然毫无音讯。我继续告诫自己，不可急躁，或许那位拿了钱的孩子正在慢慢积攒主动还钱的勇气。

第一天的等待以失败告终，但我没有气馁，我甚至开始隐隐地心疼那位孩子。我想，此刻的他，是不是很难受？他是否正进行着激烈的思想斗争？他是不是特别后悔也十分自责？或许还夹杂着种种担心与恐惧？他也许很想来承认错误，但是又没有足够的勇气迈出这一步。这可怜的孩子会是谁呢？他在哪里呢？我深知这几天一定是这个孩子最纠结和最无助的时光，在这种情况下，任何急功近利的粗暴举动都可能影响事态的正常进展。毕竟，敢于承认错误是需要勇气的，我应该耐下性子，给他充足的时间慢慢地积攒勇气。

我努力地调整自己的情绪和态度，努力让自己保持教育者应有的耐心。不知不觉，一晃到了第三天，丢失的钱还是没有一丝一毫的消息。下午上课前，我走进教室，故作不经意地再一次提醒，若有捡到那笔钱并好心保管的同学，可以私下主动地把钱还回去。如果你信任老师的话，也可以放学以后悄悄来办公室找我，我会在办公室等着你，我也很乐意帮你转交这笔钱。我面带微笑，我极尽和风细雨式叮咛，表达了我的期待，整个讲话的过程，没有批评，没有指责，我相信那位当事的孩子也一定能感受到我的善意、我的关怀，还有我的期待。

这天晚上放学后，我依然没有回家，继续一个人静静地坐在办公室。终于，功夫不负有心人，当我在办公室再次独坐了半小时后，一个小小的身影出现在办公室门外。她犹豫着，半探着身子，怯怯地偷偷看着我，却始终不敢抬起手敲门进来。我温和地起身，将小姑娘迎进了办公室，再悄悄把门轻轻掩上。小姑娘双手藏在背后，局促不安地环顾四周，看看办公室没有其他人，才稍稍松了一口气。我顺手帮她理了理额前那几缕凌乱的刘海，温和地问："有事情找老师吗?""嗯。"她的声音低得不仔细听几乎听不出来。我继续温柔地看着她，她依然不敢正眼看我，只有两个人的办公室里安静得几乎能听到她慌乱的心跳声。终于她憋红了脸，咬紧了嘴唇，犹豫地伸出那只她一直藏在背后的手。在那略略颤抖的手心里，躺着的正是那笔失踪了三天的350元钱！

她把钱交给我，"老师，我……我错了……我一分钱也没动……"孩子吞吞吐吐，紧张得话也说不完整。她依旧不安地站立着，脑门上、鼻尖上挂满了豆大的汗珠。我拿出纸巾，帮她擦干了汗水，没有追究，也没有责怪她。她更加不安了："老师，您批评我吧。"我微笑着给了她一个大大的拥抱："傻孩子，老师为什么要批评你呢？知错就改，就是好孩子。现在老师应该表扬你才对呢!"接着，我赞许了她主动承认错误的勇气，也真诚地感谢她信任老师，选择由老师来帮她转交这笔钱。最后我还告诉她，今天这件事是我们两个人之间的秘密，不会再有其他人知道，让我们一起忘记它吧。小女孩抬起原本低垂的眼帘，十分意外又充满感激地看着我，然后，深深地对着我鞠了一躬，走了。看着小女孩转身离开的身影，我长长地松了一口气。那一刻，我很欣慰。

三天的等待，终于有了美好的结局。丢失的350元终于原封不动地回来了，后来我把这一喜讯告诉了全班同学，并当着大家的面，把钱交还给了失主。班上孩子好奇地问我是怎么找到这笔钱的，我这样回答他们："这笔钱比较贪玩，它们自己跑出去溜达了一圈儿，听到我们的呼唤后，现在它们自己找回家来了。以后大家要妥善保管好自己的物品，可别再让它们走丢了哦。"大家被我的调侃逗笑了，善良的孩子们再也没有问起当初到底是谁拿走了这笔钱。我继续告诉他们："钱迷路了，可以找到回家的路。我们也一样，如果一不小心，迷了路，只要我们勇于面对，及时纠正，那么我们也可以顺利找到回家的路。家，永远是我们最温暖的港湾，家，永远欢迎迷途知返的孩子。”我话音刚落，全班立马响起了热烈的掌声，善良的孩子们用掌声真诚地迎接了一颗心灵的回归。（文/吉萍）

【情境分析】

丢失的钱终于找回来了，整个事情的处理过程中，我的耐心、我的宽容，以及我对自我情绪的识别和调控，帮助我赢得了孩子的信任，建立起了心灵间的相互沟通，从而使一个原本灰暗的故事有了一个完美的结局。

著名的西方哲学家斯宾诺莎说过：“人心不是靠武力征服，而是靠爱和宽容征服。”处理这样一件丢钱事件时，若真采用“声色俱厉地在全班进行大调查，大刀阔斧地找出那笔丢失的钱”的简单粗暴的方式，那无疑是最失败的方式了。这种方式靠的是班主任的权威，用的是班主任的强势手段，靠的是武力的征服和班级舆论的压制，即便用这种方式能够找出那笔丢失的钱，那也是失败的。这样的班主任是无能的，这样的班主任工作是低水平的。这么做不仅丢失了作为一名教育者对孩子应有的关怀和爱，而且也容易伤害到孩子，甚至还有可能将这个偶尔犯错的孩子推向更加堕落的深渊。

所以我及时调整自己急躁的情绪，虽然看到“丢钱的学生那焦急的眼神”，但我能及时地“告诫自己，必须冷静，不可急躁”。并且在放学时“用极为轻柔的语气”与大家聊起了班上丢钱的事，这样便打消了孩子的顾虑，初步赢得了孩子的信任。

然而事情的发展并不顺利，第一天的等待以失败告终，第二天依然没有奇迹发生。这个时候，班主任极易失去耐心，但若此时失去耐心，便会前功尽弃。所以“我继续告诫自己，不可急躁”。我认识到，在当时的情况下，任何急功近利的粗暴举动都可能影响事态的正常进展，所以我应该耐下性子，给孩子留下充足的时间慢慢地积攒勇气。

不知不觉，一晃到了第三天，丢失的钱还是没有一丝一毫的消息。我努力地调整自己的情绪和态度，让自己保持教育者应有的耐心。同时，我用“面带微笑”的方式，用“和风细雨式”的叮咛，让孩子感受到我的善意、我的关怀，还有我的期待。这些举动彻底消除了孩子的顾虑，使整个事态朝着我们期待的方向发展着。

终于，第三天孩子来找我了，她“犹豫着，半探着身子，怯怯地偷偷看着我，却始终不敢抬起手敲门进来”，我顺手帮她理了理额前那几缕凌乱的刘海，帮助孩子缓解了紧张的情绪，并交出了那笔钱。之后，又与小女孩进行交心，肯定她主动认错的勇气，并约定与她共守秘密，帮助小女孩卸下思想负担，帮助她完成了心灵的洗礼，实现了灵魂的自我救赎和升华。

事情就这样画上了圆满的句号，我信守着和那位小女孩的承诺，我再没有把她拿钱的事情告诉其他任何人，包括她的家长。人非圣贤，孰能无过？每个孩子在成长过程中都难免会发生这样或者那样的错误，只要我们善于用智慧去处理问题，只要我们真诚地用爱心与学生交流，他们就能更好地认识错误、改正错误，他们就能更加快乐更加健康地成长！爱与宽容，是班主任工作中的无敌法宝。班主任老师要善于在某一特定时期特定条件下，让学生感到你的爱，感受到你的宽容。学生在爱和宽容的氛围中，会更好地实现自我认识、自我反省和自我成长。学校是孩子成长的重要场所，是一个允许孩子犯错的地方。他们就是在不断地犯错中，习得人生的经验，从而慢慢地成长。相信爱和宽容的力量，必将给我们一个更美好的明天！

【深度解析】

“诲人不倦”，教师要觉察并调动自身的情感，对学生有足够的耐心和信任，相信每个孩子都是善良的，持存正向，用积极的情感、仁爱之心、宽容之德影响犯错误的孩子。只有学生受到了教师启迪感染，教师的情感与学生的情感产生共鸣，教师自然感情投入，进入角色，才能把情感真切地传达给学生，才能叩击学生的心弦，激起他们感情上的共鸣。教师的情感是把教育的情感转化为学生情感的纽带，这样才能充分发挥教育的内在张力，用心灵照亮心灵，用智慧启迪智慧，最大限度地激发学生向上向善的良知，不断推动自省、感悟与唤醒，让一般的道德生活升华为素质。情感教育不单纯是一种技巧，如果教师本身缺乏情感，仅仅靠语言去“说服”学生产生相应的情感是无效的。情感不能传授，而是需要激发、唤醒。

“谅解也是教育。”爱因斯坦曾经这样说过。李镇西说：“素质教育，首先是充满感情的教育。一个真诚的教育者必定是一位真诚的人道主义者。一个受孩子衷心爱戴的老师，一定是一位有人情味的人。”教师的人格、爱心、智慧对学生有着缓慢而持久、细腻而深入的影响。只有用人格才能影响人格，用爱心才能培育爱心。教师应以宽容的心态看待学生的错误，明白他们此时需要的不是指责、不是简单粗暴的批评。对待他们要怀有一颗宽容的心，让他们感受到人与人之间的平等和公平。对学生少一点苛责，少一点失望，少一点冷漠；多一分理解，多一分信心，多一分亲切，用情感的力量激发其上进心。教师的宽容将会使孩子的眼睛里减少自卑、减轻恐慌、消除失望，将引导他们力争上游、健康成长，从而构建和谐的师生关系。林崇德认为："疼爱自己的孩子是本能，而热爱别人的孩子是神圣！"因为教师对学生的爱"在性质上是一种只讲付出不记回报的、无私的、广泛的且没有血缘关系的爱，在原则上是一种严慈相济的爱。这种爱是神圣的。这种爱是教师教育学生的感情基础，学生一旦体会到这种感情，就会'亲其师'，从而'信其道'，也正是在这个过程中，教育实现了其根本的功能"。如果说爱是一种内存的情感，那尊重则是外在的行为，尊重学生是师爱的底线。多一分对学生的理解和尊重，就容易搭建一座师生间友爱信任的桥梁。遇到犯错的学生，要采取宽容的态度，更要控制好自己的情绪。正如赞可夫说的："教师也是人，但同时他又是教师。而教师这个行业又要求一个人的东西很多，其中一条就是自控。"唤醒有过错孩子的良知是教育成功的表现，是爱护呵护学生的要求。

因此，寻找到师生情感的连接点就十分重要。老师和学生只是不同的身份角色，在这样的身份角色之前，首先是人，都具有人的共同的情感需要，也有着相似的情感体验。教师在教学中要能够准确把握师生之间的情感连接，拉近师生之间的距离，从而进行有效的课堂教学。在过去那种以认知为主导的教学方式下，学生参与教学互动的积极性不高，有的学生即使有参与教学互动的愿望，但似乎难以找到一个触发点。找到师生之间情感的连接点，不仅能让学生产生共鸣，也会使大多数学生感到自己对这些问题有发言权，有表达出来的冲动。有了这个基础，再加上教师的正确引导，教学互动的气氛就活跃了起来。

表 1-3　课堂教学中教师情感识别的“自我验证”

教师情感识别需要关注的维度	我的理解	举例验证
觉察并调动自身的情感		
把握学生的情感特点和表达方式		
寻找到师生情感的连接点		

第二节　初中生同伴交往中教师的情绪情感识别

同伴交往是初中生学习生活中主要的构成部分。交往是精神的享受，友谊是人生的幸福。人类在交往中寻求安慰，获得价值，美化心灵，陶冶情操。交往是人们运用语言或非语言符号交换意见、传达思想、表达感情和获得尊重需要等的过程。交往对学生情感发展和个性形成具有重要作用。教师应该充分了解交往在初中生情感和人格发展中的重要意义，对“网络交往”“异性交往”“小团体交往”等与初中生学习生活密切相关的交往形式及其情感问题、矛盾、需求等有充分的了解。

一、同伴交往：向往却不容易

【情境再现】　　　　　　我的世界应该有你

批阅周记，翻到一个女生的文章《我的孤独，虽败犹荣》，用的是青年作家刘桐《你的孤独，虽败犹荣》的写法。

她说自己表面上大大咧咧，有说有笑，其实内心很自卑也很孤独。小时候因为自己胖，邻居小朋友送她一个胖女孩的绰号，亲戚朋友聚会也有的人笑眯眯地叫她胖丫丫或者胖妞，漂亮衣服穿在别的女孩身上都很漂亮，穿在她身上就紧绷绷的，久而久之她就不愿意和大家一起玩，很多热闹的场合她都是一个旁观者，不是不愿意参加，是怕受到嘲笑，有时即使参加了自己也是小心翼翼。更要命的是，后来家里又添了一个小弟弟，家里父母的重心一下就围绕着弟弟去了，在家里自己感到一点一点被冷落，有时候真想离家出走，现实生活中没有什么可以交心的朋友，只有在学习中才可以找到点乐趣，但是，自己怎么努力都赶不上班上的好同学，真的有点绝望。

我看到这里，突然想起，她的班主任曾经说过，这个女生在她妈妈怀上弟弟后曾经以绝食和离家出走抗争过，最后，小弟弟依然出生了，女孩在家脾气有时很坏。

我必须做点什么，第二天的早读课例行是评讲周记，前面连续几个同学读了自己写的周记，分享写作体会和心得。然后我就叫："某某同学，你来读一下你自己的文章。"她一愣，左右看了看，有点狐疑地看看我，我点头朝她微笑了一下，她涨红了脸，走上讲台，读起了自己的文章，声音很响。读完她说："我不知道老师为什么要让我读自己的周记，我只是把心里想说的话说出来，也谢谢大家的倾听。"班上的学生也没反应过来，还夹杂着一些笑声，紧接着响起了一片掌声。我走上讲台，停了停，扫视了一下教室。"我现在做个调查，班上有哥哥姐姐或者弟弟妹妹的同学请举手。"教室里先后有6个同学迟疑地举了手。我说："其实关于二孩的问题不应该是我们今天要讨论的内容，但昨天我在看同学们周记的时候突然想起来2010年在国家还没有放开二胎政策的时候，北京青年政治学院法学教授杨支柱养了第二个女儿因而被学校解聘的事，我一直记得记者采访他时有一句话，他说：'我不愿我们夫妻死后我的女儿在这个世界上一个可以说话的亲人都没有。'那句话改变了我对生命意义的认识，就是生命不仅仅是一个生命对另一个生命的延续，还是一个生命和另一个生命的陪伴，大家想一想，在这个浩瀚而未知的世界里，一个和你的遗传基因如此相近的生命存在着，和你分享欢乐和痛苦，陪伴你成长和衰亡，这是一件多么神奇而又幸福的事！所以祝福你们，羡慕你们有弟弟妹妹或者哥哥姐姐的同学，你们是这个世界上人群里最幸福的人！"我的话刚说完，教室里就响起了热烈的掌声。

后来那个女生性格慢慢变得阳光了，上课时抬头挺胸，发言也更加自信了。暑期她妈妈给我发来一条信息：谢谢老师，孩子的成长离不开老师的鼓励，您的一句话改变了一个孩子的性格！（文/张良金）

【情境分析】

在所有的同伴交往中，有一类是比较"特殊"的形式：在二胎政策下，"一孩"与"二孩"的相互问题。刘桐在所有情绪中最认可孤独，他说孤独之后，才是最有生命力的成长。但一个生命成长的过程中一直孤独下去，那么这个生命或许就坚持不下去，案例中这位表面上大大咧咧的女生以《我的孤独，虽败犹荣》为题，实际上是认可了孤独，但是又无法忍受成长中的这份孤独，我的孤独“虽败”但是“犹荣”，这难道不是一种无可奈何的呐喊？

“胖”这个词对女孩来说很残忍，青春期的女孩更加忌讳这个词，再加上很多人叫她“胖妞”“胖丫丫”更不说背后肯定有人叫她“死胖子”，所以小时候她的绰号和身体的形状，让自卑这个词一直尾随着；更不幸的是，父母还要给她添一个弟弟，原来外面受到嘲弄，但回家有“万千宠爱在一身”。但似乎这个也要没有了，所以她决绝地要抗争，用绝食和离家出走这些最极端的手段，这也是很多懵懂孩童所能做到的最大的抵抗，但是弟弟还是出生了。弟弟的存在对她就是一种威胁，但是所有能用的手段都用完了，家庭的重心偏移到弟弟身上，更何况她还是个女孩。这更加伤害她，她只能用坏脾气来引起家人的注意，还有转移注意力到学习上，但是，都不能使人满意。她选择了孤独。其实孤独更多的时候是人生中的一种自觉独处，当整个世界离你远去的时候，你不要绝望，还有一个自己，这就是孤独，所以她选择“虽败犹荣”。

我作为一个教师，把周记作为一种锻炼写作或者是沟通，理解青春期孩子心理的一种手段，这个有一定成效，教师应该会辨别孩子语言里隐藏的积极或者是消极的情愫。教师让学生去读周记，自己去表现，教师适当地点评，作为评价方式来看有一定的权威。从独生子女过渡到二孩的问题，整个社会都在讨论，不是一个狭隘的问题，教师没有无限上升高度，否则就陷于空泛。教师出其不意地公开调查班上有多少“二孩”，这就把一个隐私问题公开化了，让女孩意识到这不是她一个人遇到的问题，是一个社会问题的时候，自我矛盾就弱化了。教师不是局限解决一个孩子的问题，是把一个孩子的问题放在一群共性问题中去解决，效果很好，所以收到了班级同学热烈的掌声，掌声中有赞许，有羡慕，有接纳，我想这其中一定包含很多的情感，教师的角色位置比较到位，这种方式比较恰当。

【深度解析】

每个人都需要与人交往，需要受到尊重，每一个人的成长、发展都是在人际交往中，尤其是在不断的交友中完成的。因此，特别需要教师们认识到初中生同伴交往的重要性，有一颗敏感的心，敏锐地去察觉、识别和发现他们在交友中出现自卑心理的根源，通过对自卑根源的剖析，帮助他们主动调适自身的心理状况。苏联社会心理学家安德烈耶娃将交往的实质作了三个有相互联系的区分：(1)交往的沟通方面，即交往过程中个体信息的交换；(2)交往的相互作用方面，即个体之间活动的交流；(3)交往的知觉方面，即交往双方的人际知觉及在此基础上的相互了解。

初中生在同伴交往中往往会出现自卑心理，尤其是在优秀学生相对集中的重点学校内。经调查，有52%的初中生在交友中带有一定的自卑心理，其中17%的学生自卑心理较明显，4%的学生自卑心理严重。交友中存在有自卑心理，轻则使学生无法自在地与同学交流、交往，重则使其无法正常学习、生活。初中生交友中的自卑心理主要源于个体自身某些特殊原因，如性格内向、自认为能力差、自身生理上有弱点、家庭原因或自身经历等，导致他们害怕与人交往，唯恐别人看到自己的弱点，成为众矢之的。他们越害怕，越警惕，就越容易过分敏感，在交往中常常不被大家接受和喜欢，于是产生交往挫折感，从而加剧自卑，更加害怕与同学交往。这样就形成了恶性循环，最后导致自我封闭。

有研究者对500名犯罪青年和500名一般青年做过调查，发现两者结交朋友最多的时间都是中学时期。① 陈仙梅的研究发现，初中生在课余时间的交往选择，遇到烦恼或喜悦向谁倾诉等方面，朋友所起的作用比小学时更大。② 在日本的一项对小学四年级和初中一年级学生的对比研究发现，小学四年级的学生都是以父母尤其是同性家长为日常生活中的第一位参照对象，而初中一年级的学生(无论男女)都把朋友放在第一位。③

进入中学以后，由于学生在生理、心理上产生了很大变化，会产生很多的不安和焦虑，这个时候，父母不再是他们交流思想、倾诉烦恼的唯一选择对象了。此时，他们十分需要亲密的朋友。于是，具有相同的兴趣、需要或态度的中学生能够开始聚集在一起，在班内形成了一个个同伴团体。这些团

---

① 朱智贤：《心理学大辞典》，76页，北京，北京师范大学出版社，1989。

② 雷雳：《发展心理学》，5页，北京，中国人民大学出版社，2009。

③ 张文新：《儿童社会性发展》，133页，北京，北京师范大学出版社，2002。

体具有交往频繁、感情融洽、志趣相投、行动一致、核心人物能量大、有不成文的内部行为规范等特点。同伴相似性是中学生人际关系特征的一个重要方面。相似性是友谊形成和维持的基本决定因素。郑宇等研究发现最亲密同性友伴的相似性超过非友伴，最亲密同性友伴在逃学或离家出走、吸烟饮酒等行为方面最相似，在参与活动方面的相似性次之，家庭社会经济地位、遵从友伴、学习与教育期望的相似性最低；最亲密同性友伴相似性的影响因素主要来自性别组合与年级组合。①

二、网络虚拟交往：情感发展的“双刃剑”

【情境再现】　　初中生谈网络交往

【初中生 1】我 QQ、微信里都是同学、老师、家里人，不喜欢和不认识的人聊天。

【初中生 2】我的网络交往是在朋友、亲人、同学之间进行的，因为有时候不能跟他们见面，就网上聊天，很省钱，我不和自己不认识的人交往，特别是那些主动找上自己的，我认为他们都有一定目的，我也不通过“摇一摇”找人聊天。

【初中生 3】开始接触网络后，感觉是一点一点改变了我的生活。开始是网上交友，我在网上刚刚申请 QQ 时，也加了很多不认识的朋友，一起在网上聊天，一段时间后便拒绝陌生人了，觉得同他们聊天很没意思，不过是问问你的住址和你的个人信息，而我又不愿意告知他们自己的信息，在了解网络诈骗后就更不愿意和陌生人聊天了。

【初中生 4】可以说网络改变了我的交往，以前很不喜欢和不认识的人说话，与陌生人相处会感觉很难受，但在网上可以和不认识的人海聊，很自在。

【初中生 5】我的网友有生活中的同学、家人，也有有共同兴趣的人，有个网友一起做过任务，合作很棒，游戏时很投入，也很开心，就经常联系，但没见面，我们同一天生日；还有一个比较好的，过生日时会互相送礼物，记得他送我一套鼠标键盘。

① 周宗奎：《儿童的社会技能》，64～65 页，武汉，华中师范大学出版社，2002。

【初中生 6】在网络中，我一直不断地和一些陌生人聊天，觉得很有趣，也很好玩，我蛮喜欢这种感觉的。因为我是独子，家里又没有其他小孩，所以放学回家后真的有时候觉得很无聊，幸好现在有网络，让我有事情可以做。

【初中生 7】在网上最多的是和父母、亲戚、朋友用 QQ、微信联系，也会和陌生人闲聊，我会加入很多群，最感兴趣的是欧美音乐群、摄影群、手机发烧友群，每天看群的动态，大家聊感兴趣的，像熟人那样争论、咨询，会学到很多。

【初中生 8】在网上交流有利也有弊。在网络上我说话能更加自由，可以表达出更多的真实想法，不知道怎么表达时有的表情也可以替代，有些话会考虑好了再说，而当与人面对面交流时，和关系好的朋友没有什么问题，但是和不太熟悉的人在一起，就会不知道该说什么，经常会导致冷场，弄得气氛很尴尬，也不太想表达自己的想法，也许是感觉现实生活中的人与人交往太复杂了吧，而网上交往倒是简单纯粹。但是经常在网上交流就会沉浸在自己的小世界里，最明显的就是会忽略掉身边的人。比如在家的时候，基本上和朋友在网上交流，反而和家人没有交流，这一点影响了家里的氛围，我觉得这样不好，但是有的时候还是会不自觉地陷入自己的小世界里，以后要尽量改掉这样不好的行为。但总的来说，比起现实中说话我更喜欢在网上说话。

【情境分析】

互联网的迅猛发展，迎合了初中生渴望交流、渴望得到更多的信息、乐意尝试新鲜事物等年龄特点。他们通过互联网能够解决自身生物成熟和社会成熟的矛盾、自我发展和社会发展的矛盾、现实存在和未来前景的矛盾。因此，中学生与网络的结合成为必然趋势。据统计，全世界网络用户平均年龄为 31.9 岁，而且出现了整日在互联网上漫游的群体。

网络扩大了初中生的交往面，改变了初中生的人际关系模式。网上交友是初中生人际交往的一种重要形式，也是社会化的一条重要途径。在网络上，他们可以与许多互不相识的人交谈、来往，互相帮助，互相倾诉；可以根据个人的兴趣、学习的需要交到自己想交的朋友；可以无拘无束、轻松快乐。调查发现，中学生热衷于在网上聊天、交友和游戏等，29％的中学生有结交虚拟情人的体验，75％的中学生常到娱乐站点。互联网满足了中学生喜欢交往的要求，使中学生在交往过程中得到自我实现的感觉，且这种感觉容易上瘾。据查30％以上的中学生认为上网的感觉如烟鬼遇上了好烟。

但是，网络并不能取代真实社会，这种社会化只是一种虚拟的社会化，人与人之间的交往存在机器的阻隔，是一种“人—机—符号—符号—机—人”形式的交往。这种形式的交往去除了互动双方的诸多社会属性，带有“去社会化”的特征，与真实社会情境中的社会化相去甚远，这对于初中生的发展有极大的影响。长时间的虚拟交往会减少实际的人际交往机会，弱化真实实践的交往能力，忽略了近在咫尺的现实中的亲情和友情，甚至会产生人格障碍和人际交往障碍，出现一些较为集中的行为或情感上的偏差，使得他们无法面对真实社会。

因此，教师要认识到虚拟交往是初中学生的一种交往需求，是社会化的一条重要途径。教师不能忽视学生网络虚拟交友的需求，要引导他们在网络交往热衷化的同时防止现实交往冷漠化的出现，在真实与虚拟之间“游刃有余”。

【深度解析】

现实生活中的物理时空、身份性别、人情世故、行为规范等人际交流的繁杂因素在网络中均可以被忽略。人在网络中可以“违背”现实生活的惯例、准则，以相对的意志自由超自然、超现实地面对他人、面对社会。网络环境中的这种人与人、网络人与现实人的交流变得不可思议。个人淹没于信息当中，形成“数字化人”，集体活动减少，相当多的人不愿与人交往，对他人漠不关心，个人主义盛行，大家安全感差；个人隐私虽有一定匿名性，但传播受众面大，传播速度快；各种心理疾病增多；由于网上各类谎言和虚假信息的影响，人与人之间信任感下降，给人们的正常交往与互动带来诸多消极影响。这样的生生关系、师生关系，不仅将学生异化为物，而且最终也使教师异化，从而使师生背离了教育的目的。

朱熹在《朱子语类》中说：“君子慎其独，非特显明之处是如此，虽至微至隐，人所不知之地，亦常慎之。小处如此，大处亦如此，显明处如此，隐微处亦如此。表里内外，粗精隐显，无不慎之。”马克思曾在《评普鲁士最近的书报检查令》一文中指出：“道德的基础是人类精神的自律。”这一论断精辟地阐述了人类道德的基本精神。自律是主体对自身的道德责任有发自内心的认同。

任何自觉的道德行为都产生于对道德必然性和道德要求的深刻理解与自觉要求。在网络交往环境中，初中生网络行为的规范必须从自我入手，不断加强道德自律，以“慎独”精神为行为要义之本，“勿以恶小而为之，勿以善小而不为”，通过不断强化自身“慎独”的网络理念，自觉地遵守网络道德规范，主动地克制不健康情欲的泛滥，理智地控制和约束自己在网络中可能做出的任何非道德行为。只有这样，才能达到经由道德自律而不断地提高道德境界的层次，从而规范网络言行的最终目标。

三、敏感而重要的青春情感：异性交往的识别与处理

【情境再现】

一周一次的作文课，部分学生开始进行自我修改了。马老师走下讲台到林权和陶影两位学生跟前时，发现他俩神情紧张，并把自己写的东西遮盖得严严实实。

马老师不动声色地推开陶影盖在上面的本儿，顺手拿起了掩盖在下面那页快要写满字的练习纸，随手叠好，装进了口袋。上面的内容，马老师虽然没有看，但马老师深知这纸上的内容是不宜公开的。

林权也主动把他写了半页字的纸递给了马老师。马老师若无其事地收好，装进了另一个口袋。事情发生得悄然无声，其他学生根本不知道刚才的一幕。

此时的马老师，很是矛盾：当面揭穿真相，狠狠地批评他们一顿，也是占理的；凝望他们，正值初三，花季般的他们，正有着自己的情感、自己的想法、自己的秘密，他们有飞向窗外的渴望，他们更有自尊，更需要理解。当众点破，无疑会给他们的心灵带来阴影。

马老师的理性战胜了冲动，心静抑制了怒气，马老师始终未提此事，一直到了下课。下课后，他们二人主动找到马老师说明了一些情况，诚恳地承认了错误，话语中流露出对马老师课上做法的感激，同时，他们也惊奇，说马老师为什么不像别的老师那样当众批评他们、指责他们？

看着他们，马老师意味深长地说：“你们已到了有秘密的年龄，你们有自尊，老师能理解你们。只是课堂上要专心学习。只有有了本领，才能圆未来的梦。”说完，马老师把那没有写完的信又退还给他们。接过信，他们激动得

哭了。

毕业之前，陶影给马老师写了一封长信。

敬爱的马老师：

您好！您是从初三才开始教我们的，我想这也许是上天给我们一次相识的机会吧。我们相处虽然只是短短的一年，但我仍然感到无比的幸福、自豪。因为是您，让我感受到了师爱的力量；是您，让我懂得了理解的价值；是您，让我明白了做人的真谛。马老师，您还记得那一次吗？也许您忘了，但我一生也不会忘记……

【情境分析】

这是一个关于青春期学生的异性交往的案例。在这个案例中，我们可以看出马老师是如何基于对初中生的认识了解，以及在此基础上的恰如其分地调适自己在处理这一问题时的心理、情感，并转化和帮助学生调适自己的情感，使他们的自尊感得到保护和发展。在马老师走下讲台看到两位学生“神情紧张”的时候，马老师意识到可能会有一些“秘密”和“问题”存在。对初中生的心理和情感发展特点有清晰地认识和了解的教师，可能会对学生的这一情绪情感反应有所察觉，并依据学生“把自己写的东西遮盖得严严实实”这一外在的行为，比较容易判断出来学生的“问题”。在这个案例中，马老师就是这样做的。要解决学生的“问题”，应该从对于学生问题所表征出来的情感的认知、回应和调适开始。正是基于这样的判断，马老师并没有表现出愤怒或者当场揭穿，而是“不动声色”地推开学生盖在上面的本儿，“顺手”拿起了掩盖在下面那页快要写满字的练习纸，“随手”叠好，“若无其事地收好”，然后装进了口袋。这一连串的动作，实际上是马老师在调适自己的心理和情感过程中表现出来的行为举动，正如他自己所说，因为他“深知”这纸上的内容是不宜公开的。

当然，马老师的内心也是经历了矛盾和冲突的：“很是矛盾：当面揭穿真相，狠狠地批评他们一顿，也是占理的”，可是他最终还是没有这样做，他的“理性战胜了冲动，心静抑制了怒气”，因为他“凝望他们，正值初三，花季般的他们，正有着自己的情感、自己的想法、自己的秘密，他们有飞向窗外的渴望，他们更有自尊，更需要理解”。基于这样的判断，他才没有在行为上做出粗暴和简单的处理，而是觉得“当众点破，无疑会给他们的心灵带来阴影”。所以，在随后的处理中，我们看到，马老师依然是在努力地理解学生、尊重学生，调整自己的回应和处理方式，“意味深长地说……”而学生则也是从之前被马老师发现时候的“紧张”状态中获得调适和缓解，他们“诚恳”地承认错误，对马老师充满“感激”，对马老师的做法感到“惊奇”，“激动得哭了”，甚至还给马老师写信表达自己的感恩之心及体会到的幸福。所有这些，都是学生在自尊获得保护当中所表现出来的成长，他们之前那种紧张的情绪不见了，而对于如何与异性相处的问题也获得了新的认识，更重要的是，他们被老师在处理这件事情时候所表现出来的行为所感动，从中获得了情感上的教育和升华。

案例中的马老师面对学生在课堂中的异常行动，他表现出了良好的情感涵养。首先他对情境做出了敏锐的识别，识别出学生轻微举动下的情感波澜和蕴含的情感事件，同时他对青春期孩子的心理特点又有充分的了解，因此他给当事学生以充分的尊重，先是悄悄地没收了他们写的藏有秘密的纸条，而又在课后在一个合适的场所把纸条还给他们。这些都是在悄无声息中进行的，看似平常普通，却包含着一个教育者对学生的理解、包容、信任与尊重。而这种情感对学生内心也起着很大感化作用，甚至让他们终身感念，一种深刻的教育就在这样的悄无声息中产生。马老师对于自身在处理这一问题时候的情感调适及由此带来的学生情感状况的变化之间是相互影响的，这样的处理不仅教会学生如何与同伴异性交往，而且使得师生关系得到升华。

【深度解析】

异性交往是初中生生理、心理发展的基本需要，主要来自三个方面：一是心理上的渴望，希望通过交往增加异性间相互了解；二是感情上的需求，希望从异性交往中寻求欢乐和安慰；三是道德上的思考，希望与异性同学建立纯洁的友谊。三者相比，感情上的需要显然比较突出。这说明现阶段初中生的异性交往具有浓厚的感情色彩，以寻求精神寄托和感情抚慰为动机的异性交往，在初中生中占有相当比例。[①] 初中生异性交往的愿望是迫切的。愿意

---

① 陈军、隋欣：《初中生异性交往心理发展的调查》，载《心理科学》，2009(5)。

和异性交朋友的人数比例远远超过不愿意与异性交朋友的人数比例，而且随着年级的升高，期间的差距也越来越大。初二年级是学生交往心理发生显著变化的时期。在这一时期内，大多数学生将由对异性心理上的疏远，明显转变为对异性心理上的亲近，异性交往已成为初中生心理发展不可缺少的需要。

张景焕等人的研究也表明，中学生与异性交往愿望随年级升高有上升趋势，初中女生异性交往水平显著高于男生。由此我们可以得出，初中阶段，女生的异性关系要好于男生，这是心理发展的一般特点。这种情况的出现应该和青春期学生的身心发展状况有关，相对来说，男生比女生的发育要晚 1～2 年，因此，体现在异性交往中，男生的困扰会比较多。而初中阶段，女生一般比较听话、乖巧、踏实，学习成绩比较好，她们更有自尊，因此在交往中会更加主动，并且从发展心理学的角度来说，女生的语言发展与运用比男生有优势，在交往中语言交流占很大的部分，因此女生在交往中会更加顺畅。另外，由于社会角色的导向，女生会朝向情感丰富与人际协调的方向发展，而男生则在寻求独立与自主。这样我们可以推论，异性交往中的性别差异受到生物学因素的影响，同时也受到社会因素的影响。①

有研究指出，中学生异性交往的动机包括“好奇、想试试看”“弥补精神空虚”“感情需要”和“学习压力太大”。女生因“好奇、想试试看”而交往的比例高于男生，男生因“感情需要”和“弥补精神空虚”而交往的比例高于女生。② 促进中学生异性之间的交往主要因素有：学习和求知；环境因素；社团因素；偶然因素。③

异性交往是青少年身心发展的必然结果。心理学家认为，青少年期是个体社会化的关键期，在这一阶段，个体与异性同伴的正常交往对他们的成长和发展具有重要的适应意义。异性交往可以促进青少年同一感的发展，增进青少年的心理健康，增进青少年间的友谊，促进青少年的社会性发展，对青少年的心理、行为有多方面的积极影响。④

---

① 卢秀琼：《中学生异性同伴交往特点的调查分析》，载《西南大学学报(社会科学版)》，2008(6)。

② 李鹰：《中学生异性交往的现状及心理特点》，载《教育研究》，2006(9)。

③ 王毓龙：《人际交往》，97～104 页，北京，科学普及出版社，1996。

④ 王磊：《青少年异性交往心理问题研究综述》，载《心理科学》，2004(4)。

异性交往不等于恋爱。通常说来，异性交往有三个层次：一是异性互动；二是异性友谊；三是恋慕。爱情往往是从异性友谊发展而来的，但异性友谊发展成为爱情，还需要很多特殊条件，正确区别异性友谊和爱情有利于发展异性间的正常交往。所以教育者应当提高自身的鉴别能力，坚决摒弃对异性友谊和爱情“一刀切”的干预方式。①

四、直面“友谊”：初中生“小团体”交往的内在动机

【情境再现】

“张老师，政教处主任喊你去一下！”一个学生急匆匆地跑进办公室。

我忐忑不安地赶到政教处。政教处办公室里坐着一位警察，见我进去，主任指着那位警察向我介绍：“这位是派出所的同志，他想了解一下你们班金同学的情况。”

原来，前一天晚上，在湖南路附近发生了一起群殴事件，有人被打成重伤，参与者中有我们班上的小金。小金性格鲁莽，遇事冲动，讲义气，只要有朋友喊他帮忙打架，一喊准去。为了这个，他屡次受到学校处分。

还没等我理清头绪，学校处分已经下来了，留校察看！

我的心情很沉重，不由地想起两年前刚入学时的小金。小金个头不高，长得粗壮结实，留着短短的“板寸”，头发浓密粗硬，根根向上竖着，两道浓眉，眼睛不大，眼距较宽。和他交谈时，他总是低着头，很少看你，也很少搭腔。到班上没几天，就和同学发生冲突，不管什么冲突，过程大致相同，先是产生分歧，然后争执，一言不合，便大打出手，一出手就伤人。

请他的父亲到校，他父亲向被打的同学道完歉，转头就骂儿子：“下次再敢欺负同学，看老子怎么治你！”

“你爸怎么治你啊？”我问过小金。

“穿翻毛大头鞋踢呗。”小金说得稀松平常。

小金在男生中口碑不太好，可我却发现女孩子并不反感他。

我把女同学对他的评价告诉他，他的脸一下子涨得通红，瓮声瓮气地说：

---

① 李鹰：《中学生异性交往的现状及心理特点》，载《教育研究》，2006(9)。

“跟女的计较什么？我爸就对我妈特别好，我爸老说，男的不要跟女的计较，就要对女的好。”

我得重新观察这个学生了。后来陆陆续续发生过几件事，都是我不偏不倚地帮他处理了。

念念不忘必有回响，他慢慢地在接受我，也慢慢地在改变。

后来，小金和别人的冲突也明显减少，更没有再到校外打架，初三我对小金说，你只要在初三一年不再打架，这些处分权当是你成长的财富。

小金真的配合起来，他竟然向我要求调换座位，理由是他想更好地听课。我把他的座位往前调了两排。可我发现，小金并没有喜出望外，对于我的这个调动，他好像有点儿失望。

有一天小建悄悄对我说：“张老师，你知道小金为什么一定要调换座位吗？”

“他说他想更好地听课。”

“才不是呢，他喜欢小倩，他想调到小倩前面去坐。”

啊？我给他调动的座位比他以前坐的那个座位离小倩更远。难怪他一脸的落寞。

有些事你越不想发生的时候越要发生，那天我在办公室忙着，小建哭着跑进办公室，捂着鼻子，手上满是鲜血，我吓了一大跳。

“小金打的！我站在路边和小倩说话，小倩在开她的自行车锁，他突然就冲上来，打我一拳。”

我全明白了。

小金低头坐在我面前。“我知道你为什么打小建，因为他在和小倩说话，你喜欢小倩”，我单刀直入。小金的脸“腾”地一下涨得通红。

“其实你很有眼光，小倩真是一个好女孩，长得漂亮，学习成绩又好，人还能干。”“不是，不是。”小金嗫嚅着说道。

“可是你想想，你今天当着小倩的面，莫名其妙地把自己同学的鼻子打出了血，依你看，她会喜欢你，还是会更瞧不起你？”

小金愣住了，没说话。

那天，我和小金谈了很长时间，他虽然没有说很多，但从他的眼神里，我看得出，他是真心想改改自己了。自那以后小金没有再打架，终于在他毕业离校前夕，学校撤销了对他的所有处分。

毕业前我忙着为学生们填写“毕业生登记表”。填到小金的表格，在“在校因何种原因受过何种奖励/处分”一栏中，我犯了难，如实填写吧，学习不好加上不良的表现记载，万一到时没有学校录取，把他推入社会，他的头脑简单，很容易误入歧途，如果真是那样，我岂不是害了他？不如实填写吧，我是不是违反了原则？最终，和政教处的老师商量，什么都不填写，但要和他做一次单独的交谈。

我把小金和他的父母请到办公室，我拿出小金的“毕业生登记表”，指着“在校因何种原因受过何种奖励/处分”一栏对他说：“在这一栏里，老师什么都没填，既没有填写你受的处分，也没有填写这些处分都已经撤销，我留了一片空白，我希望，老师留下的这片空白，由你以后自己去填写，记住，老师希望你要填写那些让你自豪、让你骄傲的东西。”小金嗫嚅着说了声“谢谢”离开了办公室，我也松了口气。

一晃又是三年过去了，技校毕业的小金应征入伍。临行前，他特地来学校看望我，三年的时光小金长成了大小伙子。

“张老师，我那时候怎么那么不懂事。有一段时间，我真恨你啊，整天就琢磨着怎么害你一下。”

“那现在呢，还恨我吗?”我笑着问道。

“哪有啊，感激还不及呢。”小金也腼腆地笑起来，“张老师，你记得当时给我看‘毕业生登记表’的事吗？就在那个时候，我突然好想哭，你真的对我好啊!”

小金入伍后，经常给我打电话“汇报”工作情况，他到部队学了驾驶，两年后，他入了党，还立了三等功。

【情境分析】

班主任被政教处主任找十之八九没好事，等我“忐忑不安”来到政教处时，竟然看到的是一个警察，用一句时髦的话：“你今天可摊上大事了。”自己的学生摊上事了，而且真的是大事，在外面打群架，把人打成重伤，而且是一个屡教不改的学生，面对这样的学生，班主任一定很头疼，而且是义务教育阶段的学生。一次次的处分累加也似乎没什么用，不能开除，最后要升级到留校察看了。留校察看没用呢？只有推向社会？班主任不期望留校察看，但是，不处分也没法向其他人交代。事情已经发生了，要积极面对，走流程肯定要找家长。其实家长前面已经找过了，每次打架，找来家长，家长的态度极好，赶紧赔不是，赔完不是之后却对自己的小孩拳脚相加，在格外关注这个孩子的时候，发现专门欺负人的小金竟然受女孩喜欢，而他思想的根源竟然也源自家庭："跟女的计较什么？我爸就对我妈特别好，我爸老说，男的不要跟女的计较，就要对女的好。"

家庭的教育孩子的方式一定程度上决定了孩子对外界采用什么方式，小金对外的交流方式都来自家庭，对男生的暴力和对女生的友好。

对女生的友好，又带小金走入青春期孩子的另一个问题上，就是对异性的好感。果然，小金对小倩有好感并且喜欢上了的时候，他再一次用暴力排斥了所有和小倩走得近的人，"莫名其妙"地把小建鼻子打出血了。其实不是莫名其妙，小建也知道为什么打他，这就是青春期的小金，简单暴力。

但这个时候恰是不能动拳头的时候，初三了有个约定就是不能打架，老师又一次选择了宽容，不是包庇。

特别感动的是最后填"毕业生登记表"面对两难选择，我最后还是选择了原则之外的宽容。特别感动这句话："在这一栏里，老师什么都没填，既没有填写你受的处分，也没有填写这些处分都已经撤销，我留了一片空白，我希望，老师留下的这片空白，由你以后自己去填写，记住，老师希望你要填写那些让你自豪、让你骄傲的东西。"简单的小金实际上一直懂得感恩，只不过他的心智太不成熟，随着慢慢长大，他终于明白了，老师就是他的懵懂孩提时代的贵人，一路呵护一路守望着他长大。

小金头脑简单，脾气暴躁，鲁莽冲动又盲目地讲义气，很差的成绩加上很差的表现会使他和班集体的氛围格格不入，班集体拢不住他的心，自然而然，他就被边缘化了。这样性格的孩子很容易被社会上的不良少年看中，成为他们的伙伴。

"小金"们做的错事已接近犯罪的边缘。试想一下，他们摇摇晃晃地站在是与非的边缘，老师是把他们拉回到正常的人生轨迹，还是因为难度太大而放弃对他们的教育？当然不能放弃，尽管这样做有很大的困难。

【深度解析】　　　　“友谊感”和同伴“共在感”

对于青春期的初中学生而言，同龄人之间的伙伴关系在生活中占据特别重要的地位。实际上，由于独立倾向和尚未真正具备独立的能力两种状态在他们身上是并存的，他们虽然热衷于摆脱家长和教师，却很难真正地独立，于是往往不自觉地依靠和凭借彼此之间的相互支持和肯定完成逐渐脱离长辈的独立过程。在这种情况下，同伴关系对于初中学生有极大的影响力。他们在思想、行为、兴趣、爱好甚至衣着打扮上都热切地要求与自己的朋友、伙伴相同，而不再是向长辈讨教。为了维护符合同龄人之间往往不成文的标准，他们甚至不惜与家长、教师发生冲突。

由于自我意识、与同龄人和成人关系等方面认识和态度的变化，初中学生在人际交往方面表现出极大的热情。他们愿意进行广泛的人际交往，渴望与他人沟通思想感情，渴望得到他人的接受和尊重，渴望在人际交往方面得到成功，热切地希望自己具有比较强的人际交往的能力。

在友谊感的发展上，初中学生对友谊概念的认识已经由一般性的普遍交友演变为个别性的交友，出现了所谓的“挚友”；特别注重以感情的共鸣和体验的分享为基础的朋友的选择，通常选择性情相投的同伴作为朋友，强调相互理解、忠诚和亲密感，看重同伴在心理上的相知默契和相互理解，认为同伴朋友应该相互给予心理上的支持，能保守内心的秘密，能达到思想、情感甚至人格上的分享。这种内心隐秘的分享是极有选择性的。

金无足赤，人无完人。作为老师，我们要以宽容的心对待学生的错误。宽容就是宽大，有气量，不计较，能容纳。作为教育者的教师与受教育者的学生之间有了情感的沟通，学生就会信任教师，这就为接受教育打下了基础。而宽容能够在教育者与受教育者之间架起情感沟通的桥梁。法国文学大师维克多·雨果曾说过这样的一句话：“世界上最宽阔的是海洋，比海洋宽阔的是天空，比天空更宽阔的是人的胸怀。”每当想发脾气时，教师应该多想想学生的可爱之处，多发掘他们的闪光点，不歧视、不奚落差生和有问题的学生。只要我们多一点宽容，以宽容之心对待学生的过错，我们收获的也许比想象的要更多。

第三节　学校及班级生活中教师的情绪情感识别

学校和班级生活中的情绪情感识别主要是指教师在面对和处理初中生在学校共同生活中所表现出来的特别明显的情感需求、情感特征能够有所了解和认识，并在此基础上，识别学生共同生活过程中遇到的问题、冲突与矛盾，以及教师自身在面对和处理这些问题的时候的情感状态。这些不仅是教师利用共同生活这一平台和契机进行学生情感和人格教育的重要基础，而且也是教师调适学生和自身的情绪情感、培育初中生重要的社会性情感及增进教师自我教育智慧和情感教育能力的重要基础。

一、独立与归属：初中生过共同生活的情感需求

【情境再现】

小惠的插班很突然，作为班主任的我接到一个电话后不一会儿，小惠就出现在教室的门口了。小惠长得很漂亮，她的出现犹如在平静的水面投下了一块石头，激起了一片涟漪，我听到班上几个男生发出轻轻的惊呼声，随后是一片寂静，大家目不转睛地盯着她。由于来得突然，我只能暂时把小惠安排在第一排的位置，“谁愿意把后面的桌子和椅子各搬一张过来”，我话音刚落，就有几个男学生抢着去搬，而且还起了小小的争执。

课间，几个女生主动围了上去，问长问短，小惠显得很开心。接下来的几个课间，小惠总是一个人坐在座位上，静静地看书，也不主动找大家玩，几个女生玩在一起的时候，有女生邀小惠一起玩，可能是小惠觉得比较陌生或者是还不习惯吧，依然愿意一个人待着。而男生却奇妙地少了一分喧哗，多了一分安静，一群一群地出现在讲台桌旁，时不时地有人“不小心”碰到小惠的桌子，“对不起”之声也时而响起，还不断地有人捡起落在地上的文具还给小惠，顺便跟小惠聊几句。可小惠呢？发现她慢慢地皱起了眉头，似乎不愿意更多的人来打扰她，渐渐地，对同学的“问候”也不理不睬了。看书时，头也埋得更深了，接下来的课间更是极少见她离开自己的位置，无奈之下，大家都知趣地离开了。

第二天，小惠的父母来看望她，她的父母告诉我，小惠比较胆小，不善于和同学交流，不知道能不能适应这儿，希望我能多多地关照她。

快上课了，小惠却怎么都不肯进教室，缠着她的父母不放，泪眼婆娑。昨天还是好好的，怎么过了一个晚上变得如此脆弱呢？昨晚发生了什么让她如此不安？我吩咐一个女生，去把小惠叫了进来。

等我了解具体情况之后，还是大吃一惊。原来，昨晚洗澡时，女生们都进浴室洗澡，唯独把小惠关在了门外，她们洗好了之后才让小惠进去洗澡，并且吩咐小惠清理卫生间和打扫房间，难怪小惠如此伤心。

中午，我“顺道”来到她们的寝室，她们正好都在。一番问候后，我切入了正题。

“同学已经难得，室友更是可亲，同一个房间，你们平时如何保持友谊，有什么经验？如何对待新室友？”

一番七嘴八舌，孩子们长大了，也懂一些大道理。讲得好，不代表能做到。其实，友谊也得落到实处。

临走时，我叫来小影：“老师觉得你最懂得友情，给你一个任务，把新同学小惠托付给你。这一段时间有什么活动，做什么事，都要叫上她，你能完成这个任务吗？”而后，我又把平时喜欢“作弄别人”的小张叫来，同样交代一番。

这几天，我发现小影时刻关注着小惠，早餐等她，课间牵着她的手，上厕所也叫上她。小张呢？也表现得很友好，当然就不会为难她了。

一周过去了，班里评选本周之星，增设友谊之星，小惠推荐了小影，小影顺利当选。

小惠很好地融入了她们，灿烂的笑容时常出现在她的脸上。小惠的快乐，让她的父母激动不已。

【情境分析】

处于青春期的孩子，在身体与思想上都处于急剧的变化阶段，他们感受集体的方式，以及与集体的关系也在悄悄地发生着变化。这一阶段，他们独立意识、自主意识逐渐增强，与此同时，他们的群体归属需求也在增强，往往处于自卑与自尊、独立与依存、自我与他人的纠缠交错中，因此对于这一时期的孩子的情绪情感的识别便具有了相当的复杂性与难度，这需要班主任有高度的情感识别能力与技巧。插班生小惠因为长得漂亮，一开始很能吸引同学的注意力，但她对同学的有意靠近显得很漠然。这淡漠的背后其实并非仅仅如她父母所说的因为她很胆小，胆小的表现往往是面对别人的接近而不知所措而不是有意疏远。一种较为合理的解读是，这是小惠内心滋长的自主意识在起作用，面对新的环境，她在省思度量，并表现得很“超然”，以至于对同学的问候也不理不睬。看到这里，我们不禁会想，小惠真的没有或不需要集体归属感了吗？答案是否定的，后面的情节可以证明这一点。当小惠那种有点孤傲、有点清高的态度遭到同学们不那么友好的回应时，她就变得很委屈很受伤了，说明她内心对群体还是有强烈的归属需要的，只不过她还没完全适应那个环境以至于跟身边同学有点隔阂，这也说明她尚未在自主感和归属感之间取得恰适的平衡。班主任在这个时候起到了关键的作用，他洞察学生内心矛盾的情感状态，于是对症下药，消除了同学们内心的隔阂，让小惠重新找到了集体归属感。

【深度解析】　　　　自我认知感与集体归属感

在引导青少年学生在参与班级共同生活过程中，教师要善于觉察学生内心幽微的情感状态，认清学生内心矛盾的纠结点，然后针对要害给予有效的贴心的指导。处于青春期的初中生渐渐脱离童年期的懵懂单纯，情感变得越来越丰富，越来越微妙，想独立又无法彻底独立，想自由又不能真正自由，这种心理状态直接反映在他们所参与的班级共同体生活中。首先是自我认知感的问题，青少年学生的自我认知和自主意识在急速地增长。自我认知包含个体对自身生理心理特点的了解，对自身兴趣禀赋的理解，还包括对个体存在的一些深层的追问，这一年龄期“有自我确认的强烈需求，学业中的胜任感，是少年安宁、自足、愉悦情感的主要来源”①。自我认知感的发展伴随着自我空间感的形成，个体开始营造属于自身的私密生活空间，而且这个私密空间对于个体生命成长有越来越重要的意味，当这个空间受挤压受侵犯时，人就会出现焦虑、压抑等不良心理反应。其次是集体归属感的问题。在自我

① 朱小蔓：《情感教育论纲》，120页，北京，人民教育出版社，2008。

意识开始强化、自我空间开始形成的同时，青少年学生的集体归属需要也在同步增强，他们渴望分享渴盼理解，他们期盼共享期盼分担，这与他们的自我意识自主空间看似矛盾却又是那样的息息相关。自我意识和集体归属从本质上应该是和谐的一体的，没有在集体中哺育的自我是不健康的自我，漠视了自我的集体也是不健全的集体。教师自己一定要明白这一点，也要让学生领悟到这一点，这对构建一个活泼的生动的健全的班级生活共同体很重要。

我们须知，“个性的发展就是个体不断分享个体之外的社会性财富的过程，而个体之外的社会性财富来源于集体的思想灵魂。……越是由不同的多样个性组成的集体，集体所提供给每个个体的‘个体之外的社会性财富’就越多，集体所蕴含的影响个体成长的力量就越大，集体所能生发出的影响个体成长的力量就越大。所以我理解的集体不是结构均质的同一体，也不是个体需要服从或对抗的外在物，而是个体在其中受到精神文化滋养的共同体。”①

二、在共同生活中成长：初中生参与共同生活过程中的情感冲突

【情境再现 1】　　冲突

至今仍记得一个学生，是两年前我带初二时班里一个不错的男生，性格温和，成绩优秀。没承想，开学第二天早上就迟到了，7:00 上早读，而随着他的“报告”声，墙壁上的时钟已指向 7:08 了。

作为班主任的我，站在讲台上，看着台下端正安静的 71 个学生，再看着门边那个背着书包、一脸睡意未去的他，顿时心里那个火呀！要知道昨天宣布的班规里就有一条：“上学迟到者，第一次站着读书以示警诫，第二次罚值日一周，第三次找家长座谈。”竟然真有人无视班规，而且是令下头一天。

“新官上任三把火”“杀鸡儆猴”这些班级管理经验霎时掠过我的脑际。的确，每一个班主任都知道，接到新班级刚开始时要严点、狠点，便于以后管理。

“书拿出来站着读。”话到嘴边又咽下，出于人性的考虑，我强忍着心头怒火，走到他跟前问：“怎么会迟到?”话音刚落，教室如电光闪过，所有人的目

① 朱小蔓：《与世界著名教育学者对话(第一辑)》，25 页，北京，教育科学出版社，2014。

光都聚焦在他的嘴上。我明白，此时已无疑成为众学生了解我这个班主任的时机了。可他偏偏低头不语。“说，怎么会迟到?”我厉声追问。“我——我——起晚了。”我的天哪！终于听见他说话了，虽然是从牙缝里硬挤出来的，却已钻入每一个人的耳朵。

我突然意识到，自己已将他置于多么尴尬的境地！为什么不避开众人单独询问呢？我错了，真的错了！望着他那羞红的脸，我的怒意已逐渐下降。“你们读书！”随后，我把他叫到外面，听着读书声，他才逐渐抬起了头：“老师，爸妈昨晚有事出去了，没人叫我，所以——起晚了。”啊！现在的学生怎会到这种地步？依赖父母怎会到这种程度？谁之过？谁之过？他？父母？教师？家庭？社会？

该不该罚？我陷入了两难。罚他，他错在哪儿？是有意迟到？是无视班规？不罚，又怕“起晚”成了众学生迟到的合理理由，怕贪玩迟到者有了胆子，怕班规里其他条款也不好执行。

情与法在此刻冲突，但无论我多么犹豫，都必须在此刻做出决定，那么多双眼睛在看呀！“书拿出来站着读。”我小声对他说，其中隐含的歉疚与不忍，不知道他能否听出？只知道他委屈地拿出了书……

之后的几天，班里一切正常，工作异常顺利，我知道，那是牺牲了他的尊严换来的，而他变得沉默、孤独……

分分秒秒，我在思考如何弥补；日日夜夜，我在查阅如何挽救。可终究是山重水复。忽一日《教育专刊》上有一句话提醒了我：“有意暴露内心的矛盾与脆弱，反而能拉近师生距离。”顿时我眼前一亮，立刻跑到教室去找他。

漫步操场，我拉着他的手，诉说了自己当时的犹豫。“老师，我明白了，换作是我，也会那样做的。”本来准备好的安慰、鼓励已明显多余。啊！我长舒了一口气。拨云见日，我成功了！

不，不是成功，而是补救了自己的错！（文/张瑜）

【情境分析】

这个案例给我们呈现了班级管理中教师面对的两难困境，案例标题为《冲突》，这里的冲突至少有下面三层含义：(1)外在的，就是学生行为与班规的冲突。这本是班级管理中司空见惯的事情，本案例的特殊性在于违反纪律的是一个平常在老师眼里很优秀的学生。一个大家眼里的好学生，却带头破坏了刚刚制定的班规，这个问题确实不是那么简单。(2)内在的，就是教师内心情与法的冲突。从感情上，教师对于那些成绩优秀而且性格也温和的学生一般是有所偏爱的，这是客观存在的，也是人之常情。教师要抓“以儆效尤”“杀鸡给猴看”的例子通常也是喜欢针对那些屡教屡犯的学生。(3)还有学生自己内心情感的冲突。学生如果是故意冒犯的，他心里会产生冲突，就是在犯规之后该如何面对老师和同学。如果学生不是故意冒犯的，他心里更会产生激烈的冲突，他会自责会悔恨会不知所措。此时老师是给予适当宽容，还是给予点颜色，就很难拿捏了。

所以在班级管理中，情感识别是很难的一件事，需要高度的技巧，更需要高超的艺术。本案例中张老师的情感识别工作，以及随之而来的处理方式还是比较恰当的，她做到了情与法的合理平衡。首先，当学生迟到时，张老师压住了心头的怒火，没有噼里啪啦一顿骂，而是给学生一个自我辩解的机会，这样她也就有了进一步深入了解学生迟到背后原因的可能。其次，张老师对班级同学的情感状态也有敏锐的洞察，因为她刚接手这个班，是“新官上任”，很多学生是带着疑惑甚至带着挑衅的心态审视她的，而此时又面临一个很能考验老师的“节点”。

张老师在对具体情境中个别犯规学生与整个班集体的心态有了初步的辨识，这对于她后续的对事件的处理方式有很大的作用。她坚守了“法”，依据班规惩戒了迟到的学生，但尽量以最温和的方式，比如压低声音，同时带着歉疚与不忍。最重要的是在惩处了学生之后张老师自身的情感煎熬，以及想抚平学生心灵创伤而做的种种努力，这蕴含着她深沉的爱与高度的责任感。老师对学生的真情和对学生的爱往往在一些两难的问题中得到淋漓尽致的体现。

【深度解析】　　公平感与正义感

作为情感基本维度的公平感与正义感，与公平与正义的概念内涵既有一定联系，但又有诸多区别，因此在识别何为公平感与正义感之前，首先要对公平和正义的内涵做必要的考察。

公平与正义是一个亘古的思想哲学和社会政治命题，关于其意义内涵，历史上许多先哲有丰富的阐释。关于公平，孔子提出了自己的见解："丘也闻有国有家者，不患寡而患不均，不患贫而患不安。盖均无贫，和无寡，安无倾。"①不均就是分配不公，孔子认为这是导致贫富不均乃至国家危险的重要原因。柏拉图在《理想国》中对正义的命题有过深入的探讨，在柏拉图看来给正义的人下定义是难的，但他给正义的国家下了定义；所谓正义的国家就是要求生活在一定国家体系中的人能获得适合其身的职位，然后发挥最大限度的作用。② 美国学者罗尔斯在其《正义论》一书中提出了两个基本的公正原则：一是整体利益最大化；二是最少受惠者受益。③ 他认为既要充分保证群体中优秀者的发展权益，又要保护弱势群体的基本利益。至于公平和正义原则在教育场域的运用，国内有教育学者从政治哲学的视角对教育公正做出了如下解释：教育公正是通过合理的教育制度，恰切地分配教育资源，使每个人获得与其相适宜的教育，满足个体的学习需要，使个体得其应得，实现个性化的发展。④

作为个体基本情感维度的公平感与正义感显然与政治哲学、教育哲学对公正内涵的解释是不一样的，但又是分不开的。公平与正义是作为一个学术研究的思想命题，或者作为政治形态运作和社会文化构建的实践命题；公平感与正义感属于个体的情绪情感体验，是个体对公平正义的情感认知，以及在涉及公平正义的现实问题时内心的一种真实的情感反应和情感操守。但个体的这种情感反应或操守有时是带鲜明的意识形态特点的，并且它是根植于具体的社会文化语境当中的，就像没有抽象的和绝对的公平与正义，也没有抽象的和绝对的公平感与正义感。班级及学校生活中的公平感和正义感也是在具体的班级及学校生活语境中存在的，它存在于教师与学生的一言一行、一举一动之中，存在于学校与班级的一事一物、一场一景之中。

从教育教学的角度考察，培养初中生的公平感与正义感是学校道德教育工作的一个重要命题，也是公民教育的一个重要议题。一个人缺乏了基本的

---

① 《论语·为政》，北京：中华书局，1980。

② 柏拉图：《理想国》，郭斌和等译，北京，商务印书馆，1986。

③ ［美］约翰·罗尔斯：《正义论》，何怀宏等译，北京，中国社会科学出版社，1988。

④ 冯建军：《教育公正——政治哲学的视角》，43页，福州，福建教育出版社，2008。

公平感与正义感，也就意味着一个人失去了在社会中立足的根基与魂魄，培养学生的公平感与正义感是立德之根、树魂之本。我们对公平感与正义感培养的信心是建立在人性向善这一基本理念之上的，相信每个孩子心中都有公平感和正义感的情感因子，关键的问题是，我们怎么样去辨认识别并有意识地加以引导培育。学生的公平感与正义感可以体现在他们学习生活中的方方面面，作为教育者要有足够的敏感去捕捉去把握，并及时地加以鼓励和激发。

表 1-4　如何培养初中生的公平感与正义感

初中生的情感体现	引导的策略	教师的角色及态度
对学校与班级生活中的公正或不公正事情的情绪反应和情感态度		
对学校和班级公共事务的态度		
对强者的抵触与对弱者的同情		

初中生的公平感与正义感首先体现在他们对学校与班级生活中的公正或不公正事情的情绪反应和情感态度上。比如有的学生会对某一件同学或老师做的有失公允的事情义愤填膺情绪激动，甚至会提出抗议争辩。面对这样的情景，教师就要审时度势、慎思明辨，要肯定学生身上的这种正面的情感因子，但又要结合具体的情况跟学生做充分的讨论辨析，让学生明白什么是真正的公平，什么是真正的正义。教师千万不能盲目地压制，盲目压制的结果就是学生公平感与正义感的丧失。有的学生生性较为淡漠，他们对班级事务既无赞赏也无不平，但我们不能就据此认为他们天生缺乏公平感和正义感，只是他们的情感体验更为内向一些，有时甚至更为强烈。面对这样的学生，教师要多与他们接触交流，与他们促膝谈心，从而辨识学生内心的真实轨迹。其次，学生的公平感与正义感体现在他们对学校和班级公共事务的态度上，有的学生对公共事务有着一种强烈的使命感和责任感，这种使命感与责任感意味着公平与正义的一种健康导向，教师应该及时加以肯定与鼓励，以此作为正面能量加以引导示范，激发那些对班级公共事务缺乏热情的学生。最后，初中生的公平感与正义感体现在他们对强者的抵触与对弱者的同情上。同情弱者，这是一种很好的善的因子，孩子的这种善的情感苗头是他们将来能做一个好人的前提，恃强凌弱或欺软怕硬是人性之恶的一种表现，这些都是需

要教师认真辨识和体认的。

除了识别和培养学生的公平感与正义感，教师自己也要辨识并发展自身的公平感与正义感。教师首先要认识到所有的学生都有获得自身最大限度发展的权利，孔子的“有教无类”“因材施教”思想是对学生所拥有的这种平等权利的一种概括，也是对教师所应该具备的教育公正情怀的一种表达。现实情况往往是，许多教师是“教而有类”，但这种“教而有类”倒不是因材施教，而是根源于教师的一种教育偏见，这种偏见使得他们厚优薄差、培优弃差，这从根本上是有违教育公正原则的。按照罗尔斯的公正观，教师应该做到“培优厚差”才对，让优秀学生获得最大发展的同时，给予那些后进者以最大程度的关怀，这即“最少受惠者受益”的原则。所以，身为教师，要对自己身上出现的非公平非正义的情感异质加以辨识并剔除，只有有公平感和正义感的教师才能培养出有公平感和正义感的学生。其次，教师要做一个公平和正义的维护者和引领者。面对班级、学校和社会出现的一些不公正不公平现象，教师要持有一种健康的、鲜明的是非观念和是非立场。教师自身不能为利所囿、为权所迫而蒙蔽了对公平与正义的辨识能力，教师自己都不辨是非，何以让学生明辨是非？

【情境再现 2】　　　　在活动中学会担当

2014 年 9 月，我开始教九年级分层 B 班的语文，说是分层，就是把基础差的学生集中在一起，由我来专门辅导。有一位叫李畅（化名）的同学，要么是作业不能好好完成，要么是说话无生气，要么就是说得把你给噎得无语。后来，学校组织朗诵节，为了调动同学们的学习热情，我决定要让每个同学都上台表演课本剧，要让每个同学都展示自己的优点，并在活动中更好地进行教育与指导。

我们排演的一个节目是《湖心亭看雪》，我安排李畅演老渔翁，那是一个台词不多、表演难度不大的摆渡人。当我问他是否愿意时，他只是漫不经心地说了一声“随便”。后来，排节目轮到他时，他就过来把那台词简单说说，也没有动作，也没有道具，完全没有融入角色。这样的表演我肯定是不能接受的，于是我要求他拿着竹竿，加上动作，尽可能地逼真一些。“我也没有竹竿啊！”“那你可以去找体育组老师借啊！”“再说我也不会划船啊。”“回来我可以教你啊!”终于，李畅借来了竹竿，一点一点地学着划船，表演比以前有了进步。

与《湖心亭看雪》同时排演的还有《窦娥冤》行刑一场。窦娥绑赴刑场需要绳子，于是我请李畅帮忙。“上次你去借了竹竿，很好！这次你再帮忙借一下吧。”“为什么是我啊？”“她们排节目任务重，时间紧，你台词少点。再说，帮助同学和班级做点事情，也是你男子汉学会担当的表现。”李畅借来了绳子，我及时进行了表扬，并告诉同学们，男孩子长大了就是男子汉，能否担当是一个人能否成长的标志。大家要学会担当，当老师分配任务时，要想办法克服困难去完成；当同学需要帮忙时，要尽可能地去做，这就是担当。后来我发现李畅明显比以前态度积极了，作业也有明显进步。

2014 年 12 月 22 日，我们的朗诵节如期举行。《湖心亭看雪》安排在《窦娥冤》前面，扮演张岱的演员表演用的帽子是后面监斩官的官帽去掉乌纱翅，因此，我们设计好了“张岱”下场的位置，并且进行了一系列周到的安排。可是，不巧的事情还是发生了，演张岱的朱同学因为紧张，下台错了方向，即将上台的监斩官没有了帽子，这时后场的气氛立即紧张了起来，正当我想要通知主持人晚点报节目，派学生过去拿帽子时，只见李畅已经从观众席的最后冲了过去，拿到帽子后迅速返回了。我们都松了一口气，演出一切照常，没有出现任何问题。

这件事情我看在眼里，喜在心里。李畅的积极担当让我感慨颇多，我不仅在班里表扬了他，还和他进行了推心置腹的交流。说实话，能够看到他如此有担当，能够看到他有如此的进步，我真的是从内心感到高兴。想到他以前一副无所谓的样子，想到他那“半死不活”的神态，他那天的表现真是让我刮目相看，这不仅是因为他解了我们的燃眉之急，更主要的是他关键时刻不推诿，有担当，这是一个男孩子最重要的品质，这是一个男子汉未来成家立业的最重要的保障，我真的很欣慰。

后来，我们的节目又参加了学校的迎新演出，我就放心大胆地把雪花机交给他和张同学管理了。演出前他们两个先把雪花机调试好，少了一根长电线他们也自己想办法到后勤组去借了，演出时，两个同学出色地完成了雪花机的喷雪任务，达到了预期的效果。

这件事情后来还成了他的写作素材，由于他写作的基础不好，他写一稿我就改一稿，我们前前后后至少改了五六稿，而每次修改我都会向他说明一个人的责任与担当，告诉他有担当的人即使基础不好，即使暂时落后，只要能够坚持，未来一定会前途光明。我还在每次修改作文的时候把他近来的良好表现列出来，鼓励他继续前行。

再后来，他的作文《学会担当》达到了发表的水平，入选了学校的作文集，我也越来越放心地让他帮我做点事情，他也越来越认真地完成了任务。就这样，我们在活动中不断发现学生的优点，不断激励学生健康成长，就这样，我们的学生慢慢地学会了担当。

经过这件事，我悟出了一个道理，教师要做一个发现者，在活动中，不断发现学生的可取之处，哪怕只是一点苗头，一定要认真表扬，而且尽可能不厌其烦地"啰唆"，要让被表扬者真正明白自己的优点是什么，下定决心发扬光大；要让他们在认可中不断激励自己，以此为目标，更好地努力前行。（文/许织云）

【情境分析】

一个人立足于世界，是需要一点使命感与责任感的，是需要一点担当意识的。假若人人持索取的态度、持观望的态度、持逃避的态度，那么这个世界便无从发展，生活在其中的个体当然也无从发展。因此培养学生的责任感、使命感与担当意识是学校德育工作必须要考虑的一个重要维度。而有效的德育应该是在学科教学中浸润和渗透的。案例中的许老师虽是一名语文老师，却没有把她的教学内容仅仅局限在语文学科层面，而是将情感教育灌注整个教学过程，有意识地培养学生的使命意识和担当意识，这无疑是值得肯定的。许老师所任教的班级是经过分层的基础相对较差的班级，我们先不对这种分层的做法做过多的价值判断，但学校能派许老师这么一个有责任心与使命感的老师去教这样一个班级，我们从中看出学校教学组织安排的良苦用心，是真的想施行因材施教的策略，而非对基础相对薄弱学生的歧视。正因如此，那么这样的教学举措也体现了一点责任感与使命感，这点在许老师身上可以得到集中地体现。

许老师以自己高度的责任感与使命感去培养学生的责任意识和担当意识。

许多学习上相对滞后的学生，其病根往往不是在智力层面或认知层面，而是缺乏一种使命感和责任感，同时也缺乏一种担当意识。凡事无所谓，吊儿郎当，这在李畅同学身上体现得很明显。老师叫他扮演角色，他只是轻描淡写地说了一声“随便”，老师叫他帮一下同学的忙，他的第一反应就是顶了一句“为什么”。可见他对同学对班级事务是持漠不关心的态度的，对自身在班集体中作用的定位也是模糊不清的。所幸的是，许老师并没有因为他的推诿和漫不经心而勃然大怒，甚至将其弃置一旁，而是表现出足够的耐心和期待，更重要的一点就是她在李畅借来绳子时的及时表扬，并乘机表达了责任意识和担当意识对于一个男子汉的重要性，这些无疑落到了学生的心坎里，使他潜睡的责任意识和担当意识被激发出来。当学生内心发生悄然变化时，其行为自然也就发生变化，而且有些意识会蔓延迁移，这从李畅态度的变化、作业的进步上可以体现出来。于是后来更大幅度的进步和变化就顺理成章了，比如李畅在演出现场危机时刻的及时现身，以及他写作能力的大幅度进步，竟达到发表水平，这都与他身上的责任感、使命感和担当意识被唤醒有很大的关系。

【深度解析】　　　　　　责任心与使命感

在一个生活共同体中，任何人是逃避不了责任与使命的，从小处讲是责任，从大处讲是使命。责任心与使命感是内在相依的，责任心是一个人对自身所应担负的责任的一种全心应对情感状态，而使命感则是在拥有责任心基础上的一种深化和升华，更体现人的承担自觉性与主动性。一个没有责任心和使命感的人是无法在群体生活中立足的，更别指望其有什么大的发展。历史上许多做出卓越贡献的人，都是在肩抗责任、背负使命中成长起来的，当一个人能将个体成长和群体发展紧密联系起来的时候，意味着他的眼界、胸襟开阔了，同时也意味着他的生存与发展空间扩大了。“己欲立而立人，己欲达而达人”说的其实就是一种人我共依、人我共生、人我共同发展的朴素道理。因此从这个层面上讲，责任心与使命感不仅仅只是有利他性意义蕴含，而是包含着人我两利的道德意蕴。想让学生从一个自然人变成一个社会人并进而成为一个道德人，责任心与使命感的培养是一项无法绕越的教育命题。

培养初中生的责任心与使命感，首先要善于察觉他们所拥有的勇于承担责任和使命的情感质素。中学生由于受其生活时域的限制，他们没机会在一种大风大浪或大是大非的生活场景中历练其责任心与使命感，培养其责任心与使命感，只有通过他们当下所拥有的学校和班级日常生活场景进行。事实证明正是一些很普通很平凡的日常生活事件最能锻炼一个人的责任心与使命感，“一屋不扫，何以扫天下?”说的就是这个道理。所以作为一个教育者，教师应该抓住学校与班级生活中的每一个细节去察觉学生的责任感与使命感，并以此为契机培养他们的责任感。

表 1-5　如何培养初中生的责任感、使命感

初中生的情感体现	引导的策略	教师的角色及态度
他们对自身的态度		
他们对班级共同事务的参与态度		
……		

学生的责任、使命感首先体现在他们对自身的态度上。一个对自己都不负责任的人不能指望他会对别人负责任，“立己”是“立人”的前提和基础。一个有责任感使命感的人，他会努力去思考自己生存与发展的境况，他会憧憬着将来并对未来做出规划。当然这对于初中生而言显得有点遥远，其实又并不遥远，他们许多人心里都在想着这事，只是没人与他们共享，也没有人引导他们，这里头教师大有可为空间。其次，学生的责任感体现在他们对班级共同事务的参与态度上，他们是积极主动参与的，还是被动消极参与的，积极主动参与者往往会不令而行，而被动消极参与者则是虽令不从。学生公共生活责任感的缺乏往往有其复杂的原因的，既有其个体因素，也有家庭和学校教育的因素。唯分数论英雄、唯升学论成败的教育环境特别容易驱使学生进入狭隘的个人主义套子中。所以在辨识学生缺乏责任感使命感的问题上，教师要全面分析，综合考量，不能一味地埋怨、批评学生，而是要给予共情和引导。

三、在共同生活中自我成长：教师情感与教育智慧提升

【情境再现1】 信赖，创造美好的教育境界

初一刚入学，我们班进了一个叫李宏（化名）的学生，开学不久后便出现上课说话、不按时完成作业等现象，而且在宿舍也不按时睡觉，不按时起床，不按时就餐。虽然我把他叫到办公室谈过几次话，但效果不明显，过一段时间后他又故技重演，考试成绩一下来就因各门功课均为几十分而排在全班倒数第一。

就在我很无奈家长也很无奈的情况下，我决定留心这个学生。在经过一段时间的观察之后，我开始对这个学生有了初步的了解。我发现，他虽然有一些小毛病，但本质并不坏，而且很热爱劳动，篮球打得也很好，之所以会出现上述这些不良现象，还是事出有因的。在我们这个班里，好学生云集，大部分学生的接受能力很强，而李宏的基础不是很好，在课堂上对自己缺乏信心，自身又缺乏毅力，久而久之，就对学习失去了兴趣。了解这些情况后，我便有的放矢，打算先从其他方面入手，挖掘其身上的闪光点。比如他的篮球打得好，当学校组织篮球比赛的时候，我就任命他当篮球队的队长，让他全权负责，结果他不负众望，组织得井井有条，我们班的篮球比赛也取得了喜人的成绩，我不失时机地在班里对他大加赞赏，让他有了荣誉感和自豪感。接下来我更是趁热打铁，和他进行一次推心置腹的交谈，我对他说："你看，你的篮球打得这么好，平时的值日也很尽职尽责，老师和同学们都很喜欢你，也很佩服你，如果你的学习也能像打篮球那么出色的话岂不更好？我希望你能全面发展，我对你有信心，你呢？"听了我这番话，他低下了头，但很快便抬起头来郑重其事地对我说："老师，我一定会努力的！"

从此以后，我欣喜地发现他的学习态度有了明显的改变，上课也能专心听讲了。为了帮助他学习，我专门让一个积极上进的学生帮助他，并且在学习上对他放宽政策，比如对于他最不擅长的英语，别人一次性可以记住的内容，我允许他分两次或三次去记，每天的作业对他来说都是单独减量等，这样他既可以比较轻松地记住他所学的知识，完成了作业，也能增强他的信心。慢慢地，在我的鼓励和感召下，在同学们的帮助下，他越学越有兴趣，所有

的作业都能按时完成了，成绩也取得了很大的进步，其他的毛病也随之消失了。

【情境分析】

上述这个案例是班级和学校生活中比较典型的一个例子，就是每个学校甚至每个班级都会面临的所谓“后进生”问题。后进生的后进不仅仅体现在学习上，更体现在其他的诸如生活行为习惯上。如果说教育是爱的艺术、是慢的艺术，那么“爱”与“慢”二字用在这些后进生身上是最贴切了。爱是共情，学会包容与理解；慢是等待，学会关注与呵护。苏霍姆林斯基说：“教育，这首先是人学。不了解孩子——不了解他的智力发展，他的思维、兴趣、爱好、才能、禀赋、倾向，就谈不上教育。”①

在教育的过程中，我们常犯的而且不断在犯的一个错误就是用同一把尺子去衡量众多个性禀赋千差万别的孩子并武断地在他们身上贴上各种标签。案例中的李宏同学的困境就在于他处于一个学习成绩都很优秀的班集体之中，而这恰恰是李宏的短板，刚开始他的长处又没办法很好地发挥出来，他的不守时、爱说话等种种行为是其内心的自卑、焦虑、失落的一种表现。幸运的是，李宏遇上了一个懂得关心、懂得包容、懂得等待的老师。老师用耐心的情感观察进入孩子的内心世界，他发现了孩子身上的种种优点并想方设法发挥其特长，让孩子产生荣誉感和自豪感。老师的这份真情付出也感动了孩子，他的后续良好表现可以印证这一点。教育中最困难的就是教会人去体察情感，这首先需要教师的真情付出，还要有爱的智慧。情感是人的一种内质性素养，是一种能力，培养健全的情感能力是教育的重要使命。“情感对于人的发展而言是一种基模性的质料，它与生俱来，不断发育成为支撑德、智、体、美诸方面素质发展的基础性、内质性材料。”②

教育是真正触摸学生心灵的活动，教师只有用爱心去呵护学生的成长，才能让学生逐渐形成高尚的品德、良好的行为、聪明的才智，因为爱是人们普遍存在的心理需求。学生如果能经常感受到老师对他的爱、关心和尊重，

---

① [苏]B. A. 苏霍姆林斯基：《育人三部曲——把整个心灵献给孩子》，毕淑芝等译，11页，北京，人民教育出版社，1998。

② 朱小蔓：《情感教育论纲》，3页，北京，人民教育出版社，2008。

便会自觉激发出健康的情感，产生积极向上、奋发学习的动机，才能“亲其师，信其道”，进而“乐其道”。

【深度解析】 **信任与尊重**

在初中阶段，教师要学会识别青少年学生的情感特点、情感需求与情感变化，从而施予有效的情感教育。首先，是识别情感特点。青少年阶段是一个人生命成长中很特殊又很关键的时期，这一时期不仅身体变化快，而且情感心理多变且微妙，教师体察学生情感的方式既要立足于常理又要有超越常理的能力。青少年学生的情感特点因性别、家庭、文化背景等因素的差异而有所不同。其次，是识别情感需求。有些情感需求是共性的，如被爱、被尊重、被关注等，但有些情感需求则是带有个性化的特点的。例如：自卑感较强的学生特别在意别人的包容、赏识与肯定；生活在父母之爱缺失的家庭的孩子，特别渴望得到老师与同学的关爱与呵护。对于学生不同的情感需求，教师是很难一览无遗、洞察全部的，只有通过与学生的耐心交流、长期接触才能捕捉到丰富的信息。最后，是体察情感变化。这种变化有时是“内质性”的，受个体身体、生理因素的变化的影响；更多时候是“外导性”的，受外部环境的影响，包括家庭、学校和社会环境的影响。对于“内质”与“外导”的因素，教师要学会洞察与识别。

尊重是教育成功的关键，而识别差异是尊重的前提。每个人都有被尊重的内在需求，特别是中小学生，正处于一个人格不断完善、自我意识日益成熟的时期，对其被尊重的需求更是不可忽视。教师只有尊重学生，才能得到学生的尊重，才能形成平等和谐的师生关系。真正的尊重来自教师对学生个性差异的敏锐而到位的洞察，没有对学生丰富的情感心灵世界的洞察能力，就谈不上对学生的尊重，尊重是带有强烈的情感特质的。所以对于每一个教师而言，培养自己良好的情感识别能力是其专业能力提升的一项极为重要的内容。

信任首先意味着包容，包容他人的缺点与过错；而包容也寓含着信任，相信对方一定不会辜负自己所望，相信对方值得托付自己的真情。信任感与包容心是个体较为重要的道德情感维度，对于刚进入青春期的初中生尤其显得重要。信任感是带着很强的双向互动特点的情感维度。判断师生双方是否培养起了真正的信任感，首先要看老师是否敢于把自己的整个心掏出来呈现给学生，保证嘴里说的就是心里想的；其次要看学生是否肯掏出心窝子向老师倾诉，一个会向老师倾诉的学生是以其对老师有着强烈的信任感为前提的。初中生的情感世界还是相对脆弱的，他们容易轻信人，却难以建立真正的信任感，他们常常疑虑重重，怕受伤害，但他们的内心又是渴望着被信任与理解的，这就意味着要培养初中生的信任感，别无他法，唯有以真心换真情。

尊重与信任是紧密相依的。尊重是对他人的一种理解、接纳与包容，包容是一种高贵的道德情操。教师学会尊重学生首要的就是以宽阔的胸怀接纳学生在成长过程中可能犯的一些错误，并看到学生无限的生长与发展空间。尊重既是一种理解和接受的雅量，更是一种改善和促进的期待。教师应把期待的目光放长、放远，同时有积极的行动跟进。教师也要学会尊重自己，看到自身的长处，也要学会包容自身的缺点并积极寻求改进，但无须过多地跟自己较劲。教师只有尊重了自己，才会真正去尊重学生。

【情景再现 2】　　一节失败的班会课

前不久，听了一位年轻教师给初一学生开的一节班会课。

上课后，班主任首先拿出一张中心顿了个黑点的白纸让学生观察，并引导学生从不同角度去思考问题。在老师的启发下学生认识到这张纸就如同一个人，大面积的白色是一个人的优点，而小黑点则是不足，如果只盯着一个人的缺点，那么就很难发现他的长处。在学生的积极参与中，自然引入了班会主题：寻找闪光点、营造新氛围。

一名女同学站起来说："上周，张楠感冒发高烧，但他没有耽误一节课，这种精神非常值得我们学习。"学生们鼓起掌来。

掌声未落，一名男生大声说："劳动委员刘芳宽以待人，遇事从不斤斤计较，我非常佩服。前几天，我顶撞了她，在这里我向她道歉，希望刘芳能原谅我的自私。"教室里响起了雷鸣般的掌声。

俗话说，良好的开头是成功的一半。但就在这时，班会却悄无声息地发生了变化。

班主任说："刘芳为我们班做了很大的牺牲，可是你们都做了些什么，乱扔纸屑，乱丢果皮，你看你们的抽屉内，没有一点条理，乱七八糟的，还有点样没有?”学生们开始安静下来。

“你们真是太自私了，晚休时打手电看书，或说说笑笑，你们知道这会影响班级量化评分吗?”学生们都低下了头。

“孙超，昨天晚休时你说话了吗?”班主任责问一个男生。

“没有。”学生反驳说，“可是我明明听到‘孙超，别说话了’，不是在说你吗？违反纪律不承认是更大的自私。”班主任坚定地说，同学们哄笑起来。“我真没说话，不信你问宿舍长。”孙超急得面红耳赤。

“孙超睡着了打呼噜，我们和他闹着玩才说的。”不知谁说了一句。

“哦，对不起，老师错怪你了!”班主任接着说，“自习课上，你们的自私行为也时有表现，交头接耳，嘻嘻哈哈，这也是对他人的不尊重，对班级纪律的亵渎，你们什么时候才能改掉这些自私的行为呢?”班主任喋喋不休地说着，学生们的头也越垂越低，教室里静极了。15分钟后，班主任说：“就到这儿，学习吧!”班会戛然而止。

【情境分析】

本来这班会课完全可以上成一堂学生积极热烈参与充满民主和谐色彩的班会课，但由于上课老师的经验不足，结果搞砸了。班会开始的“情境创设”别出心裁，一开始呈现出来的气氛也让人兴奋。可以想象，如果沿着这种态势发展下去，教师只要稍加肯定与引导，这就会是一堂十分出彩的好课。可惜这位老师没有真正理解自己确定的班会主题——在他希望学生能寻找别人闪光点的时候，自己却只盯住学生身上的“黑点”，于是一堂励志课变成了一场“批斗会”。教师的原意是想通过这样的批斗增强学生的规则意识，使他们遵守纪律，更自觉有序地参与班级公共生活，没想到效果适得其反。在这堂课中，教师不断地给予学生消极暗示，学生身上的黑点也因这种消极暗示而不断被放大，学生的头越来越低或许就是一个明证。结果学生的规则感未必得到强化，而他们的民主参与意识却严重地受到压抑。

【深度解析】　　民主意识与规则意识

教师的民主意识源自于对自身与学生作为独立平等个体的内在认同，源自于教师对自身与学生共同寻求表达、参与与构建的深刻认同。在班级与学校生活中，教师的民主意识体现在对学生个体独立性的一种尊重，最大限度地发挥学生自我规划、自我管理、自我发展的能力，让学生自觉、自愿、自主地参与班级与学校的公共生活与公共事务，自觉地贡献自己的热情与力量，尊重自己的意见，也尊重他人的意见。教师的规则意识源自于对个体过公共生活所应该具备的德行规范的一种自觉认同。要想让公共生活过得健康有序，每个人都必须树立规则意识，对教师对学生都是如此。民主意识与规则意识看似矛盾，实则一致。没有民主的规则会带上专制主义的色彩，没有规则的民主会堕入自由主义的泥潭。

教师的民主意识和规则意识在班级管理中具有十分重要的意义，尤其是在健康良好的课堂秩序的营造上，更需要民主意识和规则意识兼顾。一般教师维系课堂秩序有哪些路子呢？一是靠老师的严厉，谁如果违反纪律就狠狠地整治谁，于是学生吓得不敢捣蛋了。这种维系课堂纪律的方式有效，但带有明显的家长作风与专制特点，学生被管住了，但他们的想象力与才情同样被压抑了，这当然不是健康的民主作风。二是靠集体压力，通过检查、评比等方式，以为集体争光为导向，谁违反了就得受舆论谴责。这种办法比靠个人威严似乎进步了，但挟制压迫的味道还是很浓的，只不过是压制的力量由个人变成了集体，这其实也不是真正的民主精神的体现。以上这两种做法均带有明显的“人治”的特点，既然是“人治”，那么顶头上司的脸色自然是最重要的了，它决定了每个人的命运。三是靠师生关系好，我和学生做朋友，我让学生喜欢我，既然他们喜欢我，就愿意听我的话，纪律自然也不成问题。这种办法当然比“管卡压”进步，但依然还是“人治”，不过多了点人情味，但在这里教师把师生关系当成了维系课堂纪律的工具，师生间的情感关系也会面临着异化的困境，这也不是真正的民主。四是通过培养学生的规则意识，让规则成为学生的自觉认同，让他们自觉地去遵守。在这里规则是一种需要，不是外界强加的一种束缚。有规则意识的学生重视规则超过老师的脸色，没有规则意识的学生才会“得寸进尺”。有规则意识的人过马路看是不是红灯，没有规则意识的人过马路看有没有警察。

教师在引导学生参与学校与班级公共生活的过程中，要真正把民主意识和规则意识统一协调起来并不是一件容易的事。关键是如何拿捏把握好这个度的问题，难的就是怎样才能做到恰到好处。一些老师要么民主意识有余而规则意识不足，导致班级管理缺乏良好有序的秩序甚至混乱；要么规则意识过强而民主意识不够，压抑了学生的主动性与积极性，导致班集体生活缺乏相应的生机与活力。关键的问题是教师要深入参悟两者的本质内涵，要看到两者的内在一致性与互补性，然后在实践中将民主与规则作为一个统一的整体来操作，而非厚此薄彼或顾此失彼。

第四节　教师情绪情感识别的认知策略

一、识别学生的情绪情感

一般说来，情感包括三个方面：一是主观体验，即个人内心的感受。主观体验是指个体的自我感受，如开心、高兴、愉悦、兴奋、好奇、生气、愤怒、焦虑、委屈、害怕等。二是生理唤醒，即一个人的内部的生理反应过程。情绪和情感常常会伴随着一定的生理唤醒。如肾上腺分泌增加、心跳加速、脸红、血压升高，呼吸加快、皮肤电反应增加等。三是外部表现，即一个人的外部反应，是指情绪发生时，身体各部位的动作量化形式，包括三种身体语言，即面部、姿态和语调表情。

日常生活中，我们会发现，情绪情感更多是通过表情、语言等外在的表现的来表达。这些外在表现反映的是初中阶段学生的情感特点及内在情感需求。青少年阶段是一个人生命成长中很特殊又很关键的时期，这一时期不仅身体变化快，而且情感心理多变且微妙，教师体察学生情感的方式既要立足于常理又要有超越常理的能力。青少年学生的情感特点因性别、家庭、文化背景等因素的差异而有所不同。有些情感需求是共性的，如被爱、被尊重、被关注等。但有些情感需求则是带有个性化的特点的，例如：自卑感较强的学生特别在意别人的包容、赏识与肯定；生活在父母之爱缺失的家庭的孩子，特别渴望得到老师与同学的关爱与呵护。对于学生不同的情感需求，教师只有通过与学生长期接触才能更了解。

纵观初中学生在这一阶段的情感需求，根据马斯洛的需求五层次论，归纳起来，大致有如下四类：一是被关爱的需求；二是被尊重、理解的需求；三是交往与对话的需求；四是自我实现的需求。

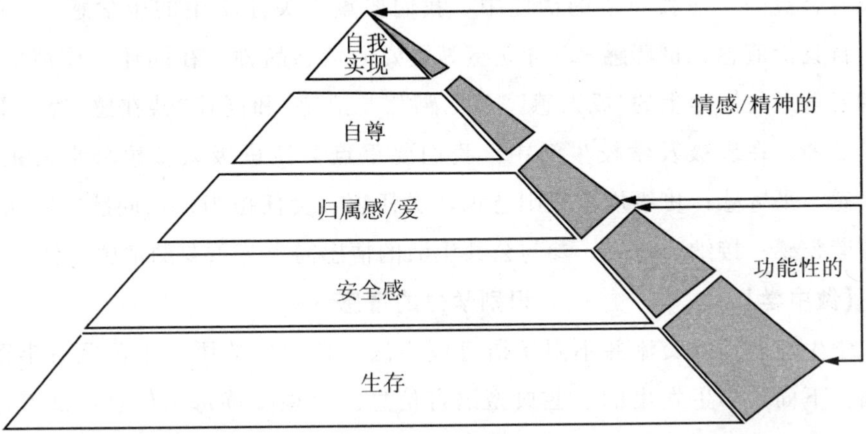

图 1-1　马斯洛的需求五层次

教师如何识别这些需求？首先，积极倾听。通常情绪感受是看不见、摸不着的东西，教师怎样才能贴切地了解孩子的感受，并且适当地反映出来，就有赖于积极倾听了。要成为一个有效的积极倾听者需要“全神贯注”的功夫，包括：看，即眼神的接触及注视；耳朵的接收；传递“我正在听”的反映信息，适时给予孩子一些反应。事实上，沟通并不仅是语言的交谈，有时候非语言的行为：脸部表情、眼神、手势、坐姿与音调等也传递着沟通的信息，有些人认为这些非语言的行为所传递的信息可能比语言沟通更重要，更具真实性、可靠性和代表性。如果父母想要了解孩子内心感受世界时，光凭语言交谈的沟通并不容易达到了解的目的，教师必须增强对非语言的观察和倾听技巧：看、听、问。当教师倾听学生的诉说时，如果学生能将自己的情绪无拘无束地说出来与教师分享，常常可以借此帮助孩子控制纷乱的情绪。听的时候除了关注语言信息，更要注意语速语调。其次，提高敏感性，觉察学生的情感变化。这种变化有时是“内质性”的，受个体身体、生理因素的变化的影响；更多时候是“外导性”的，就是受外部环境的影响，包括家庭、学校和社会环境的影响。

此外，情感是一定情境与关系中的产物，要想真正理解学生的情感，必须结合学生身处的具体情境。不同情境中生成的特定情感品种，对初中学生成长是有益的。在教与学的情境中，我们要重点关注学生的乐学感[①]、成就感、自我价值感、自尊感[②]、自立感等重要的情感品种。在同伴交往情境中，我们要重点关注学生的“成人感”“独立感”“友谊感”和同伴“共在感”等重要的情感品种。在班级及学校生活中，我们要重点关注班级荣誉感公平公正感、正义感、平等感；班级规范规则意识；责任感，责任担当；认同感、归属感；集体荣誉感；接纳、包容；参与公共生活的情感需求等重要的情感品种。

【做中学】　　　　　　　　识别学生的情感

学生与教师的交流并不限于语言或想法。在他们的语言里蕴藏着丰富的情绪。下面是学生发出的一些典型语言信息。单独阅读每条信息，试着仔细感受学生的情绪。然后在右边一栏里写下学生的情绪或你听到的情绪(注意摒弃其中的“内容”，只写下情绪)。如果一些内容包含几种情绪，你只需要写下最主要的情绪。

表 1-6　学生语言情绪记录表

学生语言	学生的情绪
例子：我不知道什么地方弄错了。我搞不清楚。或许我应该停止尝试。	遇到困难、气馁，试图放弃
1. 哦，还有 10 天学校就放假了。	
2. 看，老师，我用我的新工具做了一个飞机模型。	
3. 中考的时候，老师会一直在考场外吗？	
4. 我觉得一点意思也没有，我想不出什么事可做。	

---

① 乐学感是乐于学习的情感。初中学习的压力更大了，而其乐学感却呈现下降趋势。由小学时的 5.01，跌到初中的 4.50，到高中时的 4.10。乐于学习，一方面来自学习过程的愉快；另一方面来自学习成绩被认可。但是目前初中的考试偏难，导致很多学生乐学感的下降。

② “爱”和“尊重”的性质相当不同。“爱生”强调的是一种社会情感、社会责任感。这种社会情感与社会责任感对教师而言自然不可或缺，但其中所隐含的社会学意味是社会等级、社会距离，是强者对弱者之爱、高位对低位之爱。而“尊生”所凸显的则是一种社会认知、社会常识，其中所彰显的社会学意涵是相互交换、地位平等、相互依存、同舟共济。此时，教师已不再是时时刻刻都惦念着要学生们感恩戴德的一种居高临下的存在，教师对学生也必须感恩戴德。详见吴康宁：《学生仅仅是受教育者吗？——兼谈师生关系观的转换》，载《教育研究》，2003(4)。

续表

学生语言	学生的情绪
5. 我永远也不可能像李明那么棒。我努力了又努力，但是他仍然比我好。	
6. 老师布置了那么多的作业，我永远也做不完，我该怎么办？	
7. 所有的人都在做作业，没有人跟我玩。	
8. 老师表扬了李明，其实我这次表现比他好。	
9. 我不应该对李明那么不友好，我感觉对不起班干部这个职位。	
10. 我就想剪这种发型——这是我的头发，我没权自己决定吗？	
11. 您感觉我一篇作文写得不够好吗？是不是啊？	
12. 他为什么放学后让我留下来？又不是只有我一个人说话的。	
13. 我自己能行，您不用帮助我，我自己可以做好。	
14. 物理太难了，我太笨了，我学不会的。	
15. 走开，别烦我，我不想跟你说话，也不想跟任何人说话。你根本不关心我遇到了什么事。	
16. 有一段时间我做得不错，但是现在我比以前更糟了。我很努力，但是似乎没有效果。这样下去有什么用？	
17. 我当然想去，但是我不敢给他打电话，如果他嘲笑我怎么办？	
18. 我再也不想跟张华一起玩了，他很坏的。	
19. 我真高兴我是您的学生，而不是其他班老师的学生。	
20. 我想知道该做什么，但是这样做有可能是不对的。我似乎总是做错事。你认为我该怎么办，老师，是读技校还是普高？	

请根据评分标准给你的答案打分，当你认为答案与参考答案相符的时候，给自己打 4 分，部分相符或漏掉一个打 2 分，如果都漏掉打 0 分。

参考答案：

1. 高兴、欣慰；2. 骄傲、愉快；3. 害怕、恐惧；4. 无聊、遇到困难；5. 感到自己能力不足、气馁；6. 感到工作太难、感到失败；7. 无人理睬、孤独；8. 感到教师不公、感到自己能力不足；9. 感到内疚、对自己的行为感到后悔；10. 痛苦教师的干预；11. 感到有些拿不准、不确定；12. 气愤、感到不公；13. 感到自己有能力、不希望别人帮助；14. 沮丧、感到自己能力不足；15. 感到受伤害、感到气愤、感到缺乏爱；16. 气馁、想要逃避；17. 想要走掉、害怕；18. 气愤；19. 感激高兴、对教师的欣赏；20. 不确定不自信。

您的总分：

您识别学生情绪的等级：61～80 分：识别情绪的高手；41～60 分：超出平均水平；21～40 分：低于平均水平；0～20 分：非常不善于识别情绪。

二、识别教师自身的情绪情感

教师因学生而起的不同情感反应，形成了教师日常形态的五种情感分类及具体的表现。

1. 积极的期待和交感(爱—欲望—希望情结)，意味带有一个基本的积极利益的情感和情绪。①

2. 攻击—对立情感(愤怒—憎恨—反感情结)，教师的这种情感主要是愤怒(生气程度稍轻，但是也属于愤怒的一种)和厌恶(几乎谈不上憎恨学生)。

3. 消极的意向期待(恐惧—怀疑—忧愁情结；怀疑、担忧、焦虑情结)。

4. 不满意的情感(悲哀—遗憾—羞愧情结)，指的是那种令人感到不愉快的、被动的情感，这种情感的特性在于它难以导致人们在生理上的反应。

5. 满意的情感(喜悦—骄傲情结)，是指表达满足、“感觉良好”的积极情感(从平静到狂喜)，它的强度不同。

当教师受负面情绪所累时，首先给自己找一个“聆听”自己的情绪的独处环境。深入地体会自己正经历的感受是什么，内疚？怨恨？害怕？惊讶？还是哀伤？或者多种情绪混杂？并留意自己此时的身体反应。然后，你需要与情绪“对话”。你的感受一定不是没有原因的，你不妨问问自己如下问题：我怎样形容自己的情绪？是什么人(事)使我有这样的感受？为什么？我的情绪与事实成正比吗？这些情绪与过去的经历有关吗？我准许自己有这样的情绪吗？如果不能，为什么？

有些教师总是觉得闷闷不乐，心情低落，负面情绪占主导地位，是不是他们的境况特别糟呢？也未必，真正深层的原因，是种植在内心的基本信念，它会造成自我挫败感的信念，这些信念是基石，使得这些教师活得很不开心。自我挫败信念是始终伴随着你的一种基本态度，它成了生活理念和价值体系的一部分，是造成情绪抑郁低落的深层原因。例如：我必须从不失败或不犯错误(表现完美主义)；我需要每个人的认可，这样才会认为自己有价值(害怕被批评)；我的价值取决于我的成就(害怕失败)。

---

① [意]史华罗：《中国历史中的情感文化——对明清文献的跨学科文本研究》，林舒俐等译，264页，北京，商务印书馆，2009。

箭头向下技术就是在最初的想法出现后，不断地将箭头往下指向，使得问话越来越深入，直至被问者无法回答。此时被问者可以发现自己困惑的真正原因，自己真正害怕的是什么。例如：小李老师工作认真负责，别人觉得他可以去竞选年级组长，小李不敢去，心里又不太高兴，说：“如果我竞选，别人不选我怎么办?”用箭头向下技术提问。

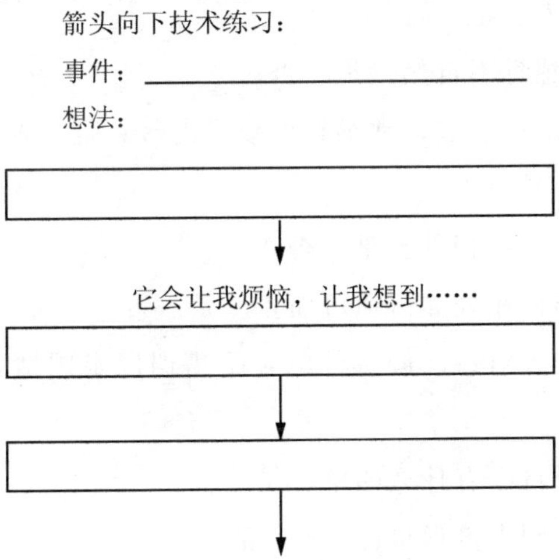

图 1-2　箭头向下技术提问图

第五节　教师情绪情感识别的行动策略

一、了解初中学生的情绪情感

识别初中学生情感情况调查问卷

本测验可用来帮助您了解初中学生朋友间的关系，了解他们在与同学相处过程中存在哪些典型的行为问题。下面的题目无所谓正确答案，请不要互相商量作答。如果左边的陈述与你想的完全一样，就在“是”上打“√”，如果陈述与事实不符，就在“否”上打“√”。

1. 关于自己的烦恼有口难言。是　否

2. 和生人见面感觉不自然。是　否

3. 过分地羡慕和嫉妒别人。是　否

4. 与异性交往太少。是　否

5. 对连续不断的会谈感到困难。是　否

6. 在社交场合，感到紧张。是　否

7. 时常伤害别人。是　否

8. 与异性来往感觉不自然。是　否

9. 与一大群朋友在一起，常感到孤寂或失落。是　否

10. 极易受窘。是　否

11. 与别人不能和睦相处。是　否

12. 不知道与异性相处如何适可而止。是　否

13. 当不熟悉的人对自己倾诉他的生平遭遇以求同情，自己觉得不自在。是　否

14. 担心别人对自己有什么印象。是　否

15. 总是尽力使别人赏识自己。是　否

16. 暗自思慕异性。是　否

17. 时常避免表达自己的感受。是　否

18. 不能确信自己的仪表(容貌)。是　否

19. 讨厌某人或被某人所讨厌。是　否

20. 瞧不起异性。是　否

21. 不能专注地倾听。是　否

22. 自己的烦恼无人可申诉。是　否

23. 受别人排斥与冷漠。是　否

24. 被异性瞧不起。是　否

25. 不能广泛地听取各种意见、看法。是　否

26. 自己常因受伤害而暗自伤心。是　否

27. 常被别人讨论、愚弄。是　否

28. 与异性交往不知如何更好地相处。是　否

中学生同伴关系测验问卷(结果分析)

此问卷由北京师范大学郑日昌老师编制完成。该问卷由 43 个题项构成，其中 29～43 题不计分，旨在了解初中生对同伴关系的认识及交友目的，仅供分析时参考。问卷分为四个维度：交谈方面的行为困扰程度；交际与交友方面的困扰程度；接人待物方面的困扰程度；与异性交往的困扰程度。

【计分规则与结果解释】

凡是选“是”记 1 分，选“否”记 0 分；将所有项目的分数加起来，即可得出总分。

整个问卷又可分为 4 组，每组包含 7 个项目。

A 组：1　5　9　13　17　21　25

B 组：2　6　10　14　18　22　26

C 组：3　7　11　15　19　23　27

D 组：4　8　12　16　20　24　28

对测查结果的解释规则为：0～8 分，说明你与朋友相处的困扰较少；9～14 分，说明你与朋友相处存在一定程度的困扰；15～19 分，说明你与朋友相处的行为困扰较严重；20～28 分，说明你与朋友相处存在严重的行为困扰。

A 组的合计分数，表明你在交谈方面的行为困扰程度：6 分以上，不善于交谈；3～5 分，交谈能力一般；0～2 分，有较高的交谈能力和技巧。

B 组的合计分数，表示你在交际与交友方面的困扰程度：6 分以上，行为困扰较大；3～5 分，交际与交友较被动；低于 3 分，行为困扰少，为人真诚、热情。

C 组的合计分数，表示你在待人接物方面的困扰程度：6 分以上，缺乏待人接物的机智与技巧；3～5 分，可能是个多重人格的人；0～2 分，待人接物能力强。

D 组的合计分数，表示你与异性朋友交往的困扰程度：5 分以上存在较严重的困扰；3～4 分，困扰程度一般；0～2 分，较懂得正确处理与异性同学朋友的关系。

二、教师自我情绪情感觉察类型

（一）自我觉知型

这种情绪风格的人一般表现为当自己的情绪一出现时，不管是积极的情绪，抑或是消极的情绪，都能够马上察觉到。由于能够对自己的情绪状态有充分的了解，并对自己的情绪有清晰的认识，从而构成了自我掌控情绪的人格特征。这种情绪风格的人，一般都拥有积极的人生观和价值观，心理健康。如果遭到不顺心的事情或是情绪低落时，不会怨声载道、唉声叹气或萎靡不振，而是努力调适，很快恢复。总之，自我觉知型的人，能够有效地控制与管理自己的情绪，是一个身心健康的人。

（二）自我沉溺（受控）型

这种情绪风格的人一般表现为常常把自己卷入情绪的狂风暴雨中而不能自拔，听凭情绪的发作；情绪多变并且反复无常，自己也不清楚怎么回事；在陷入情绪的旋涡后而不自知，听任自我沉溺于恶劣的情绪之中，但又无力摆脱；常常处于情绪的失控状态，自感被压倒与击溃。

（三）自我认可（放任）型

这种情绪风格的人一般表现为对自己的感受了解得一清二楚。尽管能够接受并认可自己的情绪，但并不打算去改变某些负面情绪。这一情绪类型还可以划分为几种类型：乐天知命型，这种人平时总是高高兴兴，不愿意也没有必要去改变情绪；放任发泄型，这种人有很高的进取心，可不愿意去重视和了解他人的感受，只想强调自己的感觉，所以放任自己的不良感受，只图得到发泄；悲观绝望型，这种人虽然能够清晰地认识到自己的情绪状态，而且也明知是某种不良的负面情绪，但采取“任其自然”的无所谓态度，无论有多么大的烦恼与悲伤，总是采取无所作为的方式来消极应对。许多抑郁症患者就是这样的典型表现，往往是束手待毙于绝望的痛苦的情绪感受之中。

三、行动工作坊：教师情绪情感识别训练

（一）了解初中生的情感能力

如何了解学生的情绪能力，我们可以为每一个学生填写一份观察表，如表 1-7 所示。

表 1-7　学生情绪能力观察表

学生姓名：　　　　　　　　　　班级：

1. 完全没有	2. 非常少	3. 少	4. 有一些	5. 很多	6. 非常多
沟通					
1	当表达自己观点的时候，他的想法总是非常清晰，即便是在有压力或有情绪的时候。				1　2　3　4　5　6
2	当与他谈话时，他专心听，并且很留心、关注。				1　2　3　4　5　6
3	他对其他人很敏感、容忍，并且有同情心。				1　2　3　4　5　6
4	当在一个小组里工作时，他显示出合作、对团队有贡献，并且当小组聚集一起时，他总是在场。				1　2　3　4　5　6
5	他不害怕提出问题、建议解决方案和分享他的意见。				1　2　3　4　5　6
动机					
1	他总是被想要了解与认识新事物的愿望所激励。				1　2　3　4　5　6
2	在班里，他不是一个旁观者，而是活跃地参与各项学习活动。				1　2　3　4　5　6
3	在班里，他总是兴趣盎然。				1　2　3　4　5　6
4	他是一个充满激情的学生。				1　2　3　4　5　6
5	当面对困难时，他总是坚持不懈。				1　2　3　4　5　6
自主					
1	他具有自主性。				1　2　3　4　5　6
2	他足智多谋。				1　2　3　4　5　6
3	他很自律。				1　2　3　4　5　6
4	在采取行动或提出想法的时候，他表现得很主动。				1　2　3　4　5　6
5	他非常善于接受新想法及新的处理事情的方法。				1　2　3　4　5　6
自我管理					
1	我感觉他不会因为个人问题影响到自己的学习或与其他人的交往。				1　2　3　4　5　6
2	他很自信，并相信自己的能力。				1　2　3　4　5　6
3	面对大多数问题，他都能保持冷静。				1　2　3　4　5　6
4	大多数时候，他都很乐观。				1　2　3　4　5　6
5	他冷静并且有耐心。				1　2　3　4　5　6

（二）教师情绪自我觉察记录

表 1-8　愉快情绪日历表

当愉快的事情发生时，对它进行觉察，用下面的这些线索把觉察的内容细节化。				
事情是什么？	事情发生时，我的身体各部分有什么感受？	对事情的想法是什么？（用文字详细、生动地描述出来）	伴随这件事情的心情、情绪是什么？	对这件事情的处理做一个小结。
例如：去学校的路上，学生向自己问好。	面部肌肉松弛、嘴角上扬，微笑。	“孩子真可爱啊”，“当老师的感觉真好啊！”	放松、愉快、欣慰。	每天司空见惯，但是今天感觉这就是幸福。
周一				
周二				
周三				
周四				
周五				
周六				
周日				

表 1-9　不愉快情绪日历表

当不愉快的事情发生时，对它进行觉察，尽可能多地写下你的反馈。				
事情是什么？	事情发生时，我的身体各部分有什么感受？	对事情的想法是什么？（用文字详细、生动地描述出来）	伴随这件事情的心情、情绪是什么？	对这件事情的处理做一个小结。
例如：去学校的路上，学生见到自己不理睬。	眼部周围发紧、下颚咬紧。	“孩子真没礼貌”，“当老师没啥意思。”	生气、郁闷。	我的心情容易受外在环境的影响。
周一				
周二				
周三				

续表

周四				
周五				
周六				
周日				

（三）微表情识别练习

请尝试根据下面的文字描述，在图中找到相对应的表情：

· 高兴：嘴角翘起，面颊上抬起皱纹，眼睑收缩，眼睛尾部会形成“鱼尾纹”。

· 伤心：面部特征包括眯眼，眉毛收紧，嘴角下拉，下巴抬起或收紧。

· 害怕：害怕时，嘴巴和眼睛张开，眉毛上扬，鼻孔张大。

· 愤怒：这时眉毛下垂，前额紧皱，眼睑和嘴唇紧张。

· 厌恶：厌恶的表情包括嗤鼻，上嘴唇上抬，眉毛下垂，眯眼。

· 惊讶：惊讶时，下颚下垂，嘴唇和嘴巴放松，眼睛张大，眼睑和眉毛微抬。

· 轻蔑：轻蔑的著名特征就是嘴角一侧抬起，作讥笑或得意笑状。

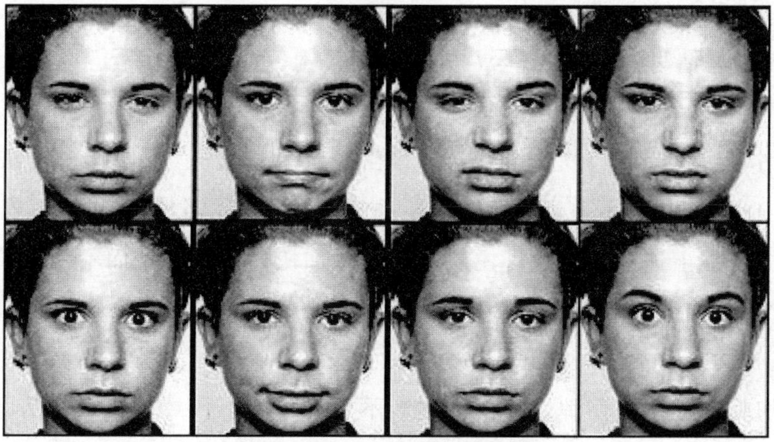

图 1-3　识别微表情练习①

① 图片来源：https://jingyan.baidu.com/album/363872eccca0296e4aa16f46.html? picindex=2

第六节　拓展阅读：情绪相关知识

一、情绪与大脑

（一）下丘脑

支配愤怒和恐惧中枢。

（二）边缘系统

整合情绪体验。

下丘脑：快乐、痛苦。

杏仁核：恐惧、愤怒。

（三）网状结构

激活或唤醒情绪。

（四）大脑皮层

主导情绪的认知、评价与控制。

二、情绪与健康

（一）七情与健康

七情：喜、怒、忧、思、悲、恐、惊。

喜伤心：中医认为“心主神明”，“喜伤心、怒伤肝、思伤脾、忧伤肺、恐伤肾”，心是情志思维活动的中枢，超乎常态的“喜”，会促使心神不安，甚至语无伦次，举止失常。过度喜悦能引起心跳加快，头目眩晕而不能自控。

怒伤肝：当人犯怒时，破坏了正常舒畅的心理环境，肝失条达，肝气就会横逆。

思伤脾：过思则伤脾，脾伤则吃饭不香，睡眠不佳，日久则气结不畅。

忧伤肺：愁忧者，气闭塞而不行。

恐伤肾：无故恐惧害怕的人，大都肾气虚，气血不足。

（二）情绪气水

艾尔马情绪生理实验：情绪与身心健康之间的关系。

美国生理学家艾尔马的实验研究：将人在不同情绪状态下呼出的气体收集在玻璃试管中，冷却后变成水，发现：

(1)在心平气和的状态下呼出的气体冷却成水后，水是澄清透明的。

(2)在悲痛状态下呼出的气体冷却成水后，水中有白色沉淀。

(3)在悔恨、生气状态下呼出的气体冷却成水后，将其注射到大白鼠身上，几分钟后大白鼠死亡。

表 1-10 艾尔马实验表

情绪状态	表　情	呼出气水的颜色
心平气和		澄清透明，无杂色
悲痛		浑浊，有白色沉淀
悔恨		浑浊，有淡绿色沉淀
生气		浑浊，有紫色沉淀

情感小贴士：人在生气时的生理反应非常剧烈，同时会分泌出许多有毒性的物质。消极情绪长期存在，生理变化不能复原时，情绪压力就会损害健康。不良情绪长期存在与发展会转化成为心理障碍和心理疾病，所以人们应形成主动调适情绪的意识。

第二章　初中教师情绪情感表达与师生关系构建

情感表达是构建良好师生关系的重要环节，教师的情感表达能力建立在情感识别的基础上，并在情感表达的过程中不断地调适自己在面对初中生学习、交友和学校班级生活中的种种问题，获得情感识别能力的提升的同时也不断地提升自身和学生的情感品质特别是情感表达能力，促进良好师生关系的建立和教育活动质量的提升。教师如何表达自己在面对和处理初中生各种问题时产生的情绪情感，不仅需要教师敏锐地发现、识别，而且要通过一定的方式来加以适当地回应。教师通过恰当的方式、在合适的时机表达自己的情绪情感，并对学生的学习、交友和学校生活中的言行做出情感上的回应，都会影响到学生的成长。

第一节　教与学活动中教师的情绪情感表达

教学活动建立在师生之间的交流的基础上，是重要的情感表达的途径。教师在教学活动中的情感表达受到教师课前情绪的影响，在教学活动进行过程中，教师主要通过课程和教材中蕴含的情感，以及有声语言、无声语言等多种途径和形式来传递和表达情感。除此之外，教师情感表达能力还体现在教师对课堂偶发事件的处理上。

一、老师今天情绪不好："课外"情绪状态影响"课内"情感表达

【情境再现】

记得有一次，我讲完新课，让学生做练习，教室里静得出奇，平时可不是这样，他们叽叽喳喳的，就是做练习也总要弄出点声音。这时，一位学生

站起来，问了一个在我看来极其简单而不值一提的问题。我瞟了他一眼，不由自主地大声吼道："那么简单的问题都不会，讲课的时候你在做什么啊？"这个学生一声不吭地坐了下来。其他的学生都诧异地望着我，我也不禁被我自己的大声和无名火吓了一跳。我今天到底怎么了？怎么冲学生发那么大的火啊？我把今天所发生的事情在脑海里过了一遍"电影"，哦！我明白了，原来是我把上班路上引起的焦躁情绪带到了课堂上了。于是，我调整了一下自己的情绪，主动把那个问问题的学生叫过来，平缓了语气，放低了声调，给他耐心地讲解起来。其他学生看到我这样也渐渐活跃起来了。后来，学生都说："老师，那天你上课总是阴沉着脸，像吃了枪药一样，又那么凶，吓得我们大气都不敢出。"

——选自一位从教十年的教师的博客自述

【情境分析】

案例中的主人公教师将自己在上班途中引起的"焦躁"的情绪带到了课堂上，从而引起了后续的一系列课堂中的事件。

首先，教师课堂中情绪表达的方式明显影响学生的学习情绪。教师开始在课堂上"阴着脸"、对学生"瞟了一眼"，以至于后来的"像吃了枪药一样"、对学生"大吼"等一系列的情绪反应，致使学生"吓得大气都不敢出"；问问题的学生"一声不吭地坐了下来"，其他学生"都诧异地望着我"，学生及整个课堂中的氛围都笼罩在一种紧张、惊慌和恐惧的氛围中。而到后来，由于教师意识到自己的情绪情感状态和表达中的不当，他很快进行了调整，"主动"把那个问问题的学生叫过来，"平缓了语气"，"放低了声调"，给他"耐心"地讲解，此时，"其他学生看到我这样也渐渐活跃起来了"。

其次，教师的情绪情感状态会影响到自己的情绪情感表达方式及教师在课堂中的教学心境。教师课前消极的情绪状态会影响自己上课时候的情绪状态，不仅使自己的精神受到压抑，思维混乱，以至于将学生的问题判断成是"一个在我看来极其简单而不值一提的问题"；而且还会影响到自己在课堂上的情绪情感表达，使得"上课总是阴沉着脸，像吃了枪药一样"。教师的这种情感状态和表达情感的方式，既给自己的思维和与学生交流的方式造成了影响，也在客观上渲染了一种紧张的气氛，使他自己也"不禁被自己的大声和无名火吓了一跳”。相反，积极的情绪会有力地促进教师改变自己情绪表达的方式，使教师教学时思路清晰，应变灵敏，反馈及时，提高课堂教学效果。案例中我“平缓了语气，放低了声调，给他耐心地讲解起来”，渐渐地学生也活跃起来，不仅这个学生听明白了，整个课堂的效果也得以提高，学生也敢于和老师沟通并说出心里话了。

【深度解析】

心理学认为，人在心理平衡、心情舒畅的情况下，就会思维敏捷，记忆清晰，感受力和创造力异乎寻常地强，工作效率也特别高；相反，当心理受到影响甚至挫折，情绪就沮丧、消沉，就会出现思维迟钝、记忆力衰退，各种能力随之下降。课堂教学不是简单机械的知识灌输，而是一项富于灵活性、创造性和艺术性的复杂活动，不仅需要认真备课及其他课前准备，也要求教师临堂时有良好的心理状态和充沛的精力，只有这样，才能取得理想的教学效果。

在一堂课中，教师的情绪作为情感的渗透源，左右教学的全过程。当情绪自然协调而又平稳时，就会讲得十分自然、连续、轻松而又爽快，常常有课后回味甚至感到激动的情形，职业上的自豪感也会油然而生。这种健康的情绪又会产生连锁反应，不但对这一堂课，无疑也会对下面的课产生积极的影响。与此相反，当教师的临堂情绪因种种原因出现剧烈波动时，周围一个小小的不良刺激也会引起教师体态或语言表现出烦恼、厌恶、焦躁、粗暴，有时会发展到不能自我控制，甚至产生过激行为，其情绪的变化在教学过程中对受教育者的影响颇大。

教师良好的教学情绪会在心理上、主观上给学生创造出一个良好的学习氛围和环境，会使学生心情愉快、轻松，思维活跃，学习积极性高涨。同时也给学生一种安全感，觉得教师可敬可亲，所传授的知识学生也乐于接受。于是，师生间的感情得到沟通，教学的双边活动得以顺利进行，教学活动能够顺利展开。而教师的消极情绪，给学生带来一种惊慌、恐惧的心理，认为教师可怕可畏，从而使教学达不到预期的效果。

二、神奇的调动：恰当借用教学内容和教学语言表达情感

【情境再现】

情境一：

文学在于欣赏人性的展开，欣赏语言表达的精美。我在教学生朗读《游子吟》一诗之前，像唱歌一样做好呼吸，控制好声音，声情并茂地朗诵了一首诗奖励学生：

我不记得我母亲

（印度）泰戈尔

我不记得我母亲，
只在我游戏中间，
有时似乎有段歌谣
在我玩具上回旋，
是她在晃动我的摇篮时
所哼过的那些歌词。
我不记得我母亲，
但当初秋的早晨，
合欢花香在空气中浮动
庙里晨祷的馨香，
向我吹来像母亲一样的气息。
我不记得我母亲，
只当我从卧室的窗口，
眺望悠远的蓝天，
我觉得
我的母亲凝注在我脸上的眼光
布满了整个天空。

在朗读的过程中，我注意了语气的轻重缓急、语调的抑扬顿挫、节奏的强弱美感、发音的字正腔圆、情景的想象再现、情感的表达与投入。让这首优美的诗歌，犹如一曲动听的音乐流进学生心田，激荡学生情怀。当我读完

这首诗时，泪珠在我眼里打转，我的声音有些颤抖，喉咙有些哽咽，也许是这诗触动了远在他乡的我思念母亲的情怀的缘故吧，但我并不觉得在学生面前的表现是丢脸，我不忍破坏这尴尬而美丽的局面，试着就用这颤抖哽咽的声音问孩子们：你们从刚才听到的诗中体会到了什么？想到了什么？稍等之后，一个学生说：我体会到了作者是在思念他母亲，作者一次又一次地说他不记得他母亲，恰恰一次又一次地想起了他母亲。一个学生说：我体会到了作者的母亲多么爱他。又有一个孩子补充道：母亲对孩子的爱比海还深，比山还高。教室里顿时响起了一阵阵掌声……

——源自一位语文教师的教学反思

情境二：

一天，上杨绛先生的《老王》，当我说到老王把“我”当成是无话不说的朋友，甚至是亲人或者超过亲人时，问了这么一个问题：“那么，老王有亲人吗?”同学们回答是“有”！有“两个侄儿”。当我请一位同学站起来找出这句话，朗读这句话的时候，那些同学又都笑了。这句话是这样的：“有个哥哥，死了，有两个侄儿，‘没出息’，此外就没有什么亲人了。”就是在读到“死了”“没出息”时，学生哄然大笑。我莫名地望着他们，读到这里能笑得出来吗?冷漠！

于是乎，我不能再无动于衷，我不能再对学生的冷漠熟视无睹……

我说，你们读过文学作品吗？读文学作品要披文入情，出现这样的局面，要么是你们冷漠无情，要么是你们根本没有进入文本，是不是这样?

“我总觉得这句话怪怪的。”

“为什么要用这样的句式表达?”

“这位同学读得不对头，让我们想笑。”

……

我说，那么我们换成这样的句子，想一想和课文原句子的表达是否相同——“有一个死了的哥哥，有两个没出息的侄儿。”可以吗?

学生说，肯定不行的，“有一个死了的哥哥”这样说就是废话，没有人会这样表达，“有两个没出息的侄儿”也是没有情感的波澜。

但他们仍然没有体会出课文的深意。

我说，课文中的老王身世凄凉，课文的表述虽然平实，但我们读了应该在心中形成两次的情感波澜。当我们读到“有个哥哥”，我们就会为老王还有亲人感到心头一热——温暖，当我们读到“死了”，我们顿时觉得心里一下子又变得冰凉——凄惨；当我们再读到“有两个侄儿”，心里再次温暖起来，多好啊，老王还有温暖，可是当我们读到“没出息”，心里就彻彻底底地凉了。老王真是不幸中的大不幸！

如果你读出了这层意思，你还能笑出来吗？

……

【情境分析】

情境一展示的是一位语文教师在教学中的导入部分的情感表达。他“注意了语气的轻重缓急、语调的抑扬顿挫、节奏的强弱美感、发音的字正腔圆”，运用语言的感染力，诱导出新课的学习情境与贴切的情感体验。学生在课堂上获得了情感体验，为孩子们后面学习《游子吟》，理解诗的大意做了很多的情感铺垫。这里我们很清晰地体会到语言表达在教学中的感染作用，教师不仅用语言表达向学生传授知识，而且用富有情感的语言来感染学生，所谓“以声传情，以言动心”就是这个意思。

第二个情境中教师的情感觉察是很及时的，作为语文教师对语言情感的表现力是很敏感的，通过教师自己的描述，我们很容易看出他内心还是有些对学生的“冷漠”“嘲讽”“讥笑”的情感表达的不满。但是教师没有表现出极端的抱怨或者指责，而是用逼近学生情感体验的成因的方式进行教学。比如学生觉得“怪怪的”，“为什么要用这种句式表达?”“读得不对头。”这些来自学生的真实反馈体现了一种民主的、宽松的课堂氛围，教师的包容情绪使他较容易走进学生的真实情感，也比较容易表达自己的情感期望。教师在做示范性的解析式的阅读中展示了两次的情感波澜，可见教师对语言的情感表现力有深刻理解，另外此位教师是很善于将自己的情感体验用言语表达出来，这种用有声语言表达情感的方式是更为直接更为有感染力的，很容易促进课堂教学的情感氛围的生成，也是适时调适不和谐情绪情感的有效方法。

【深度解析】

夸美纽斯说过：“一个能够动听地、明晰地教学的教师，他的声音便像油一样浸入学生的心里，把知识一起带进去。”苏霍姆林斯基说过：“教师的语言修养，在极大程度上决定着学生在课堂上的脑力劳动的效率。”可见，教师的课堂教学语言，是注入了教师人格魅力的活的语言，教师的蕴含在语言之中的情感表达本身就是一门艺术。

教师在教学中如能恰如其分地进行富有感情色彩的讲述，则会引起学生强烈的共鸣，收到“以情悟文，以情感人”的效果；如能进行形象而逼真的描绘，辅之以轻重缓急的语调，则能使文学中的人物形象栩栩如生、活灵活现，进而把教学内容勾勒成一幅绚丽的图案，让人饱览其风姿，饱享其思泽。唤起学生近似的情感体验及情感共鸣，从而使他们的性格得到洗涤和陶冶。

在教学过程中由于学生对教材的理解能力和想象力的限制，思维尚未打开，情感体验很难深入其境。在课堂上，学生听讲时的表情及情绪的回应是教师进行觉察和判读教学效果的依据，同时教师对学生对所学内容产生的误解和背道而驰的情感体验应该及时觉察和积极的回应。这样的教学才是深度抵达心灵的教学。

三、无声的威力：教学过程中无声语言的情感表达

【情境再现】

情境一：

《孔乙己》课堂上的“排”和“摸”

在语文课《孔乙己》课堂上，在讨论动词对刻画人物的作用时，我曾分别对甲、乙两个班采用不同教法以作对比试验。甲班未带实物铜钱，乙班则相反。

甲班教法：“排”和“摸”，这两个付钱动作有何不同？（教师引导学生理解两个动词的基本意思，细加讲解，但不做手势演示。最后让学生概括词语意思并要求记忆）

“排，是一个挨一个地按秩序摆。”

“摸，是用手探取、寻找。”

词的概念是解释了，可我想进一步引导学生掌握它们对刻画人物性格的作用，却陷入了启而不发的窘境。

乙班教法：我拿出课前预备好的铜钱，不紧不慢地一字排开，脸上带着自炫的神情。随着铜钱一个一个落在桌面发出声响，学生脱口而出：

“孔乙己在向短衣帮们摆阔，自视高人一等。”

“这是第一次付钱的动作，再请看最后一次‘摸’的动作。”……

此时，我抖抖索索地伸手在衣服口袋里来回摸了好半天，才摸出四个铜板，眼睛里满是沮丧。学生不禁议论开了：“手已不听使唤”，“狼狈不堪，麻木了。”……

“排”和“摸”恰如其分地刻画了孔乙己前后不同的心态、性格，揭示出封建制度从残害他的思想到摧残他的肉体，终至悲惨的结局。

一个月以后分别对两个班学生的记忆情况进行测验，结果表明：甲班对词语意思的记忆、理解，正确率仅占80%；而乙班对词语意思的记忆、理解，正确率达96%以上。

情境二：

科任老师的委屈

一位科任老师和一位男同学有了“矛盾”，班主任和家长都在其中作积极的调节，但课堂上这对师生还是“别扭”，双方都“看不顺眼”，几次差点发生课堂冲突。老师很委屈，也很诚恳地给班主任发了一条短信：

×老师，××的父亲给我打了电话，我也跟他进行了交流，希望能了解他为什么对我有意见，并帮助他。我上次跟他交流，交流过程中我也没有批评他，而是让他别怕我，告诉他我会帮助他，这点你可找他核实。之后他表现反而更差，有恃无恐。我也不知道该批评还是不该批评。批评呢他更怕，不批评呢课堂无法保障，上课上得也不愉快。但为了不让他难堪，还是选择了原谅。自问之前我没有做过任何不应该对他做的事情，但现在连原因都不清楚。所以，我想请你再找 xx 谈谈，他为什么要这样对我，我到底哪里错了。

班主任详细了解，是因为课堂上老师无声的语言让孩子对这位老师不满、抵触、反感，甚至产生了矛盾。他列举了几个细节，例如：上课他举手答问，老师不屑地看看，就是不点他；如果问老师一道题(可能比较简单)，老师不耐烦地摇摇头；有一次上课迟到喊报告，老师不理，让站在门口一节课……

【情境分析】

情境一中，教师在理解“排”和“摸”的动作的描写的表达作用的教学中，采用不同方式进行，一个班级教师是直接对概念“细加讲解，但不做手势演示。最后让学生概括词语意思并要求记忆”；另一个班级，教师“拿出课前预备好的铜钱，不紧不慢地一字排开，脸上带着自炫的神情”，“抖抖索索地伸手在衣服口袋里来回摸了好半天，才摸出四个铜板”，两次动作、神态的演示，使学生对文学作品中人物动作描写作用的理解与第一个班级有了天壤之别，第一个班级学生“陷入了启而不发的窘境”，第二个班级学生“脱口而出”，一个月后的测试结果也是差别巨大。

情境二中的科任老师的委屈是“我连原因都不清楚”，“自问之前没有做过任何不应该对他做的事情”。为什么学生对自己不满甚至对抗？从学生列举的细节看，老师表面上没有明确表达对学生的看不起或讨厌，但老师有无声的语言，如“不屑”“不耐烦”“不理”，这些无声的语言杀伤力是很大的，它给学生传达了老师对自己的态度、情绪、情感。我们不少老师往往忽略无声的语言，把自己的情绪在举手投足、颌面眉宇间表露无遗却不自知，以至于产生了不良后果之后还百思不得其解。

【深度解析】

利用体态语教学比起单纯有声语言，有时能起到事半功倍的作用。恰当运用体态语言可以使教学内容具体化、形象化，从而增加学生的直观认知和感性体验。体态语言的重要功能之一是通过面部表情、手势等可以把某些内容所要表达的情绪充分展示出来。有时候，某些情感单凭言语行为难以充分表达出来，如当一个人愤怒到极点时，常常会怒目圆睁猛拍桌子，或实施破坏性行为摔砸东西，因为这时仅靠语言表达已无法将情绪淋漓尽致地宣泄出来，只得借助于体态语言。而体态语言在教学中只要运用得当，会促使孩子产生强烈的情感共鸣，增加情绪体验。

“眼神”是最基本却又是最高级的教育力，教师应该“将微笑带进课堂”。课堂中，教师用眼神、微笑等体态语，适时为学生播撒了智慧的种子，开启了他们求知的欲望，激起了他们最直接的情感体验。教师发之于内心的饱满情意完全可以通过形之于外的体态语表露出来，从而提高课堂教学效率。而青春期的学生情感尤为敏锐，易受创伤。特别是教师日常做出的评价性行为，是他们所敏感的。教师的原本无深意、不经心的一言一行，都可能深深地刺痛学生的心，并从这种积怨发展为逆反。

教师是学生心中的天使。潇洒的身影，甜蜜的微笑，传情的眼神，放大的瞳孔，精彩的表演，标准的示范，轻盈的步伐，端庄的仪表，敏捷的思维，丰富的表情，以及每一根迸发的神经……无不释放出教师诱人的人格魅力。

四、先稳后理：课堂偶发事件中的情感表达

【情境再现】　　　　　　我一读她就笑

一个语文老师教学《陋室铭》，教读“阅金经”的停顿应是“阅/金经”。但有个男生在反复教读后仍然故意读作“阅金/经”(据事后了解，学生坦言“阅金”和女生生理现象“月经”谐音，他一读，班上女生就发笑，一读就笑，他就反复这样读)。老师课堂上对这样故意捣乱的行为非常生气，当场停下教学，发火整顿。

另一个老师处理方式不同，她也遇到类似情形：教学《核舟记》，文中有句描写：“佛印绝类弥勒，袒胸露乳……”读到这一句“袒胸露乳”，总有几个孩子会偷偷发笑(几乎每届学生无例外)。这位老师听到笑声，微笑着停下来，给学生讲了这个故事：两位上山取经的和尚在途中被一条河流挡住了去路，同时一名衣着华丽的姑娘，也愁眉不展地站在河边。看来河水不浅，徒步走过去难免会打湿了衣服。其中大和尚二话不说，立刻背起了姑娘走过河去，小和尚本来想说什么，想了想又作罢了。过了河，大和尚放下了姑娘；两人继续上路。这时，小和尚再也忍不住了，问道：“师兄，师傅教我们不能亲近女色，你刚才怎么能背那女人过河?”大和尚听了哈哈大笑：“师弟啊，我早就把她放下了，是你，倒是一直还在背着呢!”

学生在沉思。老师说：“知道为什么讲这个故事吗？刚才，读到‘袒胸露乳’一句时，有几个同学在偷偷发笑。这是你们因为好奇而关注，因为无知而不坦然。很像故事里的小和尚，心里放不下。当青春期来临，男孩子和女孩子的生理、心理都会发生变化，这是正常的，我们要学着理智对待这些敏感的问题，而不是像小和尚一样愚昧无知地好奇，那是心中藏‘鬼’!你们看，

我们绝大部分同学多坦然啊，那是因为他们明白这是正常的，因此能理智对待、坦然对待。这是好样的！”这时，孩子们一个个坐直了，清理面部表情，摆出一副理智、坦然的模样，十分可爱。而偷偷发笑的孩子，也调整神态，若有所思。（文/孙晓晖）

【情境分析】

为什么学生读到“袒胸露乳”就偷偷发笑？因为这几个字对青春期的孩子实属“敏感字眼”；为什么男生故意反复误读“阅金/经”，因为他发现这样读可以引发关注。这些都是学生进入青春期的表现。由于性的发育，有很多好奇、迷惘，往往通过标新立异来引发关注。

在课堂教学过程中，遇到这样的偶发事件，切忌简单粗暴，切忌当众刺激。青春期的孩子独立意识增强，有很强的自尊心，渴望别人关注、尊重、接纳。如果老师不了解青春期孩子身心发展的特点，就不理解他们在这个阶段特殊的言行，往往就会勃然大怒，当众批评、指责、惩罚。而学生在同辈群体面前被伤了自尊，往往会产生逆反心理，甚至和老师当堂发生冲突。

因此遇到课堂偶发事件，宜“先稳后理”，即教师先要稳定情绪，理解偶发事件的正常性，多宽容，缓一缓，先让步，不针锋相对。课后在“理”，了解事发缘由，个别交谈，严重的交流后再酌情处理。

【深度解析】

青少年处于性格形成和自我的独立意识增强的时期，常通过否定权威和标新立异求得自我肯定。往往表现得固执，有意采取与他人不同的态度和行为，引起别人的注意。它的生物基础就是性的逐渐成熟。这一时期是决定人一生的体格、体质、心理、个性和智力发展的关键时刻。在意识上想摆脱对父母的依赖，出现“心理上断乳”现象。这种急剧的断乳现象给青少年带来不安，产生情绪上的波动和混乱。

心理学家称青春期为暴风骤雨、疾风如涛的时期，人的身体及心理变化大为不同，发展趋势呈跳跃式，是人生的“危险期”。为了突出自我的独立性和存在价值，孩子往往表现出对成人的抵触、反抗和对立，这就是逆反。教师对青春期学生的异常表现应该保持敏感性，应该有一种帮助孩子度过青春危险期的慈悲情怀，敏锐地觉察、识别，然后采用恰当的方式引导。案例中第二位老师就采用了讲故事引导的方式，让学生“理智对待、坦然对待”。故事是教育者和青少年之间进行沟通交流的一种理想的媒介和桥梁，能有效地消除青少年的逆反心理和抵抗情绪，还能有效地提高教育者的魅力。

由此可见，优秀教师要机智把握课堂活动，天衣无缝地调控学生情感。在课堂教学时，很多时候教师是局外监管者，这需要我们对偶发事件有处变不惊的总揽全局的能力，也需要我们有化危机为契机的智慧，当然这首先离不开教师对偶发事件内涵的敏感性和对学生的真诚的心。所以这要求教师要有很理智的克制能力。也就是说，在课堂中，应该具备一点课堂应急能力，随机应变。教师是一个人，具备人最基本的各种能力和欲望。同时，教师应该有一些特别的专业能力、观察力、敏锐的判断力，还有现场的应急能力，同时教师还需要一些特别的修养，因为你不是一个普通的人，那个特别的修养就是克制，按《论语》的话就是克己复礼。克己，即是克制自己。复礼，即是教师的言行应符合应有的规范。所以，老师更要理智一点，大度一点，有时候还得坚强一点。

第二节　初中生同伴交往中教师的情绪情感表达

青春期学生渴望交往，却又害怕交往。因为交往技巧、方法的不同，交往对象的特定年龄特点和心理情感发育需求，以及对于友谊、友情的认识差别，初中生交往过程中难免有一些冲突、矛盾、问题，也难免因为各种各样的原因而难以处理好交往过程中的各种问题。面对这些，教师如何做出回应，尤其是教师在面对初中生同伴交往的冲突、异性交往、网络交往和小团体交往等初中生生活中经常出现的现象的时候，教师的反应不仅是对学生情感教育的重要因素和契机，也是教师自身情感表达能力和师生关系构建的重要的参考因素。

一、学会面对：引导学生从“冲突”走向关爱

【情境再现】　　两个人的战争①

班级中有位叫小聪的男孩，非常腼腆，就是老师表扬他，他也会面红耳赤。因为他的孤僻，他在班上的朋友很少，就是这样的孩子，居然还会“欺负人”！

小聪“欺负”的对象是小涛，小涛在班上的典型形象是：脸上永远是脏兮兮的，头发因为许久没有洗过而呈现出爆炸式的样子，身上永远是那一套黑乎乎的衣服，许久没有洗过，也很少洗澡，别人走过他的身边就会闻到一股难闻的气味。小涛爱讲脏话，爱哭，常常被低年级的同学欺负……

小聪开始时并没有明目张胆地欺负小涛，而是暗暗地“陷害”小涛。一段时间，小涛的饭碗经常不见了，不是从犄角旮旯里找出来，就是从桌子底下找出来，或者小涛的饭碗里会被人盛满一碗脏水。后来，当发现这样的小动作越来越没有杀伤力时，小聪终于跳出来了。

他先是在下课时故意辱骂小涛，等到上体育课教室里没人的时候，他将小涛的课桌推翻，书撒满一地。小涛回来一看，十分生气，也将他的桌子推翻，书也是撒满一地。这下可惹怒了小聪，他再次将小涛的课桌推倒在地上，还用桶提来水，将水泼到小涛的书上。学校对这件事非常重视，做出了非常严肃的决定：要求家长将小聪带回家停课几天，好好进行教育，同时建议家长带小聪去看心理医生。

可是，只过了两天，小聪就哭闹着要来读书了。他的父母非常害怕学校趁此机会将他们的孩子开除，也不愿意带他去看心理医生。可是，小聪对小涛的伤害却没有停止过。如果我对小聪进行批评教育，他事后会对小涛进行更加严厉的报复，当面辱骂，偷偷陷害，简直是无所不用其极。小涛悲痛欲绝，甚至向我提出退学回家的无奈请求。

【情境分析】

初中生随着自我意识的增长，共同生活范围的扩大，其同伴交往有了更

---

① 刘令军，方庆：《中学班主任的72个临场应变技巧》，222～223页，北京，中国轻工业出版社，2012。

多“冲突”的可能，而这些冲突恰恰是让初中生开始了解并内化“理解”“尊重”和“宽容”等与人为善的价值观内涵的鲜活的教育资源。由于初中生并没有对自己和外部世界形成稳定的价值判断和价值观，初中生在同性交往中的“冲突”并不是很难调和或不可调和的价值冲突，而是直觉意义上的情感冲突或可称为直觉感冲突。然而，直觉感冲突用“直来直去”的方法解决显然无法达到良好效果，有时反而会起反作用，如案例中的校方和老师采用停课和批评教育等“直来直去”的技术性方法并没有让小聪感受到在“我”之外还有其他人，一味地“打压”让双方陷入更沉重的负性情绪中，阻碍了从自我世界中走出来的可能，冲突给双方带来的伤害也就越来越大。

【深度解析】

苏霍姆林斯基所说：“有时宽容引起的道德震动比惩罚更强力。”教师对学生过失的宽容，绝不是姑息、放纵，而是在严格要求的前提下对犯错误的学生理解、尊重，给予反思的充分时间，从而让教师的积极情感浸入学生交往过程中，产生美妙的结果。

在初中生的同性交往过程中，冲突问题还是较常见的，教师应当适时地利用这种情感教育资源，寻找矛盾根源，给予双方同情性的关怀，用温暖的话语、善意的眼神、耐心的交谈和巧妙的情境创设，让初中生从自我中走出来，学会并内化理解、尊重和宽容及其道德意义。而教师在处理这些事件中应首先觉知并践行情感表达的道德意义，需要教师具有对学生的理解、尊重与宽容。

同时，有些学生总和别人发生冲突，是因为语言表达能力差。你会发现这种孩子整体表现并不差，没有严重的个性缺陷，平时能遵守纪律，学习也知道努力。可是往往在和别人打交道的时候，就闹起来了。仔细观察，你会发现他们不善于言辞，喜欢借助肢体语言，直接诉诸行动，伸手就推抢。这种学生有时甚至会好心帮别人办事而得罪人，因为他没有能力把自己的意图向对方说清楚，造成误解。老师如果缺乏经验，也会误解这种学生，因为他们不善于替自己申辩。这种学生和他人发生冲突，老师要“冷处理”，千万不要试图当时就分出个是非曲直来。先把冲突双方分开，过一两天，等他平静下来，再找他谈。谈的时候，先不要论是非，而要搞清楚他冲突前的想法，他打算干什么。然后老师再一句一句教给他，如何把自己的意思向对方表达清楚。

严格地说，每个学生脑子里都有一本独一无二的个人词典。当他对于某个词的解释与他人相差甚远时，就可能发生冲突。一般学生这种事比较少，而有些学生，因为思维方式比较特殊，他对事情的解释经常与他人不同，于是发生冲突的机会就较多。这种学生表达能力并不差，也不是不讲道理，只是他有他自己的道理，老师必须说服他，而千万不要压服。

老师批评学生的时候，学生如果申辩，老师千万不要轻易断定是狡辩，是矫情，一定要搞清楚在他的特殊词典里，某个词是怎样解释的，先理解，再引导。

要解决这种学生的问题，笼统的批评和一般的惩罚用处不大，关键是要让他们准确地认识到自己的个性特点。他们能改正吗？不一定，凡属个性特点，都有比较深的根源：遗传、家长的潜移默化的影响和童年经历都有关。所以，要他们完全改变自己的个性缺点是很难的。比较现实的要求恐怕是让他们学会减轻或收敛自己的个性缺点，只要做到这一点，他们和同学的矛盾就可以减少。

二、促使经验重构：异性交往的引导

【情境再现】　　　　　　最美的流光

班上有两个异性孩子走得很近，同学们开始议论，家长也有所察觉。我仔细观察，确实有一些不太正常的表现，比如俩人的眼神不太自然，课后有意无意喜欢走在一起，周末用电话、QQ联系，上课走神等。其中女生是属于班上学习成绩比较优秀、班干部工作比较突出的孩子，男生属于表现一般的孩子。在收集了较为充分的信息之后，我没有先找两个孩子，而是在一堂“修身班会课”上，讲了一个故事《最美的流光》。

故事的大意是两个高中时就彼此相爱很深的同学，毕业后女生考上大学，男生没考上，只能在家做被人鄙夷的待业青年。尽管双方父母极力反对，但两人认定挚爱对方。最后女生做了一个惊人的决定——为了能够和男友在一级楼梯上，她决定退学，不再读书。她的男友，也曾有过一丝的犹豫，是否要让她做出如此大的牺牲，而她，则只轻轻地说了一句话："你能为了我，放弃整个家族的颜面，我也能够为了你，放弃那些与爱情相比，其实不过是过眼云烟的荣耀。"女生就这样毅然地办理了退学手续，连跟同学告别都来不及，就与男友奔赴了西安"蜜月旅行"。

故事的结局是另一番景象。后来同学在网上无意中碰到了这位女生，问及她的近况。她说他们结了婚。同学紧跟着追问一句："那么，结婚之后有没有什么打算?"她回答说："暂时，做一些小的生意吧，没有大学的一纸证书，我们，终究还是走得艰难。"

同学怀着一种探知秘密内核的好奇，点开了女生的网络空间，而后，便看到了那篇只有一句话的日志："究竟是谁，惊扰了我大学最美的那段时光?"

讲完故事，全班同学鸦雀无声，那两个孩子，尤其女孩子，更是处于深深的震撼之中，表情十分复杂。我静默片刻，轻轻地问："是谁，惊扰了她最美的那段时光?"

有孩子陆续举手，回答说，是自己，是无知的自己，是青春的无知！

我说："是的，可是，我们常常明白得那样晚！"

第二天，女孩子主动来找我，她一进办公室，就把门关上，紧张地说："老师，我想找你谈谈。"我笑着说一直在等你呢，她开门见山地自我反思，承认分心，承认困惑挣扎，想寻求帮助又难以启齿。昨天听了故事之后，震动很大，不愿自己毁了自己……我们后来一起商量了如何说服男生的方法。

【情境分析】

青春期的异性交往是个敏感的热点，它既是一个热点，也是一个难点。不少老师(还有家长)谈之色变，他们总是把异性交往和早恋画等号，担心早恋，看到男女同学在一起就紧张。其实，处于青春期，对异性产生好感，想了解异性、接近异性是正常的。异性交往不等于就在早恋，对于"异性交往过密"的引导，切忌一来就"贴标签"：以"早恋"定性，简单粗暴地直接亮相、公开阻隔。但让学生通过"体验"来证明这个阶段"异性交往过密"是"非正确的时间、非正确的地点做的非正确的事情"，又是不现实的，只能曲线引导。因此老师没有强加制止或"恶语相劝"，而是采用故事案例，用他人的"间接经验"来表达自己对于这件事情的情感倾向，故事中优美的语言看似是在表达初恋在人的成长过程中所具有的感人魅力，而实际上却是将教师的价值倾向蕴藏在故事语言背后的情节中。教师妥帖的言语表达和故事结局的震撼，使得学生容易产生感情共鸣，自觉发现并改正自己的做法，合适地处理好异性关系。

从心理学角度看，教育的本质是创造条件让学生经验和体悟，发展本质是通过经验获取资源后的心理重构。学生本质上是在既有经验背景上建立新的经验，并通过重构融合新的经验的过程。《最美的流光》这个案例就是提供“间接经验”，促使“经验重构”。

案例中的女孩子之所以能实现反思甚至顿悟，就是教师讲述的他人的“间接经验”，引发了她自我价值重构的情境，让她体会到自己当前的行为可能导致的将来行为，那是自己不愿看到或亲历的结局，这是她思想转变的关键。曲线引导把空洞的说教变成了听取他人的经历，把枯燥的讲理变成了鲜活的德育范例，把单调的强化变成了内心的领悟，这样将价值的引领蕴藏在讲故事的情感之中，使价值取向引领最终沉淀为学生的反思行动。

【深度解析】

苏霍姆林斯基说：“爱情，是对人道主义的最严峻考试。我们应当从一个人的童年和少年时期起就培养他去迎接这场考试。”爱情本身具有温暖和催人奋进的力量，初中生一旦遇到心仪的异性同伴，对爱情的冲动则不可避免从内心溢出，然而有些会维持一种朦胧而又理想的心理状况，也有一些同学会冲破内心的篱笆，“偷偷地”品尝爱情的滋味。

教师在遇到学生类似的异性交往过程中的情感问题时，应首先尊重学生当时的情感状态，决不能将“朦胧的情感”看成是“道德败坏”的问题。进而在适合的情境下通过恰当的、不使学生情感受伤害的方式引导初中生感悟异性交往中产生的友谊向朦胧爱情过度的纯洁、美好与令人陶醉，帮助学生们理解初中阶段异性交往的主旋律是互帮互助、行为有度的友情而非相互迷恋、无法自拔的朦胧爱情。教师在帮助初中生从朦胧的爱情感觉中“引诱”出来进而让其以友情替代爱情的体验进行未来的异性交往的过程中，要根据学生特点的不同，设置不同的情境、采取不同语言或非语言的方法以达到“不伤害情感”的前提下的移情效果。比如，有些需要轻柔地呵护和慢慢地引发，有些需要“武断”地冻结，有些可以通过在网络上或私下空间里悄悄地谈心，有些则要公开地批评加私下地劝导……

引导学生青春期异性交往，要注意不要走两个极端。一个极端是因为害怕早恋反对异性交往；另一个极端是打着宽容尊重的旗子任由发展。青春期的孩子需要正确地进行异性交往的指引，要让孩子们懂得“异性朋友的结交是人类友谊交往中顺理成章的事情”，既不要画“三八线”，也不要交往过密引人猜测。大方的、自然的、磊落的异性交往就是健康的、正确的，不仅不会影响学习，反而可以完善个性及促进身心的健康发展。

三、“哥们义气”：小团体中的情感表达

【情境再现】　　　　　　我们是“哥们儿”

我班上以唐同学、何同学、刘同学等为主的几个调皮捣蛋的学生，他们逐步形成了一个小集体，时常做出上网、欺负同学、打桌球、抽烟等违纪行为。我不动声色，找他们单独谈话，假装不知道他们哥们的事。了解到唐同学、刘同学是他们中的中心人物，对老师比较尊敬，也愿跟老师交谈，我觉得从他俩身上着手比较容易些。我先和他们交心，从一些好的方面引导他俩，让他觉得老师真心为他们着想，很关注他们，觉得违纪也对不住我。我让他们“言传身教”影响着他那些哥们，逐渐地他们违纪的事情也少了。

有一次，唐同学心情很不好，刘同学等人来开导，一时冲动，违反校规校纪来到校外吸烟、上网。我得知后，思考着如何处理这件事。唐同学心里清楚是自己连累了其他几位朋友，决定一人承担后果。我并没有强迫他说出其他几位同学，只是说：“你先回去和其他同学商量一下，就说班主任已经知道这件事情，但不知道是哪些同学参与，让我们商量一下哪个愿对这件事负责，商量好后来找我。”第二天，他们一起来到我办公室，如实地讲述了事情经过并主动承认了自己的错误。在我的帮助下，他们开始理解真正的友谊。

【情境分析】

时下，在一些中学生中很看重“义气”。为了义气，帮别人作伪证；为了义气，帮别人打架出气；为了义气，将校规校纪置之度外。心理学研究表明，处于青春期的青少年，随着年龄的增长、视野的开阔，对外界事物所持的态度的情感体验也不断丰富起来，这时的青少年有一个显著的特点是比较单纯，

喜欢交往，注重友情。在同学的交往中，这种感情是最真挚的。但也不排除由于各种因素的影响，一些同学缺乏明确的道德观念，分不清什么是真正的友谊，甚至把“江湖义气”当成交朋友的条件而使自己误入歧途。

不良的同伴交往会助长学生个体的某些越轨行为的产生。在一些自发形成的小团体中，受到团体中核心人物的影响、团体中一些不成文的群体行为规范的压力，以及在团体中的氛围和个体的“哥们义气”，个体为获得群体成员的肯定和认可，很容易出现各种越轨行为。有时，他们往往宁愿牺牲与教师的良好关系，也不愿放弃与同学的良好关系，不愿牺牲自己在同辈群体中的位置。

“哥们义气”是孩子们在学校这个小社会中的朦胧认知，是建立在一定程度的友谊基础之上的。案例中的唐同学、何同学、刘同学由于情感、价值观的引领，形成一个“坏的小团体”，这在中学生中是常见的现象，也是他们心智不太成熟的表现，当他们做了“坏”事后，教师找到了“核心人物”，对他们也没有恶语相加，而是说：“你先回去和其他同学商量一下，就说班主任已经知道这件事情，但不知道是哪些同学参与，让我们商量一下哪个愿对这件事负责，商量好后来找我。”信任促使他们形成“健全的人”。

所以，当我们遇到一些由于学生之间“哥们义气”导致的群体叛逆时，万不可提及哥们义气而色变，继而做出错误的管理决策。作为教师，更应该认真思考、区别对待这股“哥们义气”，不能一味地否定，也不能不加区分地保护，应该保护的不是一层关系，而是学生间一颗信任与被信任的心。

【深度解析】

初中生随着学习和生活的深度和广度日益加强，其心智也逐渐成熟。心智成熟的一个重要的表现是价值倾向的养成和价值倾向引导下的情感诉求。初中生小团体的出现是初中学生寻求情感支撑，进行情感表达并付诸行为的天然产物，为丰富和深化初中生的学习生活、走向未来的社会化进程打下了坚实的基础。因此，初中生小团体的存在有其必然性、必要性，而且也应当是教师应当重视和利用的情感教育资源，以培养学生成为一个有丰富情感需求和样态并能以健康的情感状态学习和生活的“健全的人”。

然而，需要注意的是，初中生开始有价值倾向的养成并不代表其有足够的价值是非判断的能力，相反，初中生往往在价值是非判断方面处于一种“原生态”的“待开发”状态，初中阶段恰恰是价值是非判断能力提升开始的阶段。因此，以价值倾向引导下形成的情感寄托为纽带的初中生小团体往往更体现出人性中更本源的价值需求的特点，如相似家庭背景的小团体、相似兴趣爱好的小团体、外貌吸引型小团体等。这些小团体中的学生或小团体中权威学生往往会因缺乏价值是非判断的能力而使小团体的行为特点可能呈现出与班级和学校核心文化格格不入的特点，教师在面对小团体的“坏问题”时一定切忌给其贴上“坚决打压”的标签，应了解这是学生成长过程中寻求情感依托的必然产物，只是缺乏教师、家长和社会的正确价值观的引导才会呈现出一些不好的特点。因此，教师在处理小团体问题时，对具有积极健康价值倾向的小团体应多鼓励、多表扬，让其成为引领班级文化发展的重要力量。对于错误价值倾向引领下的小团体多观察，多谈心，主动寻求家长合作，使价值矛盾成为恰当、有效的情感教育资源，利用小团体中威权学生价值观的转变，通过以点带面的方式引领小团体与班级和学校核心价值观相协调、融合，最终达到对班级小团体的教育、引领作用。

还需教师特别关注的是那些被轻视、被遗忘、被厌恶的弱势群体，他们在班里难以有知心朋友，不少人也向往集体生活，想与其他同学交往，但常受到冷遇。他们希望在班级里取得较高的地位，有的试图用各种手段吸引同学的注意，有的则因不满自己的处境而结伴逃学，被社会、学校、家庭称之为“难以管教”的学生。这一类的学生如果由于不走正道而形成群体，极易产生很大的负面影响。老师应不让他们过从甚密，以松散型为宜，即使出现问题也便于各个击破。同时，要设法把他们吸引到丰富多彩的活动中，产生积极向上的精神需要。

班级里享受高度信任和威望的优势群体，由于他们各方面的优越，成为“明星”“宠儿”“受欢迎的人”是很正常的。这些学生虽然有着别人难以企及的闪光点，但是如果不加以指导，往往会成为利己主义者，尽管他们有时看来十分积极地参加社会活动，但很大程度上是个人利益驱使。他们爱发号施令，经不住批评，过分关心与维护自己的核心地位，这些“明星”倘不正确引导，同样可能成为“难教儿童”。因而，对于这一类的学生群体，应指导他们多以集体利益为重，在学会关心他人、尊重他人、帮助他人的过程中提高自己，同时，清醒地认识到自己的弱点，不能总拿自己的优点与他人的不足相比而沾沾自喜，启迪他们跳出圈子看世界，懂得山外有山楼外有楼，不做井底之蛙。

一个凝聚力很强的班级，并非简单的群体之和，是一种整体大于局部的整合。在这方面，我们应注意不能因自己的先入为主思想，刻意把学生公开划分为三六九等而导致人为的隔阂。在平常的班级管理中，我们要创设机会，通过多种途径促进学生群体之间参与正常的交流与合作，如安排优势群体学生与弱势群体学生自由选择与组合结成帮扶对子。在集体活动中，有意识地从不同群体中挑选具有代表性的学生参与其中，尤其是要让被人冷落、遭人遗弃的学生体会到集体的温暖、同学的真情，而不致自暴自弃。即使是“志趣相投”与“共同进步”型群体，也应加强交流与合作，既让更多的同学在共同进步的基础上有一技之长，又能促进积极向上的非正式群体不断壮大。还可以在他们之间引入竞争机制，促使他们在竞争中前进。对于弱势群体，千万不要总拿他们去与那些“明星”相比，而迫使他们离班集体愈去愈远，更不能号召其他同学“不要与某人交友”“避开某同学”“不要总与某些同学在一起”等。因为，他们或许才是最需要集体的温暖、老师的关心、同学的帮助的群体，如果在他们的伤口上再撒上一把盐，只会把他们从“偏集体”推向“反集体”的深渊，后果不堪设想。

非正式群体的成员，一般有其公认的代表、智囊，在某一群体中有着领袖的地位或核心作用。该生在非正式群体中的威望与他在正式群体中的地位有时会不一致，也就是说，这些“领袖”在班级里不一定是班长、团支部书记，也许连小组长都不是，但他们在非正式群体中的影响，可能会胜过父母的赞许、老师的评价、同学的认可。因而，有效地利用非正式群体中核心成员的作用，必然会收到以点带面、牵一发而动全身的效应。我们不妨经常与这些同学接触交谈，通过他们把握该群体的思想动态，听取他们的呼声。你会发现，利用他们去做好其他成员的工作，有时比老师直接做某个同学的工作效果更佳。有意识安排这些同学到班级的管理层中来，也不失为一种有效联络方法。因为，他们至少在某一方面表现突出，会有较强的说服力。如果他们在正式群体中是一个"干部"，两种群体间就会和谐合作，并充分发挥功能。倘若把他们排斥于班集体的各级领导层外，稍不留神便会造成两种群体领袖间的对立。还可以根据实际情况，把一些工作安排交由这些非正式群体学生去完成，编小报、研究性学习、各类比赛等，会发挥他们的群体优势。

教师对待小团体，要随时关注其动向，关注他们的思想变化，特别是小团体的主要成员，要经常与他们进行交流，坚决不能给他们脱离正常轨道的机会。同时，采取尊重兴趣、把握方向、道德约束、不断修正的准则，针对没有学习积极性的同学，教师可以按照分流教育的方法，还是能够帮助这些同学学有所长的。

教师不仅要当经师，更要当人师。教师指导学生如何与人交往，当好人生导航员，在学生的成长中尤为重要。教师应根据学生交往的需要、能力的差异性，指导他们正确认识周围的人，懂得如何避免和解决冲突，积累交往的经验。当然，最关键的还是教师用爱心去努力营造一个互相信任的情境，尽最大可能让学生在信任中获得沟通，在成功中恢复自信，在考验中明辨是非，在冲突中锻炼意志，在道德选择中走向成熟。

四、电脑手机：网络交往中的情感表达

【情境再现】

情境一：

网上论坛：谁应该为祥林嫂之死负第一责任

我和学生一起上网，首先是建立班级网上论坛，让学生们在班级网站上讨论各种问题。让学生把网络当作一种学习方式，同时，老师也有意识地把一些任务放到网上去，让学生完成。

在给学生讲《祝福》的时候，我出了一道思考题："祥林嫂之死谁应该负第一责任?"课堂上学生们讨论得很激烈，课后我又让学生在班级网上论坛发表看法，一时间网上也很热闹——

类似的问题我经常在网上和学生讨论。除了学习方面，班级建设也有许多值得讨论的话题，我也尽量放到网上去……他们已经成为网络的主人了。

情境二：

QQ 寻找：厌世的抑郁女孩回来了

女生小敏(网名“孤独的心”)品格善良，学习勤奋，但有比较严重的心理疾病，主要是抑郁症。我经常开导她，同时请专业的医生给她做心理辅导并辅之以药物治疗。最初她对我是比较对立的，但后来逐步建立了互相信任，而我们交往的主要方式就是周末在网上聊 QQ。但有一年元旦，她因为和家里人闹翻便出走了。一直到元旦后应该返校的那一天都没有踪影。万分焦急之中，我想到小敏经常在外面上网，我也经常和她在网上聊天。她会不会也在网上呢？于是我去网上找她，结果看到小敏果然在 QQ 上。

当时，我完全可以通过公安部门锁定查清她所在网吧的地址，然后将她“捕获”，但我没有那样做，因为我认为那样的话，好不容易建立起来的信任便被破坏了，而且凭着我对她的了解，我有信心通过聊天稳住她，甚至说服她回学校。(聊天记录省略)……当时我之所以退出，一方面是想让她独自清醒地思考一下，平息一下情绪，同时另一方面，我想让她感到我对她的信任，看到我并没有对她采取什么极端措施。其实，当时我非常紧张，如果我下了之后，她真的离开了成都，线索一断就很难再找到了。但在她和我的聊天过程中，虽然她的情绪低落，但她一直愿意和我聊，向我倾诉，让我感到她不会轻易离去的，而且她依然很信任我。果然，我非常欣慰的是，小敏当天晚上果然回学校了。

【情境分析】

网络世界已成为初中生交往生活中十分重要的一个部分和平台，在这样一个虚拟的世界里，初中生有许多平时在老师和家长们面前不愿意说的话，他(她)们可以自由畅快地说；不愿意表露的情绪，他(她)们可以“潇洒自如”地表露，也正是在这样一个虚拟世界中情绪情感的自然流露，初中生完成了他(她)们在日常学习生活中所无法实现的全部情感的表达，在这个过程中他(她)们成了一个“纯粹的”人。比如，有些同学就是通过网上聊天、打游戏疏解了在初中学习、交往环境中的不适应感和不安全感，将负性情绪通过网络的私密渠道排解了出去。

现如今，信息技术对教育的作用非同小可，从 PPT 课件的制作，到微电影、微视频的拍摄，正如情境一中所见，老师通过网络微信平台上的讨论，让讨论与分享不再受时间与空间的局限。正如情境二中寻找抑郁的女孩这件事，也许在没有网络的时代，人们只能靠脚、靠熟悉的人去做，但有了网络，无形中增加了寻找的机会和渠道。

然而，教师应尤其重视引导学生过健康的网络公共生活，通过利用网络平台帮助教师解决日常生活平台所不能帮其解决的学生理智和情感共同发展的问题。因为，网络世界具有私密性恰恰有助于不善在公共场合中表达情绪情感的同学表达情感，发展理智，如情境一的教师恰是利用这点，不仅让网络平台成了班级师生间智慧碰撞、理性上升的平台，也正是通过以日常教学中问题的网络交往使师生、生生间的交往更有趣、贴切、健康而充满意义。

【深度解析】

教师应十分重视初中生网络交往过程中的情感表达，尝试让自己的教学生活中的语言和网络世界中的健康、有趣的语言的融为一体，让网络情感表达首先具有吸引力，如"亲""童鞋们"等健康而又容易拉近师生关系的词语，教师可以多用并创造性地转化使用，然而恶俗且没有实际语义支撑也没有健康语用导向的词语，教师也正好通过网络世界引导学生了解其消极作用并坚决抵制使用。除此之外，教师可以创设班级网络交往情境，以此尽可能了解每个学生的情感动向，并借此引导日常教学生活中的学生交往向网络交往延伸，依托网络交往解决现实世界解决不了的教学生成问题、交往问题。

对于教师而言，初中学生的学习成绩固然重要，但重要的不仅仅是学习成绩。对于同伴交往的识别、指导，帮助他们树立正确的人际交往观念，是关系着他们今后走向社会的基础教育，所以它应当引起教师们的关注，不可忽视。

第三节　学校及班级生活中教师的情绪情感表达

学校与班级生活中的情感表达主要表现在静态的班级制度形成过程中，教师和学生的情感表现和反应；班级管理中的情感表达和反应及班级氛围中所体现出来的情感氛围等方面。

一、班级制度及其形成过程中的情感关注

【情境再现】

在班级文化建设过程中，B中学七年级2班的班主任和学生一起探讨，彼此交流，最终达成共识，形成了本班的“班级公约”。公约形成后，每个孩子都在公约上郑重地签上自己的名字，摁上自己的手印，并将公约展示在班级的外墙上。

B中学七年级2班制定出的班级公约细则如下：

B中学七年级2班班级公约

理念：世界因我更美好！

目标：书香班级　自治班级　从善班级

1. 与大人对话时，要有礼貌、有分寸。如果别人问你问题，要耐心解答、充满善意、尊重他人、语气平和。不可以有不礼貌的小动作，如一指指人，随意拍打他人。

2. 守知守责，用小小的贴心，为同学、为班级添加惊喜。

3. 尊重别人的发言与想法，倾听别人发言，以完整的句子回答所有的问题。不要打断别人说话，不要随意插话，不搭讪。

4. 每天认真完成作业，来校主动及时上交作业。今日事今日毕，日日清。

5. 做什么事都要有条理，有计划、有效率、有坚持。明白自己的职责是什么。

6. 掌握校园内的基本礼仪，鼓掌真诚适度，“谢谢、老师好、对不起、老师再见”等礼貌用语常挂嘴边，楼道内靠右行走，不大声喧哗。

7. 细节决定成败，态度决定未来，习惯造就伟大，别让将来有遗憾。

8. 不管如何，一定要诚实，真诚待人，友善待人，有话好好说。

以上每一条、每一字，我都认真阅读，并将努力践行。

【情境分析】

一个好的班级除了有一个名称之外，更重要的是要有自己的气质和灵魂。如何培养班级的气质和灵魂？民主协商的“班级公约”是达成这样的目标的重要手段。

B中学七年级2班的班主任，没有生硬地将学校的规章制度强加给学生，而是用较为民主的方法，与学生一起探讨交流，充分尊重了学生的意见，逐渐形成共识，最终确立了班级的发展目标，形成“班级公约”。在共同价值观的基础上，教师引导学生形成了集体的规则意识。

这类公约与通常的“学生守则”不同，首先，由学生自主商讨制定，随着学生认知水平的不同、班级个性的不同、班级文化的不同，内容自然也异彩纷呈。其次，教师引导学生，尽可能地避免了“不”字的使用，旨在更多地告诉学生能去做什么，使公约散发出一种“人文气息”，而不是生硬地禁止与限制。这样可以让孩子在感受了民主与自由的同时，心中滋生出一分宽容，并有利于师生关系的构建。最后，在班级公约上每个孩子都要郑重地签上自己的名字，摁上自己的手印，代表了孩子信守承诺的决心。

班级公约一旦形成，就成为一个班集体中所有孩子需共同遵守的行为准则。为确保班级公约的落实，班主任让学生自主认领管理任务，从而实现班级内“人人有事做，事事有人做”“首知首责”的目标，较好地促进了学生自主管理意识的养成及自育能力的提高，并有利于良好班风的形成。

在制定班级公约时，教师关注了学生的情感，在交流、探讨、信赖的前提下，引导学生意识到“我的班级我做主”，并为此付诸行动，承担责任。在民主的氛围中，学生不仅增强了集体荣誉感和责任感，行为规范和规则意识也有了显著提高。正如学生所说，公约让他没有恐惧感，只有敬畏感。

【深度解析】

在班级管理中，学生既是管理的对象，也是管理的主体，要实现班级管理的预期目标，必须调动学生的积极性。师生之间，因其角色不同，学生很自然地在心理上对老师筑起一道无形的心理防线，这很不利于班级管理工作的开展。所以，教师应想方设法缩短与学生的心理距离，建立起良好的师生关系。而良好的师生关系是调动学生积极性的一剂良方。

随着社会的发展，教育越来越呼唤新型的师生关系，而新型的师生关系是建立在民主平等的基础上的。它要求师生之间人格平等、相互尊重、相互学习、教学相长。

在班级管理中，如果教师仅仅是站在权威者的角度，发布制度，让学生被动地听从、遵守，那么得到的只有学生的敬畏。如果遇到有思想且逆反的学生，不愿遵守这些制度，很有可能为班级管理带来很多麻烦。所以，教师要想真正打动学生，与学生融为一体，还需要关注学生的情感，把学生当作一个有自己思想的人来看待，从学生的角度出发考虑问题。因此，在制订班级管理制度时，如果想让制度更合理，更富人情味儿，更适合本班学生，让学生能从心理上接受，教师就应该从独奏者的角色过渡到伴奏者的角色，倾听学生的心声，让他们在讨论、交流、磨合中，表达出自己的想法，形成自己的公约。让学生把被动接受制度，变为主动制订制度，最终达到自管自育的目的。这样，教师和学生之间才能建立起一种“伙伴关系”，使交流更顺畅，赏罚更合理。

二、班级民主管理中的情感表达

【情境再现】

晶晶是班里的学习尖子，每次考试都稳稳占据第一，各科老师都喜欢她。尤其是班主任，经常“放权”给她，每天都把一些作业交给她批改。这让平时也很用功的凡凡很不服气，时常抱怨：“她的作业写得还不如我好，凭什么让她判?”除了批改作业，班主任还让晶晶做班里的“小小通报员”。一次，凡凡跟同学发生了小口角，本想老师不在，事情就可以平息过去了，未承想晶晶暗中打了小报告。结果凡凡不仅被批评了一通，还写了检查。这让凡凡开始厌恶晶晶。

在最后一次“三好生”评比中，晶晶因为票数不够，没能继续连任。凡凡心想：终于能杀杀她的锐气了。可是班主任却发了话：“大家想想，三好生最重要的还是学习好。这次的结果，老师认为不大准确，大家重新选举一次。”经过这样一番暗示，在第二次的选举中，晶晶重新被“选”为了三好生。面对如此偏袒，凡凡气愤极了，她觉得生活在一个失去公平的世界里，没有希望与表扬。打这起，凡凡开始叛逆起来，以前不错的成绩也有所下滑。凡凡与老师的矛盾也与日俱增。

【情境分析】

调查显示，有六成学生遇到过老师偏袒尖子生的状况，有八成学生认为好老师不应只关心学习，几乎所有学生都在意老师对自己的关心程度。可见教育的公平与否，对孩子的成长影响很大。老师对个别学生有意无意地偏袒，往往会给孩子造成不同程度上的困惑。

案例中的班主任因为晶晶每次考试都稳居第一，便“放权”给她，让她每天批改一些作业，在老师心里，这也许是一种信赖、一种锻炼学生的方式或者是减轻自己工作量的一种技巧，但由于机会没有均等，导致了凡凡的不服气从而产生抱怨。这种做法，要么是教师考虑不周，要么是内心过于偏袒成绩好的学生，总之，忽略了班级管理中的民主，是一种不妥当的做法。久而久之，教师就会失去“民心”，使班级失去凝聚力。

案例中，凡凡开始厌恶晶晶，是因为晶晶向班主任打了小报告，导致自己被老师批评甚至写检查。老师在学生中间安插“眼线”，是一种有失偏颇的做法，这样就会造成偏听偏信，无法全面了解学生。俗话说，一个巴掌拍不响，学生之间发生矛盾，作为班主任，要多渠道进行了解，多侧面进行观察，找到矛盾的根源，从而从根本上解决问题。班主任让晶晶做班里的“小小通报员”，当班里其他的孩子意识到这种情况的存在时，会厌恶甚至疏远这种孩子，导致这种孩子被孤立，甚至失去玩伴。对于学生而言，在老师与小伙伴之间，从心理感受讲，他们更愿意与小伙伴保持着良好的关系。所以，受老师偏爱的孩子，内心往往并不见得有幸福感，相反，老师的偏爱可能“毁了”他们，在最后一次三好生评比中，第一轮晶晶票数不够，也许就是一个很好的明证。

在三好生评比中，第一轮票数不够的晶晶，因为老师的干涉，在第二轮“被”选上时，凡凡气愤了。她不但开始叛逆，而且以前不错的成绩也有所下滑，甚至与老师的矛盾也与日俱增。之所以会这样，是因为老师对晶晶的过于偏袒，让她感到了不公平和绝望。因此，教师对个别学生的偏袒，会让其他的一些学生产生被疏远、被忽视的感觉，从而引起某些学生的自卑心理或逆反情绪，还会导致师生关系出现紧张和不和谐的因素，甚至导致不良班风的形成。

师生关系是一种自然的人际关系，这种人际关系保持着相对稳定又相对脆弱的平衡态。案例中，班主任对晶晶的偏爱和对凡凡的无视，导致了凡凡对晶晶的厌恶和对班主任的敌视，从而引起了学生之间、师生之间的矛盾。这种矛盾，是由管理上的不够民主引起的。之所以不够民主，是因为教师把学生当作一种材料加以塑造，按照自己的想法要求学生，忽略了每个学生都有自己独立的人格和思想，都有自己不同的优点和潜能，都渴望得到老师的认可和关注。因此，教师要从人格平等的基本观念出发，视学生为真正意义上的独立的人。教师要对自己的每一位学生充满热爱、尊重、理解和信任，于细微处见精神。

【深度解析】

教师偏心指的是在学生看来，教师有意偏爱、袒护别的学生而苛求、疏远自己的现象。有事实表明，教师若偏爱优生，则会导致其孤芳自赏，经不起挫折；教师若苛求差生，则会引发其自卑、逆反心理，还会导致师生关系出现紧张和不和谐的因素。客观地看待此现象及其产生原因，并妥善地加以解决，对于恢复学生的心理平衡、改善师生关系和提高学生的上进心是非常必要的。

经调查，学生认为教师的人格和学识密不可分，每个老师都应是德才兼备的圣人。可教师也是正常人，也会犯错误，也会将喜怒哀乐溢于言表。这就造成了学生心理的落差，把教师正常的心理活动和行为反应误认为是教师偏心。另外，部分学生“自我中心”意识过强。某些学生在家习惯了娇生惯养，凡事唯我独尊；并把这种“自我中心”的毛病带到学校，只关心自己的需要，强调个人的感受，希望教师能像其父母那样宠爱、关心、照顾自己。若教师不符合他们的要求，就觉得自己受了委屈，是由老师偏心造成的。

当然不否认个别教师缺乏职业修养，行为反应过于情绪化，若学生曾对其表现不敬，就对此耿耿于怀，不公平对待此学生。

叶圣陶曾经指出：“教师理应以自己的高尚人格去塑造自己的孩子和自己本身。”作为老师，要努力让自己向上、向好发展，塑造出自己高尚的人格，培养起自己民主的思想，要有意识地摒弃偏袒，尽量关注到每一个学生的变化，积极与学生沟通，了解学生发生变化的原因，从而保持如新课程标准所要求的那样的师生关系——民主、平等、尊重。

苏霍姆林斯基说：“教师要像对待荷叶上的露珠一样，小心翼翼地保护孩子的心灵。晶莹透亮的露珠是美丽可爱的，却又是十分脆弱，一不小心露珠滚落，就会破碎不复存在。孩子的稚嫩心灵，就如同露珠，需要教师和家长的倍加呵护。”这种呵护就是爱。教师的爱主要表现在尊重学生，建立平等、和谐的师生关系，善于发现和发扬学生的优点，能够接受来自学生的正确意见，对学生不讽刺、挖苦、歧视、体罚等方面。还表现在严格要求学生，爱而有度。教师的爱，不能因自己的好恶只集中在几个学生身上，而应该更广博，更宽泛。当教师具备了“爱满天下”的精神，用自己的真心、真情、真意去尊重学生、信任学生、赏识学生、引导学生、激励学生时，也会获得学生的信任、尊敬和热爱，从而激发出学生学习的积极性、主动性、创造性，正所谓“亲其师，信其道”。

三、构建和谐班级氛围与教师情感表达

【情境再现】　　　　班级氛围为什么那样压抑

那是一个阴云密布的桑拿天，一段时间来，乐老师都心情郁闷，不仅是因为排练新广播体操导致紫外线过敏的脸上长满痘痘，还因为这是身体在向乐老师发出免疫力降低的危险信号。

潮湿的天气、潮湿的心情，当乐老师走进班级，看见垃圾堆满了柜子门前，水桶里的脏水似乎正狰狞地看着他时，他之前隐忍的怒火一触而发。对值日组长一顿“指示”之后，乐老师看见组长们犹如“耗子见猫”的表情，心里顿生罪恶感。但是碍于为人师者的尊严，乐老师在之后处理问题时没有半点的妥协。孩子们那一天都战战兢兢的，班级氛围特别压抑。

下午大课间，仍需排练，当乐老师发现孩子们队伍不齐、动作不对的时候，只要指出他们的问题，前后排同学之间就会互相埋怨：胆大者指责周围的同学；胆小者，看着老师阴云密布的脸不敢说什么，只能向周围的同学投去恶狠狠的眼神。平日的欢快笑声消失了，学生们见到老师的问候也没有了，他们眼神中的惊恐、疑惑、无助、茫然，让乐老师也茫然、胆战。

【情境分析】

要想构建和谐的班集体，形成良好的班级氛围，首先要做到师生和谐和生生和谐。

案例中的乐老师，因天气和身体的原因，情绪低落，但是，他没有及时控制和调整自己的情绪，而是将自己的负面情绪宣泄到学生身上，让学生产生了如“耗子见猫”的紧张感，破坏了师生的和谐，导致了班级氛围的压抑。

同时，乐老师的负面情绪也传染给了学生，使得学生在下午排练新广播操时，遇到问题相互指责、埋怨。而这种相互的指责、埋怨，导致了生生关系的不和谐，使很多学生的眼神中带着惊恐、疑惑、无助、茫然，乐老师也因此感到茫然、胆战。这种现象，是被负面情绪感染的学生又将自身的情绪迅速反向感染者的表现，这种反作用力，再一次让师生关系不融洽，班级氛围自然无法和谐。

因此，当教师产生负面情绪时，必须得到及时、有效的缓解，否则，累积到一定程度，就可能出现激烈的爆发，破坏师生关系，影响班级氛围。案例中的乐老师，在看到被批评的组长们紧张的表情后，也曾心生罪恶感，这时候的乐老师应该及时调整自己，控制情绪，通过恰当的语言、表情、动作等，缓和一下气氛。应该意识到，学生毕竟是未成年的孩子，他们在成长过程中难免出错，教师大可不必大发雷霆。但是，因为碍于师道尊严，乐老师在之后处理问题时没有半点的妥协。导致了师生关系进一步恶化，班级氛围进一步变差。

作为教师，要抱有一颗宽容和大度之心，多设身处地地为学生的处境着想，处理问题时，要三思而后行，尽量用合适的话语、合适的表情，营造出师生间的和谐氛围。要提升自身情绪管理能力，学会“制怒”，不能将自己的不良情绪带到班级管理中。否则，在疾言厉色、口不择言中，会伤害了学生，让班级氛围变得压抑，长此以往，必然会对学生的心理健康造成损害，让学生的行为变得过激，而学生的过激行为，会增加教师班级管理的难度，反过来让教师受伤。

【深度解析】

苏联教育学家马卡连柯说：“不能控制自己情绪的人，不能成为好教师。”每个人的生活都是五味杂陈的，难免会有些情绪的波动，这些情绪波动不仅给我们的家庭带来了一些困惑，也会使我们的工作增加一些不稳定因素，特别是作为教师的我们，工作的对象是心理还略显稚嫩的学生，我们的情绪或是给他们形成性格示范，或是传染给他们，或是伤害到他们，最终导致师生关系和生生关系的不和谐，妨碍了良好班级氛围的形成。

教师负面情绪的表现，大致可分为“三过”：一是面部表情“过冷”，表现为冷漠、无表情，重则似“结冰”；二是言语表情“过热”，教师的语言暴躁，对学生过度发脾气，甚至用挖苦、讽刺、训斥等方式侮辱人格；三是躯体表情“过猛”，如拍桌子、摔凳子、撕本子、扔东西，甚至对学生动手动脚等。这些过激的表现，容易导致学生恐慌和压抑的心理，引发教学目标的偏离或教学效率的低下，甚至导致师生之间情感的疏离或恶化，不利于班集体的建设。

意识到了负面情绪对构建和谐班集体的危害，我们就要学会调整自己的心态。

首先，教师应该认识到，自己不仅是学生学习的组织者，还是学生成长路上的榜样和心理保健医生。所以，应该尽量保持乐观、开朗的心境，即使面对出错的学生，也要学会换位思考，意识到他们是一群正在成长中的孩子，处理问题时努力保持平静的心态，不能过于暴躁，学会用宽容之心对待学生，用幽默化解尴尬。

其次，要树立新型的学生观，把学生当作一个平等的主体来对待，尊重学生的人格。要本着一颗真爱的心，与学生进行沟通交流。不要过于权威和武断，多倾听学生的心声，重问题根源的发现，重问题的解决能让学生心悦诚服。与学生建立起朋友般的和谐关系。

再次，重温一些心理学的知识，学会摆脱生活中的烦恼，做个简单、快乐、幸福的人。还要提高哲学素养，学会透过现象看本质，更好地处理人和事的关系。

最后，要博览群书，让自己眼界开阔、情调高雅、通情达理。也要学会做减法，抛弃人性中一些丑陋的东西，追求“真善美”。

第四节　教师情绪情感表达的认知策略

一、教师情绪情感表达的内涵

教师的情绪情感表达是指教师根据教育实际情境的需要，在情绪情感觉察、识别、调适的基础上，通过适合的方式表达、抒发、流露、运用自己的情绪情感的表征，从而有效地影响或改变自身和他人的情绪情感状态，产生情感体验的能力。

教师的情绪情感表达作为教师情感人文素养的要素之一，是教师情感人文素养的重要表现形式，合理、积极的教师情绪情感表达是教师人文情感最为直接的外在表现，这关乎教师与教育世界交互的成效。

二、教师情绪情感表达的适度性

在教育过程中，教师运用情绪情感表达营造适合教育的情境氛围，但却不能过分沉浸于某种情感之中，而必须在恰当的时机，因为教师的情感表达必须要掌握适度性。一旦教师过了“度”，就会被自身的情绪情感所困扰。为此，教师在表达情绪情感时必须要与自己的理性思维相结合，运用理性思维引导情绪情感强度。

教师的情绪情感表达的适度性的能力并非一蹴而就，在这方面，经验丰富的教师与新任职的教师显示出较大差异，在师生关系中遇到情感问题时，经验丰富的教师会根据教育情境的特点尽可能全面地理性考量，从而确定情感表达的强度和时机。如果教师认为自己的情感表达方式不利于当下学生的身心发展，不适合于当下的情境，甚至会导致问题恶化，他们会选择暂时避免明显的情绪情感的表达。能够与理智融合起来的情绪情感表达反映了教师较高的专业能力和情感人文素养水平。

三、教师情绪情感表达的类型

不同的分类标准，形成了教师情感表达的不同类型。从表达有无意识加工来划分，可以将教师情感表达分为自然表达和艺术表达；从表达的风格来划分，可以将教师情感表达分为豪放表达、婉约表达和中庸表达；从表达情感的内容极性来划分，可以将教师情感表达分为正向情感表达、中性情感表达与负向情感表达。从表达情感的手段分有情感表情表达(或是缄默表达)、情感的动作表达、情感的言语表达、情感表达的氛围等。当然还可以有其他分类，如表达对象的区别、表达持续时间等。

情感体验有一种渴望，这种渴望就是希望通过某种途径或方式吐露自身。有些时候，教师意识到了这种表达情感的冲动，而有的时候，某种情感体验连教师自身也没有明确的感受，却偷偷地从心底溜了出来。

当我们进入到教育现场，进入到教师的生活世界，朝向情感表达的事实本身，我们就会发现，我们平时(或理论上)对教师情感表达方式的理解并不全面。表情、肢体动作和语言固然是教师表达情感的主要载体，而同时，教师与学生空间距离的变化、教师的沉默、教师的毫无外显表情的活动，都成了教师表达情感的方式。当然这可能会引起质疑，活动本身不是由动作等构成的吗？这里我们不是用传统的自然的思维态度，不是用概念思维去揭示教师情感表达的方式的，因为那不是现象学的方式。“现象学区别于传统的理论，它不怎么在乎建立那种概念的体系框架，它的注重点是，在不同的情境之中，境遇之中显示个别和普遍怎么贯通起来，显示出这个活生生的、活在现象中的本质。”①这个本质实际上指的是最关键、最独特的那个东西，它是在特定的情境下当场构成的，离开了情境就无法存在，同时它又具有普遍意义。

第五节　教师情绪情感表达的行动策略

一、情绪情感的表情表达策略

1. 眼神注视与面部表情表达情绪情感

首先是考虑眼神注视的方式。注视并不是盯着学生脸上某一点一动不动，

① 张祥龙：《朝向事情本身——现象学导论七讲》，19页，北京，团结出版社，2003。

这样会让学生感受到不自在，注视是视线在学生身上频繁“扫射”。注视可以分为公事注视、社交注视和亲密注视。① 公事注视指看着对方脸上以双眼为底线，顶角到前额的三角部位；社交注视指看着对方双眼为上线，嘴为下顶角的三角部位；亲密注视指看着对方脸上双眼至胸部之间的部位。选择何种注视方式，因学生与教师差异而定，一般而言，年长教师和女教师便于选择亲密注视，年轻教师或男教师在使用公事注视时，更宜辅之以社交注视。对于年龄小的孩子，亲密注视要多一些，当学生年龄稍长，独立性与自主意识增强之时，社交注视逐渐取代亲密注视。柏恩研究认为，表情中眼神的三种状态：父母状态(下视)、成人状态(平视)、儿童状态(上视)。② 教师眼神的下视使用较多，下视可以表现出父母般的对子女，或长者对后辈、上级对下属的爱护、爱怜与宽容等心理状态。当师生课后交流的时候，教师请学生坐下，此时教师采用的是平视，是基于理性与冷静思考或评价的成人心理状态，有助于学生放松心情，可以体现对学生的尊重、理解等心理状态。因为师生之间身高的差异，教师视线向上的情况不太常见。

注视不仅有方式的问题，也有眼神接触时间长短的要求，眼神接触的时间长短会对学生的发展构成不同的影响。20 世纪 80 年代，M. 伦内尔经过调查发现，如果把教室划分为九个部分，纵横各有三个部分，那么左列和右列中间部分及中间靠讲台部分的学生平均成绩要高于其他部分学生。他认为，唯一合理的解释是，教师与这三部分学生视线接触的时间要比其他部分学生时间长。③ 对学生注视的增加会提高学生的学习效果。与学生眼神交流的时间表现了学生在教师心中的喜爱程度，注视是一种爱的表达方式，爱的程度与相互的注视时间成正比。但是，从客观上说，教师对学生的注视并不完全与对学生的好恶情感成正比例。有研究发现，在完全自然的状态下，教师注视学生的目光并不是均匀投射的，投向左边学生的时间明显多于投向右边学生的时间。这可能会造成右边的学生感受到教师关注减少的危险，不过按时的

---

① 柯廉等：《公共关系与人体语言》，98～102 页，北京，中国广播电视出版社，1990。

② 刘建：《无声的言说——舞蹈身体语言解读》，171 页，北京，民族出版社，2001。

③ 朱平平：《视线接触与成绩分布——马克斯·R. 伦内尔斯(美国伊利诺伊州立大学艺术系教授)的教育经验谈话》，载《外国中小学教育》，1987(5)。

调换座位可以解决这一问题。

教师眼神表达的意义是非常丰富的，其中关切、认同、期待、疑问、严肃、慈爱、信任、厌恶、灰心等是主要的情感种类。

眼睛是与眉毛、嘴巴、鼻子及脸部肌肉(脸颊)等共同来完成表情的变化的。眉毛与眼睛密切配合传达信息，使得表达的情感更为微妙、生动，故有“眉目传情”之说。眉毛有时也可以单独使用表达情感，如皱起眉头表示不高兴，横起眉头表示轻蔑，眉毛舒展表示宽慰、恬适，扬起眉头表示畅快、兴奋，竖起眉头表示愤怒。皱起鼻子表示不高兴、不满意，鼻子掀动可能因为愤怒，鼻孔示人表示对对象的鄙视。两嘴角下搭表示不如意，两嘴角上扬表示高兴，嘴唇前努表示生气，紧紧抿住嘴唇表示不开心。脸部的肌肉也能表达细微的情感，高兴的时候肌肉呈现上行纹，生气则呈现下行纹，激情涌动则显示交错乱扭纹，平和自得则显示平纹。此外皮肤色泽和松紧程度与肌肉纹路实际上是同步起作用的，例如：激动、兴奋往往促成脸色红润而有光，极度愤怒会导致脸色铁青而泛冷光，而过于消沉无力的时候则会产生苍白、蜡黄、青白、灰暗等色泽。

2. **面部表达情绪情感的具体方式**

人的面部表情主要依靠眼、眉、嘴、鼻、面部肌肉等器官组织的协调运动来完成，美国心理学家保罗·艾克曼和弗里森把人的基本表情分为六种：高兴、悲伤、惊讶、恐惧、愤怒和厌恶，系统地建立了上千幅不同的人脸表情图像库，并给出了六种基本表情的具体面部表现。

惊奇：眉毛抬起，变高变弯；眉毛下的皮肤被拉伸；皱纹可能横跨额头；眼睛睁大，上眼皮抬高，下眼皮下落；眼白可能在瞳孔的上边或下边露出来；下颌下落，嘴张开，唇和齿分开，但嘴部不紧张，也不拉伸。

恐惧：眉毛抬起并皱在一起；额头的皱纹只集中在中部，而不横跨整个额头；上眼睑抬起，下眼皮拉紧；嘴张开，嘴唇或轻微紧张，向后拉；或拉长，同时向后拉。

厌恶：眉毛压低，并压低上眼睑；在下眼皮下部出现横纹，脸颊推动其向上，但并不紧张；上唇抬起；下唇与上唇紧闭，推动上唇向上，嘴角下拉，唇轻微凸起；鼻子皱起；脸颊抬起。

愤怒：眉毛皱在一起，压低；在眉宇间出现竖直皱纹；下眼皮拉紧，抬起或不抬起；上眼皮拉紧，眉毛压低；眼睛瞪大，可能鼓起；唇有两种基本的位置：紧闭，唇角拉直或向下，张开，仿佛要喊；鼻孔可能张大。

高兴：眉毛稍微下弯；下眼睑下边可能有皱纹，可能鼓起，但并不紧张；鱼尾纹从外眼角向外扩张；唇角向后拉并抬高；嘴可能被张大，牙齿可能露出；一道皱纹从鼻子一直延伸到嘴角外部；脸颊被抬起。

悲伤：眉毛内角皱在一起，抬高，带动眉毛下的皮肤；眼内角的上眼皮抬高；嘴角下拉；嘴角可能颤抖。

这种对于面部表情的基本模式的分类方法没有充分的理论根据和严格的逻辑基础，但以上六种表情之间，面部器官组织的运动特征确实存在着较大的差异，容易进行区分。

【反思体会】　　教师眼神表达的技巧与效果①

眼神，是面部表情的一个重要组成部分，是最有表现力的。芬夫·瓦多·爱默生说：“人的眼睛和舌头所说的话一样多，不需要查字典，却能够从眼睛的语言中了解整个世界。”科学家从研究胚胎发育中发现，眼睛实际上是大脑在眼眶的延伸。“一身精神，注乎两目。”眼神，首先就在于表现教师自身的精神状态、自我意识、自我情怀；其次，教师凭借这双敏锐的目光，观察学生的行为，观察学生的表情，获取从学生行为、表情中反馈过来的信息，一方面及时地调整教学内容，教学手段；另一方面，又通过眼神调控学生的行为和情绪。譬如，当少数学生交头接耳，窃窃私语时，教师丢去一个眼色，这是制止这种行为的继续发生；在期待学生回答问题时，有的学生嘴巴嗫嚅，却又没有勇气站起来，教师投去一许目光，这是一种鼓励；当学生出现了偶尔的失误、暂时的失败，教师的一抹亲切的目光，却包含了无以言表的鞭策与信任。下面的例子，也许更能真实地说明教师的目光的微妙存在。

一位教师上《在仙台》一课，当问到鲁迅在仙台的生活时，一位学生说：“吃得不太好，每天总要喝难以下咽的芋梗汤。”说“不太好”显然不很正确。袁老师在引导学生掌握了“芋梗汤”和“难以下咽”的含义后，再一次问学生，另

---

① 鄢月钿：《教师的语言艺术》，119～120页，长春，吉林大学出版社，2010。

一位学生马上纠正说，鲁迅吃得“很不好”。袁老师及时肯定了这位同学的说法，并向这位说“不太好”的同学看了一眼。

这一眼的效果怎么样呢？请看这位学生课后写的日记：

……这时，我忽然意识到刚才说错了。我的脸发烫了，真不知道怎么办才好，我一个劲怪自己，心里很后悔。可是袁爷爷用亲切的目光望着我，说：“啊，可不是不太好，而是很不好哩。”没有批评、责怪，却是诚恳地订正、耐心地指点，我很激动，也挺不好意思地笑了。啊，他教课多好啊，能让人不知不觉地认识到自己的错误，却不感到知错后的紧张。

【做中学】请尝试写出下面七种表情分别表达了哪种情绪情感？

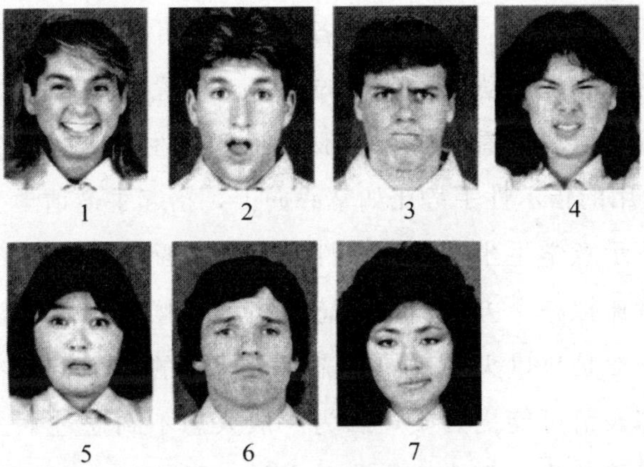

图 2-1　七种基本表情图

二、情绪情感的动作表达策略

1. 身体姿态表达情绪情感的策略

人的情感状态、能力特性和性格特征有时可以通过身体姿态来自发地或有意识地表达出来，从而形成身体姿态表情。当人处于强烈的兴奋、紧张、恐惧、愤怒等情感状态时，往往抑制不住身体姿态的表情变化，演员则经常通过夸张的身体姿态来有意识地表达角色的情感变化。

人的身体姿态表情是丰富多样的。正襟危坐可知其恭谨或紧张，坐立不安可知其焦急慌张，手舞足蹈可知其欢乐，捶胸顿足可知其懊恼，拍手时可知其兴奋，振臂时显得慷慨激昂，握拳时显得义愤填膺，搓手不停时表示心中烦躁不安。轻盈的脚步可看出心情愉快，沉重而不均匀的脚步表明处境不佳，迟缓的脚步表明心事重重，铿锵有力的脚步表明勇敢与坚强。昂首挺胸表明自信与自豪，点头哈腰表明顺从与谦恭，手忙脚乱表明心情紧张，全身颤抖又冒虚汗表明心虚害怕。同时，学生正是通过教师细小的腿部和脚部动作作为判断教师真实情感的最终依据。在调查中发现，学生不喜欢教师走路过重、过慢，因为那可能意味着教师的心情不好。

2. **手势表达情绪情感的策略**

手是人体器官中非常灵敏的部位之一，也是人体传递信息的主要部位。心理学家詹姆斯等人发现，在身体的各部分中，手的表达能力仅次于脑。讲话中受到抑制的无意识冲动可以从手的动作、位置和紧张程度中反映出来。[①]从手势表达的信息内容上看，手势一般具有情绪性的、指示性的和描述性的功能。[②] 教师常用的指示性手势比如掌心向上，抬起手邀请学生回答问题，掌心向下挥动两下示意学生坐下。描述性的手势是配合教学内容使用的，比如画一个圆形或者比拟一个方形。在情感表达的时候，人们也总是忍不住加入手部的运动，一般是与口头语言的交流配合使用的。在表达内心的情感体验方面，手比面部表情可能更真实，因为一般人想不到通过手去控制、掩饰情感。故而弗洛伊德认为，凡人无法隐瞒私情，尽管他的嘴可以保持缄默；但他的手指却会多嘴多舌。

手势运动在不同的区域，会呈现出不同的情感内容。上区主要是指肩部以上的区域，教师在上区的手势比如邀请学生站起，既是一种指示，也显示出对学生的尊重；跷起拇指表示赞扬、鼓励等。中区主要是指肩部到腹部，在学生作答的时候，教师经常一只手握在另一只手的手腕上，这个姿势可以表示信心、恬静，因为人们采取这个姿势时，往往是满面笑容，心情愉快的；在课堂巡视的时候，教师经常双手攥起放在背后，采取这种姿势可以让别人感到放松、自信和具有权威性。下区主要是指腹部以下，当教师的手插在裤

---

① ［美］W. 施拉姆、W. 波特：《传播学概论》，陈亮等译，80页，北京，新华出版社，1984。

② 孔令智：《社会心理学新编》，291页，沈阳，辽宁人民出版社，1987。

兜里，或者两手摆在臀部上，加之沉重的步态，表明教师的担忧、无助等情感。

【反思体会】　　　　　　让手学会说话①

在教育教学中，手势的表达功能从总体上看，可大致分为四类。

其一，是象形性手势。用以摹形状物。陈望道先生在《修辞学发凡》中说："在视觉所不及的范围中的事物，便要应用描画的态势来表示。"手势是最适宜于描画的。如用手比画某人有多高，某树有多粗，某西瓜有多大，某书有多厚等。前举用手势比画几何中的"同位角""内错角""同旁内角"便属此类。这类手势可以把不在视觉范围内的事表现得形象可见。

其二，是情意性手势。用以表现特定的情意。读过都德《最后一课》的人，谁都记得韩麦尔先生最后结课的情景：

他待在那儿，头靠着墙壁，话也不说，只向我们做一个手势："散学了，你们走吧。"

这一手势既表示了明确的语义，又传达出沉重的感情。

一位学生用锅灰抹在脸上走进教室，引得全班哄堂大笑。老师在帮他洗干净后，摸摸他的头说："你呀，真顽皮。"

这里的"摸头"配合有声语言表现了十分丰富的情意，使这位学生觉得"一股暖流涌上了心头"，以至几十年后还清晰地记得这一场景。

其三，是象征性手势。用来表示抽象意念。例如列宁演讲时，常常左手插在背心前部或腰间，右手果断有力地向前推出，显示出必胜的信念。再如：

一位教师上《长江三峡》，为了帮助学生体会"战斗—航进—穿过黑暗，走向黎明"这样一个抽象的主题，他手势向前冲击出去，做出昂然奋进的态势。

这一象征性的手势，表现出一种浩大的气魄，有效地强化学生对课文的理解。

其四，是指示性手势。用于指示具体对象，引起听话人的直接感知和注意，如讲课时手指挂图或实物、模型的有关部分进行说明。

教师在课堂上运用手势必须准确得体，一定要有助于表情达意，增强表

① 鄢月钿：《教师的语言艺术》，121～123页，长春，吉林大学出版社，2010。

达效果。切忌手势过多过杂，更不要用过分夸张或含义模糊的手势去分散学生的注意力或使学生摸不着头脑。要注意克服不良手势，如挖耳屎、抠鼻子、吮手指、玩衣角、弄辫梢、手沾唾液翻书等。

三、情绪情感的语言表达策略

（一）丰富的语言蕴含丰富的情感

教师的情感表达是可以借助于语言形式的，尤其是一些低年级的儿童，采用曲折的表达方式，艺术化的表达方式，学生很可能就不理解，不如直接采用“我很生气”“我很高兴”之类的语言表述。在艺术领域中，此类表述只能称之为描述情感，而不是表达情感，艺术作品的情感大多蕴含于作品的语言文字、姿态形体、旋律色彩等之中。但是由于对象的特殊性，教师可以采用语言描述的方式来表达自己即时的情感状态，形容词是用来表达情感的主要词汇。其他词类的情感表达则是间接的，是通过语言相伴随的声音系统——类语言(也称副语言)的变化来表达不同的情感状态的，如痛苦的呻吟声、狂怒的吼叫、惊喜的赞叹声、开心的笑声等。声音的高低、起伏、节奏、音域、转折、速度及腔调等方面的变化，与人情感发生时的心理和生理波相伴随，使得类语言表达情感比语言直接描述强烈许多。副言语仅限于有声语言中的语音特征及有声而无固定语义的功能性发声，其最大特征便是与声音有关，无声便不是副言语。① 宋昭勋把副言语分为言语造型元素和功能性发声两大类，言语造型元素又包括六个类型：音色、音质；音高、语调；音长、音速；语顿、静默；节奏、语气；声强、声律。功能性发声又包括两个类型：特征音，如笑声、叹息声等；隔断音，如“啊!”“不过……呃……”②同样一句话，用不同的语调来说，常常可以传递完全不同的信息。例如：“这是你做的吗?”这简单的一句话，用高兴的语调，它意指“不错嘛!”用激动的语调，它意指“太好了!”用惊讶的语调，它意指“真没想到!”用新奇的语调，它意指“太有趣了!”用怀疑的语调，它意指“可能吗?”用惋惜的语调，它意指“真可惜!”用遗憾的语调，它意指“比较糟糕啊!”用愤怒的语调，它意指“真不像话!”用悲哀

---

① 宋昭勋：《非言语传播学》，70页，上海，复旦大学出版社，2008。

② 宋昭勋：《非言语传播学》，98页，上海，复旦大学出版社，2008。

的语调，它意指“多可怜啊！”用轻蔑的语调，它意指“算个啥！”用平静的语调，它意指“没什么”。可见，说话的语调可以表示不同的意义。类语言的使用所呈现出来的情感的丰富性，形成了人类丰富的语言世界。

（二）语言表达情绪情感的具体方式

在人类的话语中，不仅语言本身包含对于事物的价值关系的描述内容，而且语言的语速、平均基频、基频范围、强度、音频、基频变化、清晰度等方面的变化特征还能更为丰富、更为细致、更为复杂地描述事物的价值关系。不同情感的语音信号的时间构造、振幅构造、基频构造和共振峰构造等有着不同的分布规律。例如：当一个人发怒的时候，讲话的速率会变快，音量会变大，音调会变高等；在发话的持续时间上，愤怒、惊奇的发音长度和平静发音相比压缩了，而欢快、悲伤的发音长度却伸长了；欢快、愤怒、惊奇三种情感发音信号和平静发音信号相比振幅将变大，相反地，悲伤和平静相比，振幅将减小；与平静语音信号相比，欢快、愤怒和惊奇的平均基频、动态范围、平均变化率比较大，而相反，悲伤语音信号则较小；相对于平静发音，欢快和愤怒的第一共振峰频率略微地升高了，而悲伤的第一共振峰频率有明显的降低。

【反思体会】注意语言表达的“度”①

沉默是金，倾听为玉

一天，美国著名节目主持人林克莱特在访谈一位小朋友时问他：“你长大后想当什么？”小朋友天真无邪地说：“嗯，我长大以后要当飞机驾驶员！”林克莱特接着问：“如果有一天，你的飞机飞到太平洋的上空时，所有引擎都熄火了，你会怎么办？”小朋友想了想说：“我先告诉飞机上的人绑好安全带，然后我挂上我的降落伞，先跳下去。”在座的观众笑得前俯后仰、东倒西歪时，林克莱特仍注视着孩子，没有想到孩子的两行热泪夺眶而出，这让林克莱特感觉到了这孩子的悲悯之情远非笔墨所能形容得了的，于是他便问孩子道：“你为什么要这样做呢？”小孩子的回答透露出一个孩子真挚的想法：“我要去拿燃料，我还要回来！我还要回来！”正是由于林克莱特保持了倾听者的一分亲和

① 鄢月钿：《教师的语言艺术》，137页，长春，吉林大学出版社，2010。

力、一分平和、一分耐心，才使他听到了这名小朋友的最善良、最纯真的心语。

四、情绪情感表达的氛围构建策略

教师站在教室门口，能看见什么？听见什么？闻到什么？当学生进入教室时，教室里有什么可以吸引学生？教师如何运用情绪，如好奇心、接纳、预期、安全和愉悦感，使教室成为一个愉悦的地方？要创造一种吸引人的气氛，在适当的时候可以尝试在教室播放音乐，音乐会深深的影响师生情绪，有助学习。如果教师正在讲授历史或语文课，在你正在研讨的时段加入适当的音乐，并加入一些芳香味道，将给教室带来干净、清新的氛围。当然，条件允许的话，可以根据教学内容改变教室的颜色、灯光氛围、桌椅摆设等。目的都是为了学习兴趣处在一个舒适的物理氛围中。

（一）根据学生优势学习风格来教学

在活动中尽可能利用多种智能，如身体动作、视觉、音乐、律动来消解学生的负性情绪。让学生用动作或舞蹈来表达学习或生活中的苦恼。在可能的情况下，关掉部分或全部灯光，播放一些舒缓的背景音乐。鼓励学生在脑海里回想所学内容的画面，然后闭上眼睛回忆这些画面，请学生用视觉的方式来描绘所学内容、声音或气味，多次重复用视觉的方式来描述事物可以提高记忆效果。

（二）使学习内容形象化

当学习任务包括实际操作环节或者所学内容能激发学生的兴趣和好奇心时，几乎所有的学生都能学好。

（三）给学生更多的学习自由空间

多动的孩子可以允许他们在不影响别的同学的情况下在有限的范围内活动，让学习困难的学生考试时间更加充足，空间更加变通。当然，老师在采取这些措施时，一定要寻找契机以得到其他同学们的理解，相应的，这也就成了增进班级情谊的机会。

（四）用合作学习的方式处理学生的问题

强调竞争的课堂不会鼓励学生帮助有学习厌倦感的同学，而推崇合作学习的课堂会增加每个学生学习成功的机会。合作学习因同伴互助合作，相同水平层级同伴间的交流对话可以逐渐消解学习焦虑，增加他们的学习安全感、亲近感，强调多元评价可以帮助学习厌倦者增强学习自信，同时强调合作的学习氛围，这些都为学习者提供了快乐学习的可能。因此，在合作学习的具体策略上应注意以下五个方面。

1. **把优秀的学生分一组**

把 3～4 名最优秀的学生分一组，并给他们布置额外的任务。如果优秀学生与有学习厌倦情绪的学生分一组，优秀学生往往会把持整个小组，因为他们担心如果缺少自己的领导，小组成员就无法达到较高的标准。因此，当优秀学生没有分在常规组时，其他学生才有展示自己的可能。

2. **多元可能评价**

多元学习的评价方式应坚持学习进步的原则，老师不仅要给每个小组评分，更要依据每个小组成员的进步情况打分，保证每个学生都可以通过努力取得进步而获得高评价。因此，教师不仅可以给每个小组在学习前设立任务指南，而且可以让每个小组成员在合作学习前规划自己学习后的目标，并根据每个学生各自的目标打分。

3. **通过分配小组成员的角色任务提供每位学生展示自己才能的机会**

教师应相信每位学生都有不同的智能长处，只待自己的发掘。教师应尽可能提供机会让不同特点的学生展示才能。

4. **建立和运作家庭小组**

合作学习可以成为一种班级常规学习模式。家庭小组能给学生带来天然的安全感、归属感和亲近感。家庭小组成员在每天开始上课的时候可以坐在一起；然后学生再分别进入其他工作小组中进行合作学习或独立学习。在快下课的时候他们再回到家庭小组中，确保每个成员都清楚了解作业任务。

5. **运用伙伴配对法**

合作学习的原则也可以运用到课堂教学中，教师在课堂上讲完某个主题时，可以给学生分配一些伙伴角色，然后根据该主题的内容帮助学生完成角色任务。这样可以增加学生学习的新奇感，也更能了解学习内容并体验完成学习任务的乐趣。

五、行动工作坊：教师情绪情感表达训练

（一）基本的情绪体验

表 2-1　基本的情绪体验活动程序表

活动	步骤	教学工具	时间
1. 引起动机	讨论：可以通过哪些方式表达情绪，如语言、非语言。		5 分钟
2. 游戏活动	目的：让学员懂得情感被接受的重要性。 1. 学员分组： (1)每个学员拿到一张情绪卡(每个人不同)，不要让其他人看到内容。 (2)学员在限定的时间内，自由找其他人以动作表达情绪卡内的意思，当对方能猜到情绪卡中的词语，便请他在卡上写上名字。活动结束收到最多名字的学员为胜。活动过程中学员不可交谈，只能以动作表达情绪。 (3)限时 5 分钟。 2. 讨论分享。看哪个人活动签名最多，然后讨论： (1)什么情绪词语比较难以表达？ (2)当对方不明白你所表达的情绪时，你是什么感受？ (3)在生活中，当别人不明白你的感受时，你有什么感受？ 3. 总结：每个人都希望别人明白自己，我们要学会将心比心，多顾及别人的感受。		

（二）练习表达关爱

上海进行的一项关于师生关系现状的调查报告显示，有 58％的教师说自己“很爱”或“尚爱”学生，可是却只有 5.61％的学生感受到这种“爱”，“不注意，不知道”的占了 46.5％。① 学生无法感受到教师的爱，这可能与学生接受

---

① 钱焕琦：《论师爱之过当与恰当》，载《道德与文明》，2002(4)。

能力相关，不过教师情感表达能力的缺乏也难辞其咎。

活动：他们知道你的关爱吗？

目的：提供一种现实的检验，看看老师们经常以何种方式向学生们传递关爱信息。

教具：厚纸、胶带、记号笔。

步骤：

1. 詹姆士·腾尼的博士论文，学生感受到教师关爱的不多。

2. 分成3～5人一组，每组发一张大厚纸和一支记号笔。

3. 每组选1人做记录。在5分钟之内，用头脑风暴的方式想出向学生表达关爱的尽可能多的方式，并写下来。

4. 在5分钟结束后，各小组用胶带把本组的答案挂在墙上，每组选1人读出列出的主意。

5. 以讨论继续这个活动：

(1)你有什么领悟？

(2)对于如何对学生表达关爱，你注意到了什么？你下一周如何采取行动向学生表达关爱？

6. 让一人把各组的全部想法删除重复的，打印一份清单。发给每个老师，用来作为对老师的提醒，提醒他们如何更好地向学生表达关爱。

（三）微笑练习①

1. 微笑的基本方法

先要放松自己的面部肌肉，然后使自己的嘴角微微向上翘起，让嘴唇略成弧形；然后，在不牵动鼻子、不发出笑声、不露出牙齿的前提下，微微一笑。

微笑除了要注意口型之外，还需要注意与面部其他各部位的相互配合，尤其是眼神中的笑意，整体协调才会形成甜美的微笑。

2. 微笑练习

(1)对镜练习。使眉、眼、面部肌肉、口形在笑时和谐统一。

① 鄢月钿：《教师的语言艺术》，118页，长春，吉林大学出版社，2010。

(2)诱导练习。调动感情，发挥想象力，或回忆美好的过去、愉快的经历，或展望美好的未来，使微笑源自内心，有感而发。

（四）注意情绪情感表达的“度”

处于中学阶段的青少年正值“心理断乳期”，他们的自主性有了一定程度的发展，但由于认知、情感发展的不完善，做事难免冲动或“钻牛角尖”。对他们实施教育一定要注意方式、方法。研究的结果证实，多数中学生希望学校、老师能为他们的异性交往和恋爱问题提供正确的指导，用单独谈心、讲明利害等平和方式处理他们的恋爱问题，希望家长能够理性地支持他们与异性进行正常交往，不要不闻不问，也不要武断地反对他们恋爱，更不要禁止他们与异性交往。鉴于此，家长、老师和学校应当充分认识中学生的心理特点，理解他们的情感需求，与他们多沟通，以一种开明的态度去引导他们建立良好的异性关系，相信中学生自我教育和自我管理的能力，及时正面地指导青少年走出青春情感的迷惘，以健康、积极的心态应对同伴交往中出现的问题，做到尊重、理解、沟通、关怀和指导。[①] “感人心者，莫先乎情”。倘若教师能及时在情感上关心每一位同学，尤其是在他们同伴交往上多加以指导，则会帮助他们疏通成长渠道，使他们更健康地成长。

第六节　拓展阅读：对教师情绪情感表达的体悟

一、对教师眼神表达的体悟

顾恺之曾经说：“四体妍蚩，本无关于妙处，传神写照，正在阿堵中。”[②] 眼睛是心灵的窗户，表情传达以眼睛为最，眼睛是教师传递情感信息的主要通道。心中或欣喜或愤怒，眼神自然就会传达出去。学生最喜欢以教师的眼神揣测对方的心灵，亦不自觉地为教师的眼神所吸引。师生交往的过程中，学生们可以敏锐地感受到教师眼睛的目光指向、目光接触时间、瞳孔变化和

---

① 李鹰：《中学生异性交往的现状及心理特点》，载《教育研究》，2006(9)。

② 汤书昆：《表意学原理》，303页，合肥，中国科技大学出版社，1992。

眼神变化等，并借以判断教师的情感状态，教师对自身的好恶、并对自身行为做出调整。也正是基于这种了解，教师会通过眼神调节，来达到沟通师生情感思想、组织教学秩序等目的。语文特级教师于永正在给女儿的“20条贴心建议”中就提出：

铃声落了，教室里的多数人如果对你视而不见，依然我行我素，乱哄哄的(低年级小朋友尤甚)，你不要发脾气，要静静地观察每一个人，目光不要严厉，但要犀利，要灵活、有神。一般情况下，片刻之后，多数学生会安静下来。此刻，你一定要及时给每个同学一个满意的表情。……要善于用眼睛表达你的满意、生气和愤怒，尽量不要吼叫。训斥只可偶尔为之。……目光要经常瞥向那些魂不守舍、好动、好说的学生。①

在教师的情感表达载体中，眼神的表达至少具有四个方面的优势。(1)教师的眼神最容易吸引学生。(2)眼神的传播速度迅速，眼神的使用可以大量增加师生之间的互动频率。课堂教学中一对一语言和动作之间的师生互动是有限的，但是眼神之间的情感传递与交互则是可以多维度的。(3)眼神具有交流的广泛性。肢体之间的接触对象是有效的，而教师的眼神一扫，与每个学生都可以接触，每个学生都可以感受到教师对自己的关注，因而马上对教师的眼神所蕴含的意义做出迅速的判断，从而调整自己的行动。(4)教师眼神的使用可以使个性化的教育成为可能。一句面向全体的表扬或者批评并不能激起所有学生的反应，不少学生可以肯定地判断教师的表达并非是指向自己的。但是眼神的表达就不同，教师的眼神蕴含着无限的寓意，每个学生个体可以对教师的情感做出不同的解读，这样就实现了师生之间的个性化互动，使课堂教学中面向个体的个性化教育成为一种可能。

二、对教师语言表达的体悟

语言是人类社会最重要的交际工具，人们需要运用它来传播信息，阐述观点，表达情意，交换意见等。表达情感是语言的一个重要功能，但是人类情感的特征在于其充满了不可确定性，充满了矛盾和交叉，这就需要另一种

① 雷玲：《小学语文名师教学艺术》，23页，上海，华东师范大学出版社，2008。

有别于语言的符号，这就是艺术这种情感符号。“艺术，是人类情感的符号形式的创造。”[①]朗格这里的“情感”与舍勒相同，指的是人们所能感受到的一切，而不仅仅指我们一般的喜怒哀乐。她说：“语言能使我们认识到周围事物之间的关系，以及周围事物同我们自身的关系，而艺术则使我们认识到主观现实，情感和情绪……使我们能够真实地把握到生命运动和情感的产生、起伏和消失的全过程。”[②]将语言与艺术截然分开，甚至对立，并不符合现实，因为语言也是艺术的一种表现方式，如诗歌的语言。语言可以在一定程度上努力地捕捉着不同情绪、情感的微小区别，如表现出欢欣、畅快、陶然、怡然、惆怅，只是因为语言的意义性、稳定性与概括性无法将细微、变化着的情感体验完全显露出来，因而非语言的形式更适合表达情感。波顿就认为语言讯息比较能传达事实与思考性的资讯，而非语言讯息则比较能表达情绪与感受。[③] 波顿并没有完全否认用语言来表达情感的可能性，而语言语义学派的英国文艺理论家瑞恰兹则认为语言是感觉器官的延伸，除了具有使思想符号化的功能或指称事物的功能之外，还有表达或唤起情感的功能，为区别起见，他将语言分为符号语言和情感语言。他指出：符号语言具有所指客体，情感语言只是表达态度，不具有逻辑推理意义上的真假。[④] 卡西尔将语言分为情感语言和逻辑语言，认为“最初和最基本的层次显然是情感语言。人的全部语言中很大一部分仍然属于这一层”。[⑤] 瑞恰兹与卡西尔所提出的情感语言指的是人类早期通过面部表情、肢体动作，以及悲鸣、号叫等类语言，而不是指我们现在理解的以语音为物质外壳、以语词为建筑材料、以语法为结果规律而构成的符号系统，我们现在理解的语言实际上是指瑞恰兹的符号语言或者卡西尔的逻辑语言。事实上人们即使在使用逻辑语言的时候，也无法抽离情感的成分，因此卡西尔引用法国沙勒斯·巴里的研究，强调“几乎没有一个句子——数学的纯形式的句子或许例外——不带有某种情感或情绪的色彩”。[⑥]

---

① [美]苏珊·朗格：《情感与形式》，大基等译，9页，北京，中国社会科学出版社，1986。
② [美]苏珊·朗格：《艺术问题》，21页，北京，中国社会科学出版社，1983。
③ 蔡秀玲，杨智馨：《情绪管理》，266～267页，台湾，台北扬智文化事业有限公司，1999。
④ 杨岚：《人类情感论》，205页，天津，百花文艺出版社，2002。
⑤ [德]恩斯特·卡西尔：《人论》，甘阳译，40页，上海，上海译文出版社，2004。
⑥ [德]恩斯特·卡西尔：《人论》，甘阳译，40页，上海，上海译文出版社，2004。

三、对教师动作表达的体悟

原始人类的交流主要是身体各部位的肢体语言的交流，在口头语言出现之后，肢体语言的传情达意功能逐渐退化，但是手势、步态等依然具有表达的价值。卡根认为“身体的各个部位，或者某一时刻内的某一部分，都可以反映出一个人的情绪状态”①。例如：用鼓掌表示兴奋，顿足表示生气，搓手表示焦虑，垂头表示沮丧，摊手表示无奈，捶胸表示痛苦等。他人正是通过对象的肢体活动来辨识对象所要表达的心境。

马歇尔·麦克卢汉认为对肢体动作所蕴含的情感信息的辨析是有难度的，这主要有五点原因：第一，可控性高，可以作伪；第二，无声的暗示互相之间的联系需要寻觅，孤立地看一点极易误解；第三，受个性的影响，造型的统一标准难以确定；第四，受文化情境的制约，相同的动作也许所传之情性质正好相反，如保加利亚以摇头表示首肯、赞许；第五，距离和自然环境对动作的冲击波，时常导致扭曲变形。② 面对着这些困难，初中生对教师肢体动作的情感表达具有一定的辨识性，由于师生在交往方面的密切性，学生对教师个性化的表达方式很快就可以把握。教师在学生面前呈现的动作也相对贴近，基本上不存在变形的情况。初中生识别教师肢体动作的困难仅在于情感表达的作伪及动作之间的连续性。

四、对创设融洽学习氛围的体悟

学生必须相信他们过去做了什么并不重要：他们有成功的机会。期待感会激励我们持续开展一项学习、工作、计划。学生学习必须拥有他们在教师和家长眼中能够成功的期待感，而教师帮助学生感到被接纳的方法之一，就是经常在他们的行为上给予他们明确的回馈，这种回馈并不是一般的“做得好”之类的话语，而是明确而具体的回馈。另一种教师接纳的方法是尊重并一致对待每一位学生。

① ［美］尤里斯·法斯特：《独具慧眼——从身体语言猜解人意》，王萱编译，156页，北京，中国城市出版社，1991。

② 汤书昆：《表意学原理》，303页，合肥，中国科技大学出版社，1992。

因此，学生学习兴趣的激发首先必须在教室中感到安全，而且他们必须相信自己不会在身体和情绪上受到伤害。教师可以通过设立教师常规而创造安全感，如在每学期开始，在教室里设计活动帮助学生互相认识：让他们几人一组来运作，彼此发现共同关注的事物，如共同喜爱的运动、事物等。

同时，大脑倾向于新奇体验，但也倾向于秩序感的获得，否则新奇体验容易被无序所打乱。比如，学生渴望教师给他们公布成绩的方式和第二天的方式是相同的，他们希望纪律的问题能真正得到关切，不可忽视不良行为。因此，教师需要在教室中建立常规，为学生学习新奇感的获得建立稳定的氛围。

第三章　初中教师情绪情感调适与师生关系构建

教师如何面对初中生在学习、交友和学校班级生活中的种种问题，并且在情绪情感上给予恰当的调整？教师如何调整自己在处理和面对初中生各种问题时候产生的情绪情感，进行适当的自我情绪情感调适？这些在过去常常被老师们忽略，或者重视不够。缺乏对初中生情绪情感问题进行调适的意识，不知道如何面对学生的各种情绪情感问题及由此引发的学生学业、交友和在学校生活中的各种困惑，是引发师生关系紧张、造成学生厌学、逃避学校生活、不能很好地融入集体和人际交往，以及学习兴趣减退、交友和参与公共生活意识与能力欠缺的一个重要原因。

情绪情感的调适应该是指教师用合适的方式来处理学生的情绪情感问题，同时又很好地处理并调适自己在面对和处理学生在教育教学及学校生活中的各种现象和问题的时候，所产生的负面的情绪情感。它既包含对学生情绪情感的调适，也包括教师对自身情绪情感问题的调适。

第一节　教与学活动中教师的情绪情感调适

教与学活动中教师的情绪情感调适主要包括两个方面：第一，教师的价值观方面，包括以教师自身的价值、情感、态度等为基础的教育观，教师对教材中情感、态度和价值观的梳理、理解内化及呈现，这其中涉及教师对自身价值观的调整。第二，教师的情绪情感表达的能力和技巧，这是在师生互动的教学活动过程中得以体现的，其中涉及教师自身的情绪情感、学生的情绪情感及教师对学生的情绪情感的反应。

一、对教学内容中情感态度价值观维度的再认识

【情境再现】

我是一名新老师，教初中道德与法治课，讲了一节青春话题的课。我跟学生分享我在大学时代是如何努力拼搏，如何读书、思考等问题。学生提出了很多问题，我都一一积极地给予了回应。大多数学生都由衷赞叹，似乎也要学习我的样子。正当我开始有些得意的时候，一个男生不冷不热地看着我。他举手想要提问，我示意他提问，他深沉而认真地问："老师，对人来说什么最重要?"我想了一下说："感情。我认为对一个人来说，感情最重要。因为无论从人的生长发育的需求来看，还是从人的心灵和精神的需要来看，人都是情感占据主要地位的一种动物。"他迟疑了一下，若有所思地坐下了。

下课了，他走到讲台前有些激动地跟我说："老师，我问过很多人，你的答案最特别，我回去想想，有问题再来问你。"

我很开心，我与学生的良好互动让我体会教育的快乐。

我更加坚定地认为作为老师需要不断加强学习，尤其需要扩充自己专业知识。因为这些知识可以为学生提供思考的方向，为他们的人生提供榜样的力量。

听了一节关于青春期的公开课。老师准备得十分充分，讲得精彩极了。学生也都被老师旁征博引、激情澎湃给征服了。学生们的回答也是妙趣横生、异彩纷呈。其中有一名女生引起了听课老师们的关注。她思维能力非常好，回答问题逻辑性很强，文学色彩也很浓厚，看来是传说中的"学霸"，她为本次公开课增色不少。同时我也注意到，"学霸"似乎还不太服气，觉得自己知识渊博。

教师说："我在你们这么大的时候也喜欢诗，尤其喜欢汪国真。"说着就朗诵起来。

热爱生命

汪国真

我不去想是否能够成功/既然选择了远方/便只顾风雨兼程

我不去想能否赢得爱情/既然钟情于玫瑰/就勇敢地吐露真诚

我不去想身后会不会袭来寒风冷雨/既然目标是地平线/留给世界的只能是背影

我不去想未来是平坦还是泥泞/只要热爱生命

一切，都在意料之中

这时“学霸”直勾勾地盯着老师，显示出对这首诗的兴趣。我估计学霸没有听过吧。我暗自庆幸，我以前积累的知识很重要。学霸果然被老师丰富的知识所震撼啦！

课后与这位老师分享，她说这堂课的重要目标是对学生进行情感态度价值观的引导，如果要影响学生的情感，首先得自己有足够的情感投入，才能产生影响力。大量丰富的知识是必要的，但更重要的是这些知识所蕴含的情感。

【情境分析】

第一，教师反思在某种意义上就是备课。反思笔记可以有效地提升教师的教育教学能力，尤其是反思能力。因为反思笔记能够记录课堂中发生的事情，我们在写作的时候能够对情境进行再现，进行加工和思考，这就提供了我们重新发现和理解情境中的教育意义的契机。在这个意义上说，反思笔记是对上一节课的总结和回顾，也是对下一次课的准备。

这位教师借助反思笔记，考虑了这些问题：发生了什么？学生的反应是什么，我做了什么，这起作用吗，针对谁？对谁不起作用？我的感受是什么？我有什么做得很好的？我还需要注意些什么？我不理解什么？我还有哪些方面需要改进？

第二，学生对教师课堂教学的反应和师生互动是教师教学获得成就感和动力的原因之一。每一个班级中都有一两个爱读书、爱思考的学生，这样的学生往往倒逼着老师做更为充实的准备。这对教师成长也是一件好事。当然，同时也都能够看出来聪慧的学生往往采用冷眼旁观的态度看待老师所教授的内容，这是对教师的考验。

第三，在这个案例中，该教师从关注知识逐渐转换到知识和情感双管齐下。充盈的知识是良好课堂的基础。该教师备课、上课中具有真实的情感和渊博的知识，这是成为一名好教师的重要条件。学生来到学校、坐在教室里，并不仅仅是为了知识而来，他们还需要学习做人，学习交往，吸收知识背后所蕴含的情感、态度和价值观。有人认为情感重要，有人认为经济基础是人生的首要前提。如公开课中的那首诗歌，“既然目标是地平线/留给世界的只能是背影”，其中蕴含的坚毅、努力不放弃的情感、态度和价值观都会在师生之间产生感情上的共鸣，这不仅有助于引起学生的思考和求知的欲望(如案例中的“学霸”对教师朗读诗歌以后的反应)，而且更可以通过知识中所蕴含的作者的思想感情而影响到学生。

【深度解析】

什么是情感态度价值观的目标？对于教师有何意义呢？教师在备课的时候需要理解情感态度价值观目标的含义，尽可能处理好三维目标的关系。

第一，情感态度价值观目标必不可少，这是教师对学生进行价值引导的要求。教师可以而且必须对学生进行“价值引导”，这是因为：(1)教育是有方向和目标的，教师的课堂教学设定的教学目标，既服从社会对教育的要求，又指引学生的身心发展方向。(2)教师是代表社会而不是他个人对学生进行教化。(3)教师对学生的成长负有道义上的责任。(4)受教育者有自由意志和人格尊严，一切教育要求都应该是基于人性与社会性的统一，最终必定要通过受教育者的内化、理解成为属于“自己的”价值观。①

第二，教师认识、调适自己对情感维度的课程目标的认识具有重要意义。情感态度价值观目标的达成需要依靠知识和教师，知识维度的目标的达成也需要良好的师生情感作为媒介。具体而言：(1)教师以身示范本身就是道德价值的呈现，即实现了德育的目的；(2)师生之间相互信任的增加与情感沟通，使得教学内容更顺畅、更有效地传达给学生，即实现了教学的目的；(3)在这充满生命互动与情感交流的过程当中，师生双方能够获得精神上的愉悦与满足，即这一过程本身就实现了每个个体当下的生命价值。

① 丁锦宏、朱小蔓：《教师是“德行博物馆”的“看守人”——关于教师教学中主导价值传递的思考》，载《人民教育》，2006(15－16)。

第三，什么是情感维度的目标呢？它首先体现在知识维度的目标中。三维目标中的知识与技能目标通常都是明确的，教师容易掌握、容易呈现给学生，因此也是多数教师最为关注的目标。然而知识本身也蕴含着情感态度价值观的内容，如《热爱生命》这首诗就充满了正能量。

学科知识本身蕴含情感态度价值观，文本内容的目标是要培养学生的学习兴趣、学习责任，对学习、学科本身的热爱和追求，对人生、世界的真善美的追求等相关情感态度价值观。知识中带有一定的价值导向性，即便是一些科学知识本身没有明确的价值判断，其中也有可能涉及认真、严肃、求真务实等科学的态度。具体如表 3-1 所示。

表 3-1　学科知识本身蕴含情感态度价值观①

学科			素材形式		蕴含的道德价值
分类	特征	学科	学科内容	学科方法	
人文学科	伦理、正义、情感、关爱、审美	品德	伦理、价值观、人物、情操……	榜样示范、体验、讨论、思考……	真诚、孝亲尊师、感恩、五伦十义
		政治	经济政治社会原理、人物、事件、价值观……	分析、论证、推理、批判、独立思考、辩证思维……	平等、尊重、正义、公正
		语文	字词句章、人类文化、人物、情感、伦理……	榜样示范、阅读、审美、情感、语词的敏感……	伦理、正义、同情
		历史	典籍、人物、事件、价值观……	批判性、独立思考、历史感、辩证思维……	正义、宽容、理解
		外语	语言、文字、文化风俗……	情景、交流、对话、语感……	尊重、倾听、国际理解、宽容

① 朱小蔓:《情感德育论》，267 页，北京，人民教育出版社，2005。

续表

<table>
<tr><th colspan="3">学科</th><th colspan="2">素材形式</th><th rowspan="2">蕴含的道德价值</th></tr>
<tr><th>分类</th><th>特征</th><th>学科</th><th>学科内容</th><th>学科方法</th></tr>
<tr><td rowspan="7">自然科学</td><td rowspan="7">理性、秩序对称、工整、和谐、复杂性、有机性</td><td>数学</td><td>公理、公式、原理、计算、数学家、发现……</td><td>推理、演绎、归纳、计算……</td><td>严谨、理性、坚忍</td></tr>
<tr><td>物理</td><td>定律、原理、公式、计算、物理学家、发明……</td><td>实验、观察、实证、计算、设计……</td><td>严谨、理性、坚忍、求实</td></tr>
<tr><td>化学</td><td>定律、原理、公式、计算、化学家、发明……</td><td>实验、观察、实证、计算、设计……</td><td>严谨、理性、坚忍、求实</td></tr>
<tr><td>地理</td><td>天文、地质、气象、风土人情、人物、发现……</td><td>观察、实证、描述……</td><td>严谨、理性、坚忍、报国、感恩、审美</td></tr>
<tr><td>生物</td><td>物种、生命成长、人类、定律、生物学家、发现……</td><td>实验、观察、分析、描述……</td><td>严谨、生命尊严、感恩、有机性</td></tr>
<tr><td>自然</td><td>物种多样性、环保组织、志愿者、发现……</td><td>观察、分析、描述、感受……</td><td>多样性、和谐、敬畏、感恩、审美</td></tr>
</table>

第四，注重过程与方法目标不等于放弃价值引导。该目标多数教师也能理解，即知识与技能产生发展的过程，学生获得知识与技能的内在过程，学生学习的过程所需要采用、学会的方法。新课程改革强调关注“过程与方法”维度目标，意味着尊重学生的思考过程，为学生学会独立思考、形成个人的价值观留下空间，但是绝对不意味着学生任何的思考过程都是正确的，不意味着放弃价值引导。

第五，教师对情感态度价值观的目标的理解在很大程度上决定着课程的实际效果。在课堂教学中三维目标的达成程度，受到教师情绪情感的影响：(1)教师个人的情感特质，教师的情感表达方式、习惯；(2)教师个人的情感、态度、价值观的投入程度，教师当时的情绪情感状态；(3)此外，教师无意识的言行都投射出一定的价值观念，可能教师自己没有意识到，然而其中也包含着潜在的价值观。

第六，教师如何提升和调适自己对情感态度价值观目标的理解呢？个人理解性的内容多依靠个人自觉的意识和敏感性，其具体途径可以多种多样，主要可以分为集体性的和个人性的。集体性的提升方式可以包括：参加集体教研、集体备课、课例研究，外出学习、进修、参加工作坊，聆听“国培”和地方培训、讲座等。个人的方式主要指由于某些教育故事、事件的触动有了感悟、个人的思考、写反思笔记、通过读书等方式。

苏霍姆林斯基说：“要成为孩子的真正教育者，就要把自己的心奉献给他们。只有对学生倾注了情感，才能获得学生的信任和尊重。”教师在反思笔记中努力地表达了想给孩子们带来快乐，取得孩子们的信任和尊重，在师生教学相长中，生成的智慧不仅是教育教学智慧，还有情感智慧，带给了孩子们快乐，对于教师就是最大的幸福。看得出来，教师在成长过程中，只有把孩子放在自己的心灵深处怜惜、爱护，走进他们的情感世界，了解他们的喜怒哀乐，和他们一起欢笑，一起忧伤，才能赢得孩子的心，从而构建良好的师生关系，在任何时候都可以找到调适好自己的情绪情感的机会。

二、调适课堂提问方式，教学更适合学生情感特点

【情境再现】

那是一次借班上公开课，原班的老师悄悄告诉我，班里的袁某挺笨的，提问的时候尽量避开他，我谢了他的好意。上课时，我时不时看看袁某，他听得很认真，讲到第三道题时，他的眼神里闪过一丝喜悦，我请他和他周围的同学到黑板上做练习，其他学生高高兴兴地上去做了，唯有袁某静静地坐在那儿，无动于衷。

“你怎么了，不舒服吗?”我问。袁某给我的反馈是“低头不语”。

“老师，他不会。”“老师，以前老师不许他回答问题!”“老师，他是个笨蛋。”

袁某的眼睛里映射出自卑、恐惧，还有愤怒。

“上去试试。”我鼓励他。

“这道题不难，你能够做出来的。”我再次地鼓励最终使袁某走向了讲台。

同学们还在议论，我提高音调说："我的眼里没有笨与聪明，只有进步与否。"

袁某做对了，我让大家给袁某以鼓励的掌声，袁某的眼泪悄悄地流出来了。

【情境分析】

案例中的"我"显然是一位对学生有爱心的教师，更是一位懂得调适学生情感的教师。在教师的细心观察、耐心鼓励下，一直受到同学歧视的学生袁某得到了一次表现的机会并且得到了众人的掌声，相信这件事情对学生也是很难忘的。从这个案例中，我们可以得到几点启示。

首先，老师的"得失观"。公开课对任何一位老师而言，是展示的平台，也是专业的考验，而学生的表现更是直接关乎公开课的效果。这样重要的场合下，老师请袁某上讲台做练习是要承担公开课失败的风险的。这样的场合对学生而言，是一个展示的舞台，对学生自信的培养具有非凡的意义。我们看到了老师在自己的得失与学生袁某的得失中，做出了一个明确的选择。

其次，学生袁某需要的是什么。从同学的回答"老师，他是个笨蛋"，"老师，以前老师不许他回答问题"，以及在原班老师的提醒中，我们可以分析出，袁某的学习成绩较差，更重要的是在大家的偏见中丧失了自信。因此，如何才能给袁某一个展示的舞台，并且必须是一个成功的展示，是需要考验老师的智慧的。文中的老师，先观察到了"袁某听得很认真""眼神闪过一丝喜悦"，这样细致的观察可见老师对袁某的用心，据此推断出袁某应该有能力完成这个题目；接着，老师便紧紧抓住这一契机，鼓励他"上去试试"，"这道题不难，你能够做出来的"；然后在同学的负面议论时，提高音量提出自己的一个学生观——"我的眼里没有笨与聪明，只有进步与否"，为袁某的解题排除干扰，树立信心。袁某做对之后，大家的掌声既有老师的鼓励，更有惊叹！这么一个几分钟的教学环节，便完成了一次真正的教育。

最后，案例中的师生关系和同学关系。从"袁某的眼睛里映射出自卑、恐惧，还有愤怒"等描绘中，我们可以得出，不和谐的冷漠的师生关系和同学关系，是袁某身上沉重的枷锁，其内心的自卑、压抑、愤怒可能由来已久，照此发展下去，也许有不在沉默中爆发便在沉默中死亡的可能，这是我们不愿看到的。袁某最后悄悄留下的眼泪，可能是喜极而泣，为自己的成功而高兴，他内心深处或许已经感受到来自老师那温暖的鼓励。

【深度解析】

从情绪调节和情感调适的角度来看，这个案例有以下几点值得思考。

第一，该教师的学生观、课程观。教师的情感态度和价值观通常都是相互影响的，教师的某种价值观在课堂教学中决定着教师的言行。在该教师眼中，学生的努力比天赋更为重要。认真负责地上好每一节课相对于一节公开课的成败更重要。这些价值观念的前提条件决定了该教师有可能上出一节具有教育意义的公开课。

第二，教师应具有一颗关怀之心，有很好的捕捉、识别学生的情绪情感的能力。当教师提问学生而学生坐着不动的时候，教师首先想到的问题不是学生对自己不尊重、不服从自己的命令，而是从学生的角度出发考虑，是不是身体不舒服？这是令人敬佩的。教育哲学家诺丁斯的《学会关心——教育的另一种模式》主要表达的是人们需要关心。"关心最重要的意义在于它的关系性。关心意味着一种关系，它最基本的表现形式是两个人之间的一种连接或接触。"①有了良好的师生关系，才有教育的可能性。

教师发现了这个学生的问题，试图在自己力所能及的范围内帮助学生调适。教师指出："我的眼里没有笨与聪明，只有进步与否。"这在向学生说，聪明不重要，努力才重要。该教师通过"他人补偿"的方式帮助学生树立自信。他耐心而持续地等待、鼓励学生，并且在他做完题目之后，让大家共同鼓励该生。这是调整自卑心理中的他人补偿，也就是说当自己无力调整自卑的时候，他人尤其是重要他人所提供的帮助就格外重要。最后，可以看出学生收到了教师的这份深情厚谊。

如果可能，教师可以在多方面帮助学生调整情绪，唤起自我愿望能力、重新认同自我，从而逐渐消除自卑建立自信。对中学生而言，简单的安慰已经不足够进入学生的内心世界了。具体方法可以采取缓解情绪、转移悲伤、设置目标等方法，还可以采用聊天的方式，他们需要更深层次的对话，关于品格、能力、人生、意义和价值等。此外，榜样的作用不可忽视。

① [美]内尔·诺丁斯：《学会关心——教育的另一种模式》，于天龙译，23页，北京，教育科学出版社，2003。

教师能够做到心中有大爱情怀，眼中有学生，行为中有情感，视每个学生都为鲜活的生命，让每个学生在课堂中得到尊重，学生因此会受益于这样的尊重氛围，从而及时调整调适好学生的不良情绪，对于持久的良好的情绪情感则需要借助课堂上的激发，把握好时机，持续地关注，持之以恒地鼓励，不良的情绪会在一次一次的鼓励中重燃希望之光。

三、基于学生经验组织教学，使学生获得深度情感体验

【情境再现】　两节作文指导课“观察生活的途径”

“观察生活的途径”这节课怎么上呢？我进行了以下思考。

一是解题。观察生活即通过眼观、耳闻、口尝、鼻嗅、手摸，去感悟品味生活；途径即路径、方法。观察生活的途径也就是培养学生通过眼观、耳闻、口尝、鼻嗅、手摸，去感悟品味生活的方法，进而使学生的写作有细节、有条理、有体悟。

二是设计教学流程。首先，需要确立一个可以现场观察的对象。思前想后，就玩个游戏击鼓传花吧，大家都有参与，有视觉、听觉、触觉，也有体会，写出来更真切。接到“花”的孩子就吃一个水果，有了味觉和嗅觉，引导学生注意观察。接着，就进行片段写作，写作之后，当场点评。最后，实践拓展。根据已经掌握的知识与技能，写出自己班级的“最美同学”，之后点评。

一堂课下来，学生除了玩游戏那会儿，没有愉悦的写作体验，没有效果，见不到学生对于观察生活有了哪些方法和路径。

由此，第二节进行了重新设计。首先做一个小实验：如果用纸片将盛满水的玻璃杯盖住，再将杯子倒立过来，水会不会流不出来呢？观察实验之后进行片段写作，要求学生写细致、写生动。学生写作之后，从学生的习作点评中，提炼出知识与技能点——多感官细观察。

第二次课要求学生写出新意。在学生习作点评时，从学生作品中提炼出第二个知识与技能点——多角度新观察。接着学生谈观察体会，从学生的体会和之前的习作中，提炼出第三个知识与技能点——多用心悟观察。

第二次设计与之前的设计有两个明显的区别：第一，明确知识与技能点；第二，教学方法坚持以生为本。学生实验、学生观察、学生写作、学生点评、

学生体会等各个环节都必须尊重学生的体验。

另一个班的课结束了，孩子们笑了，我也笑了！

【情境分析】

同一位教师同一个教学课题，教学效果却天壤之别，其主要的差别在哪里？这些差别产生的原因是什么呢？这值得我们去分析。这个案例中，该教师从注重学生的体验出发，老师将学生的体验考虑得越仔细，教学效果就越好。

第一，教学设计越清晰，教师表达越精准，学生体验越充分。每一堂课之后，有的老师看似滔滔不绝，仔细分析会发现实质内容很少，而且大量的语言是无效的，这些语言剥夺了学生体验的时间和机会。就本案例而言，从“解题”到“明确知识与技能点”，进而用“眼观、耳闻、口尝、鼻嗅、手摸”解读多感官细观察，用“实验对象、实验流程、实验心理、观众反应等”解读多感官新观察，用“充分调动自己的知识储备和已有经验，通过对比、联想、想象等”来解读多用心悟观察，我们看到了老师的教学解读从粗到细，那么点评时也就有了深度，更为精准，更好地启发学生的思维和情感体验。

第二，教学设计紧紧抓住以学生的体验为中心。从游戏“击鼓传花”到“装水贴纸倒过来”的小实验，我们看到了老师的思考，击鼓传花不利于观察到他人的表情、动作等，而且由于自己要参与，更多的注意力放在了“花”上，而在讲台上进行小实验，师生同做实验，有对比，更有利于学生细致地观察。从“多感官观察”拓展到“多角度观察”，是观察实验对象、实验流程拓展到了实验心理活动、实验时同学们的反应，观察的体验更为全面。知识与技能点的提出，从教师讲解到学生习作中生成，更是对学生思维体验的尊重，学生先有了自己的思考之后，通过老师的点评提升、吸取同学作品的优点、生成出观察生活的三条途径，形成理性思考，这更符合学生的认知和情感体验规律。教学要以生为本，站在学生的思维、情感角度去设计、实施自己的教学，让自己的生命与孩子们的生命一起自由的呼吸，共同的律动。

【深度解析】

第一，从学生的体验出发进行教学设计，教师需要基于学生的情感体验。情感体验的程度与时间、情境、知识的支撑及教师的引领等都有一定的关系。

从学生的情感体验出发，进行作文教学的设计使得写作教学更符合新课程理念。在课堂上创造学生的生活体验，帮助他们拓展生活经验，可以在很大程度上解决写作教学的难点。然而，案例中的教师在第一次课设置了过多的目标导致每个环节都只能草草而过，学生无法充分思考、不能获得足够的知识和深刻的情感体验，也就无从表达。经过修改之后的教学设计更为合理，给予学生充足的时间来调动情绪情感，从而达到预期效果。

第二，教师具有良好的反思能力。反思需要元认知的参与，教师的反思能力至少包括自我监控和教学监控两部分，两者相互影响。(1)教学监控体现在教师在注意教学内容外、还能观察周围和自身，教师在进行教学的时候能够控制时间、节奏，能观察学生的反应，从而考虑教学的进度、难度是否合适。(2)自我监控能力是个体在人际交往中表现出的某种心理倾向和在一定目标的导引下对自己的形象、行为进行自我观察，并根据外部情境因素进行自我控制和自我调节的能力。教师这方面的能力可以通过训练得以提升。

第三，学生学习上能否有深度，体现出学生思维能力发展的程度。思维能力的开拓是教育的根本，无论是哪个学科的教学首先应当致力于培养学生的思维能力，学生只有具备相应的思维能力才能够对问题展开独立思考，才能够展开探究性学习，进而更为牢固地掌握知识。在苏霍姆林斯基的教育理论中非常反对“死记硬背”等不合理的学习方法，重视对学生思维能力的培养，曾多次提出“要思考，不要死背”的教学口号，因为这是培养学生各方面实际能力的良好基石，在课堂上关注、关爱是构建师生良好情感的关键因素。

四、调动学生积极性，营造良好课堂氛围

【情境再现】　　改变，从那一堂作文课开始

新学期我又接了一个新班，听说这个班级的课堂气氛死气沉沉的。几天下来，“死”的事实果然铁铮铮的，班里同学一个个就像一颗颗铜豌豆，煎炒烹炸都不管用。但我仍在努力。

我有意选出了一个极调皮的同学的作文，认真详尽地给予批阅，希望能借机触动他，上课能稍许安稳些。讲课前，我先表扬了某些同学的进步，他们多数人的态度依旧是事不关己，高高挂起。我极力克制住自己内心的情绪，

按计划拿出课前精心修改的文章当众宣读，慢慢地一些同学被文中优美的语言、动人的故事吸引住了，甚至有人拍案叫绝。读完后，全班的目光都集中到我的脸上，等待我揭谜。当我郑重地报上作者姓名之时，教室一片哗然，文章作者小A同学的脸上充满了惊讶的神情，好似在极力回忆何时写过这篇美文。

看到同学们的热情了，我便趁热打铁，马上转入正题，开始讲解这一次的训练习题，要求同学们用"登山者""高山""沙砾"三个词，组成一句话或者一段话，并且写出给人生带来的启迪。讲明要求后，我便鼓励同学们自告奋勇地谈谈自己的创作思路。

教室里静悄悄的，那静谧的气氛几乎能让人的思维凝滞，我焦急地期待着，期待着奇迹的出现……忽然，我眼前一亮，竟然有人举手示意，是平日的调皮鬼小B。"他想干什么，捣蛋吗?"我满心狐疑地请他起来，出乎意料的是，他做出了一个非常漂亮的回答："细小的沙砾在长年累月的积淀下，垒筑成了一座高山，一位登山者，不畏艰险，用毅力登上了山巅，欣赏到了世间的美景。由此，我们应该相信，再辛劳也终会有苦尽甘来的那一天。"

"同学们，小B写得好吗?"我迫不及待地送出我的赞扬。

"好!"同学们异口同声。看到这个"捣蛋鬼"也能得到表扬，许多同学不甘示弱，跃跃欲试。正当我满意学生表现之时，一个学生L的讲解，让我一震，"一个登山者在登山的途中，不料被脚底的沙砾一滑，从山上滚下来摔死了……"教室里顷刻间充塞了讥笑声。乍一听，这绝对是戏谑，典型的"厚黑学"，要是以前我也会暴跳如雷，但这一次我却竭力地克制自己。

当笑声过后，我轻轻地问道："L，你的想象非一般人所能为，现在你能说一说，你所讲的这个小故事，它蕴含着怎样的哲理呢?"不知是被我的真诚所动，还是他本来就是如此设想，他不假思索地回答道："在人的一生中，有些细小环节在我们不经意间会葬送我们美好的前途，就像这沙砾一样。因此，我们应从小养成良好的习惯，切不可因小失大。古人有云'千里之堤，溃于蚁穴'，不就是讲的这个道理吗?"

我惊呆了。这就是所谓的调皮鬼吗？"L同学的创意如何?"

"太有新意了，太棒了!""的确非同寻常，我想还有许多的同学能提出自己更独到的见解吧?”一石激起千层浪，一个接一个同学讲述了自己的构思……那时我真的陶醉了，“原来，同学们都是天才，思想都是如此的成熟，老师都有些自愧不如。希望同学们能将思路拓展得更宽更远。”一时间，那些一向沉默的同学也都纷纷起来生动形象地谈论了自己的想法，而且个个都很有见地。在轻松而激烈的氛围中，那节课圆满地结束了。

【情境分析】

沉闷的课堂为什么会顿时活跃起来？原因有下面三点。

第一，表扬的促进作用。学生，他们每个人都渴望得到别人的认可，哪怕是品行再差的人。当我把一个同学们眼中的“差生”的文章作为示范的习作，对于当事人来讲，无异于天方夜谭。可当他真正尝到被人欣赏、被人尊重的甜头时，他进而会不自觉地从内心来重新审视自己，从而树立起新的希望，也许就是这一个小小的人生插曲，却不能因此而改变了他的人生。案例中小A，平时的他在课堂之上具有极大的破坏力，也因此在众人眼中是个异类，估计他本人也是自暴自弃，看不到自己的闪光之处。而今，他的作文竟被老师拿来作范文。那份惊异中的喜悦又怎是言语可以描摹的。人性本善，何况是孩子！当看到老师当众表扬自己，能不感激老师对自己的关爱吗？还好意思上课调皮？积极的心态使他产生了学习的动力，由此也感染了其他与之类同的学生，激发起他们的上进心与参与的积极性，因此便出现了本文那激动人心的转折。

第二，从主题入手，设置兴奋点。情感教学有一条原则叫“乐情原则”，即在教学活动中，教师要积极创设条件让学生怀着快乐的情绪进行学习。这就要求在教学中，要学会设置相应的兴奋点。教师从主题入手，把题眼作为“兴奋点”，因为题眼是文章的窗户，扣住题眼就能顺利地把学生的思路引向文章的主旨。“高山”“沙砾”不是同一范畴的两个事物，它们之间在“登山者”的调配下，又能绘出怎样的画面？这里没有固定的答案，仁者见仁，智者见智。答案具有发散性，易于学生能更好地施展自己的才华，所以课堂之上学生出现的天马行空的想象，这一切又都是情理之中的。因此，好的“兴奋点”，有助于达到教学互动。

第三，教师融入学生中间。正如苏霍姆林斯基所言，常常以教育上的巨大不幸和失败而告终的学校内许许多多的冲突，其根源都在于教师不善于与学生交往。师生交往在教学活动中具有重要的现实意义。例如，在课堂上，当学生说出似乎带有调侃意味的话语时，教师应学会机智面对，要善于抓住学生的心理，融进去，同他们打成一片，加以引导，再想办法把他们带出来。试想，当时教师若一听到学生“可笑的”设想就立即制止，甚至大发雷霆，学生还会积极参与到问题讨论中来吗？还敢如此“放肆”地谈出自己的构思吗？一定不会。因为学生对问题的参与在很大程度上源于兴趣，而兴趣的激发又并非轻而易举，因此教育者千万要细心，要保护好学生的兴趣源泉，不可由于自己的一意孤行而折断学生激情的翅膀，而要趋利避害，善于引导和转化。兴趣是联系教师和学生心灵的桥梁，是激发学生学习情绪的动力，教师与学生，学生与学生，只有在教学活动中互相合作，达到情感上的沟通、融洽，处于积极和谐的情感关系之中，教育的功效才能发挥到最佳状态。①

【深度解析】

第一，从冷眼旁观到热情参与，学生的价值感起到重要的作用。学生和整个班级之前对各位老师都是冷漠、事不关己高高挂起的态度，在一定程度上导致了课堂死气沉沉。这其中包含着学生的消极态度，蕴藏着他们对班级和自我的部分不认同。当然也存在教师方面的原因。该教师关注学生的思考内容、对于学生的意义和价值给予肯定，这体现出教师对学生的尊重，也激起了学生的存在感和意义感，因此他们就愿意继续思考、参与课堂、与教师互动。

第二，教师调动学生情绪情感的能力值得分析。(1)在本案例中，教师对学生的思考内容的尊重与肯定起重要作用，教师对学生答案的回应能力决定了课程的思维深度，教师通过追问起到了对话的升华。教师用他的具有深度的提问串联起学生的答案，引起学生进一步思考的兴趣，从而使得课堂开始活跃起来。(2)情绪情感具有感染性，教师想要调动学生的参与课程的热情，就需要采用一定的策略。教师可以发挥个人的魅力，用个人的情绪感染学生。

第三，教师可以采用其他方式调动学生课堂参与的积极性。首先，教师

① 刘晓明：《关注教师的心理成长：有效师生关系的心理促进》，116～120页，长春，东北师范大学出版社，2006。

可以想办法激发学生的求知欲，如无恐惧的班级气氛、尊重、等待、倾听、设置开放性题目，设置悬疑、游戏导入等。其次，教师可以转变课程组织形式，如采用讨论、小组合作、以活动形式进行课程等，调动学生的学习积极性。

在《第 56 号教室的奇迹》的作者雷夫老师的教室里，没有“害怕”这两个字，他用信任取代恐惧，用信任建立起一座坚固的桥梁，使教室的一切变得不一样，他让学生热爱学习，能为他人着想，最终形成自己的行为准则。尊重学生，调适学生的情绪情感，让学生回归课堂，学生是课堂主人的本位，在课堂中有真正的生命存在感，良好的课堂氛围就有了足够的情感保障。

五、调适教师自身在课堂教学中的情绪情感状况

【情境再现】

情境一：

那天心里很不高兴，因为什么事现在想不起来了，但有一点可以肯定，和学生无关。

走进教室，就觉得气氛不同于往常，和我晦暗的心情相反，学生们那天很开心，不同寻常的开心，他们屏住气，睁大眼，看着我，一个个脸上洋溢着绷不住的笑意，仿佛只要轻轻一拨，那笑声便会“泼拉拉”从脸上倾泻下来。我有点莫名其妙，顺着孩子们的眼光向黑板看去，黑板上赫然写着一排字：“通知：今天下午外语测验，题目很难！”

我什么时候通知今天下午英语测验了？没有这回事啊！转而一想，肯定是班上哪个促狭鬼干的好事，本来今天就不高兴！添什么乱哪？这是谁写的？我没由来地火冒三丈，大声责问起来。其实我心里明明白白，我的情绪不是冲着黑板上的这句话，更不是冲着学生的，只是这句话点燃了我心中的怒火，让它有了一个貌似合理的宣泄“理由”，我借题发挥地数落着学生，牵强附会地渲染着写这句话的学生心理。孩子们先是惊讶地不解地望着我，脸上的笑容倏忽不见了，欲言又止的神情一下停滞在脸上，转而一个个被骂得低下了头，教室里安静极了，只有我歇斯底里的声音在教室里回荡。

“谁写的，谁立即上来擦掉！”我怒气冲冲地结束了训话。这时一个女孩

涨红着脸站起来，胆怯地从我身边走过，是她？媛媛！我心里掠过一丝不安，这个小姑娘平时和我可亲热了，今天怎么这么大胆？但余怒的惯性我还是不分青红皂白地把她数落了一顿，小姑娘眼泪汪汪地擦完黑板回到座位上。

很快下课了，教室里的气氛还是凝重沉闷，学生们小心翼翼地说着话，我身边再也不像往常那样围满了叽叽喳喳的孩子。半晌，一个大胆的男孩蹭过来，悄声对我说："张老师，别生气，今天是四月一日，大家就是想和您开一个愚人节的玩笑。"

啊！原来如此！

当时我心里那个别扭啊，真是没法表达，没办法，说出去的话就像泼出去的水，而这盆水又劈头劈脑地泼了孩子们一头一脸。从那天以后，媛媛和我的关系发生了微妙的变化，过去她见到我，老远就会叫起来："张老师哎！"欢天喜地，嗲嗲地，然后像一只活泼的小蝴蝶扑到我身边，现在见到我，干巴巴地招呼一声："张老师。"怯怯地，随即侧着身从我旁边绕开。

我知道自己做错了，伤害了一个孩子，想找个机会向那个女孩道歉，却说不出口，总觉得，小孩子嘛，过几天就会好的。再加上班级琐事多，不久就把道歉的事给忘到九霄云外了。

只是后来，媛媛和我一直是礼节性的接触，再也回不到以前亲热的劲。

再后来一晃十多年过去了，其间，那个班的同学多次聚会，多次结伴来我家探望，可媛媛没有来过，一次也没有！我们师生之间长期培养起来的亲密感情，就这样因为我的冲动而毁于一旦，每次想到这件事我内心都有点隐隐作痛。

情境二：

李老师今天情绪本来就不好。上课时，李老师听到一向调皮的小陈同学说了一句脏话。

李老师（对小陈大声喊道）："你刚才说什么？"

小陈："我没说什么。"

李老师："我耳朵不聋，听到你讲话了。"

小陈："我说的是作业怎么做。"

李老师："我听见的不是这句。"

小陈："我旁边人都听到了，就是这句。"

李老师："你不要狡辩，滚出去。"

小陈："什么老师，出去就出去。"

……

小陈冲出了教室，全班同学心惊胆战，冷眼看着李老师怎么反应……①

【情境分析】

情境一中，故事一开始就不对劲，我没有缘由地有一股戾气，没地方排遣。就是这没来由的戾气，我竟然忘了今天是愚人节，这个早已经被年轻人接受了的西方节日。

所以当我看到班上同学好像有点不对劲的时候压根就没有去想：这是怎么回事？肯定有情况。因为我一直沉浸在我个人的无由来的不愉快中，所以我忽略了平时完全可以识别的同学的一点小情绪。果然，我发现黑板上那一行字的时候，一腔怒气一下找到一个宣泄的口子，劈头盖脸地就发泄出来了。哪怕那个平时和我关系很不错的很乖巧的小女孩站出来的时候，我的心智也依然是处在被蒙蔽之中，依然不分青红皂白地大骂了一通。这时的我已经没有理智了，完全被怒气蒙蔽了自己的心智。

但事情应该有转折点，就是一个大胆的男生说今天是愚人节，大家实际是没有恶意地来逗乐的时候。但我面对这个转机，没有及时把握住，任其往最坏的方向发展下去，甚至我发现了，原来和我如此亲近的女孩都慢慢疏远了的时候，我依然没有去改变，哪怕找一个机会，直至发现因为我的过错伤害了一个天真的孩子，并在孩子的心底留下一辈子阴影的时候我才幡然悔悟，但是这已经迟了。

教师和学生一样，都会犯错误，但教师犯的一个微小的错误很可能会影响孩子的一辈子，苏联著名教育家苏霍姆林斯基说过，孩子们的自尊心犹如"一朵玫瑰花上颤动欲坠的露珠"。我们和学生相处时，必须小心翼翼地呵护这一颗颗易碎的"露珠"，我们的言行必须慎之又慎，不能轻易犯错误，我们

---

① 以上两个案例均出自于傅宏：《为心灵解压》，95～97页，南京，江苏教育出版社，2011。

犯不起错误，因为有些错无可挽回！

情境二中，反映出以下几个问题。

(1)案例中的教师显然不够冷静、不够宽容、不够理解学生的心理，当然学生也有自身的问题。当教师听到刺耳的词语时，就一下子火冒三丈。当然这属于正常的反应，任何人听到都会不舒服，然而教师需要考虑场合，这是课堂，这是公共教育场所，讲台是展示教师风采的地方，教师得注意自己的形象。当教师问学生“你刚才说什么?”学生的回答就已经显示了学生并不想让这件事情扩大、并不想在明面上和老师对着干。然而教师根本不接受学生的说辞。

(2)教师需要学会宽容。教师的宽容和仁慈是教师的美德。房龙在《宽容》中说道：智力非常发达的人才宽容，不宽容实际上是一种软弱的表现。当一个人没有足够的知识，又要维护自己的权威地位时；当一个人并没有掌握真理，而又要以真理的化身自居时；当一个人固守陈腐的教条，而拒绝历史进步时；当一个人目空一切，自作井底之蛙时，这个人必然是不宽容的。正如上述案例，学生不承认时，教师如就此放过这个小问题继续上课，会产生较好的局面。因为学生心里明白就好，有时教师的看穿不说穿会有意想不到的教育效果。

(3)这个案例表明，教师不了解初中生的心理。对于中学生尤其是爱冲动的男生来讲，教师的发火、训斥的作用并不大，他们并不畏惧，反而把自己的叛逆、大胆、不服输引以为傲。有些时候我们老师面对学生的强势要示弱，否则会让现场很尴尬。

(4)初中生的爱面子、叛逆在这位学生身上典型的反映出来。他之所以否认自己说了脏话，是因为他要面子、也不想把事情闹大，也说明学生具有荣誉感、道德感，只是心里有些情绪而已。被老师当众训斥时，他也处于愤怒状态，两个愤怒的人的对话，自然没有什么好结果。

【深度解析】

以上两个案例，可以看出在教与学的活动中，教师对于自身情绪情感调适的重要性。

第一，要冷静，控制冲动的情绪。遇事先冷静一下，控制冲动和愤怒，对自己的情绪和身体都有益处。(1)冲动、易怒往往与焦虑、职业倦怠相伴随，冲动情绪的原因有性格方面的、有心智成熟度方面的，还有社会大环境方面的原因。对此，教师需要了解自己的焦虑、冲动来自何方，为什么会如此生气？我们只有面对情绪、认识情绪，才有可能调节自身的情绪。(2)在情绪范畴内，冷静和理性、逻辑紧密相关。冷静意味着给自己时间仔细周全的思考问题的解决办法。(3)在具体操作层面，冷静往往与稍后处理相互结合。冷静需要教师有情绪控制能力，还需要有教育教学经验作为基础。冷静之后，需要有相对于冲动更好的解决办法。否则，只有冷静，无恰当的处理办法，冷静就会变为放纵与熟视无睹。

第二，尊重学生的荣誉感和自尊心。在教育学中有一个基本原则，即批评人要私下，表扬人要在公共场合。朱小蔓教授指出：荣誉感与羞耻感属于相互对应的情感范畴，荣誉感与羞耻感是用来调节人与群体、人与人的关系，羞耻感保证着人遵守群体规则，履行对人们的义务。在荣誉感与羞耻感之上的情感范畴是尊严感与过失感。这些情感都伴随着自我意识觉醒后的道德认知。①

第三，理解彼此的不同情绪状态。在上课之前，教师和学生带着多少种不同的情绪走进课堂，这需要教师的理解、宽容。不同的情绪状态难免产生摩擦、冲突，教师作为成年人、专业人士，对于自己的情绪应该有一定的控制能力。作为中学生，他们正处在成长期，自控能力相对欠缺。因此学生的情绪情感的调控能力需要成年人，尤其是教师的培养。为了课堂顺利进行，教师需要采用各种方式把学生的情绪调适成为积极的状态，把学生的关注点吸引到学习上来。

第四，教师适度调适自己在课堂中的情绪状态，控制消极情绪。如果教师在课堂教学中呈现出积极的情感状态，那么对学生、教学而言都有积极的促进作用，不需要刻意的调节。如果教师在课堂教学中呈现出消极的情绪情感状态，则需要教师进行调节。这种消极的情绪情感可以来自两方面：第一，因为自身原因导致教师的消极情绪情感；第二，由于学生对自己不良的反馈

---

① 朱小蔓：《情感教育论纲》，65页，北京，人民出版社，2007。

(消极评价)导致教师产生了消极情绪，对于这二者教师都需要积极进行调试。学生对教师的消极评价或反馈，可能来自学生自身的消极情绪，也可能来自对教师的不满，这些都需要教师做出反馈，即调适自身和学生的情绪情感状态。

费尔巴哈说过，人的第一责任是使自己幸福，之后才有可能带给周围人幸福。心理学相关研究表明，人调节自身的情绪情感能力与调节他人的情绪情感能力二者呈正相关，即教师具备了调节自身情绪情感的能力，调节学生的情绪情感则相对容易。教师只有调节好自身的情绪情感状态才具有调节学生的前提条件。事物本身并没有什么“恶化”，而是我们自身情绪情感的“恶化”。一只木桶里面装上酒，会让人去靠近它，而若装的是粪便，我们就会远离它。木桶还是木桶，学生还是学生，是我们内心对学生装的是什么，反作用力就自然是什么。

第二节　初中生同伴交往中教师的情绪情感调适

就初中生的同伴交往方面而言，教师需要在情感上做出的调整主要包括：其一，调整自身对于初中生同伴交往的情感需求的认识，正确理解和深入认识初中生同伴交往情感特点；其二，教师在处理和面对初中生同伴交往现象和问题的时候，能够在自身和学生两个方面做出情感上的适当调适，有助于较好地处理初中生同伴交往中的矛盾和冲突，帮助学生建立和谐融洽的同伴关系；其三，对初中生而言，基于青春期情绪情感特征，教师调适他们对异性交往现象的认识和对此问题的处理方式，引导他们正确认知自身的情感发育特征，尤其具有重要的意义。

一、消除障碍，引导初中生建立真实健康的友谊

【情境再现】

这是一个初一学生的来信，来信说："我这人，整天不高兴，觉得自己每天都碌碌无为，而且还会给别人带来麻烦。我的性格比较内向，也不太爱说话。其实我也想像别人一样，性格开朗，善于言谈，但我却不知与同学说什么。我想说的，我所想的，我觉得与其他同学不一样。所以我不愿与同学说话，总觉得别人都看不起我，这种心情一直困扰着我。我会把自己做错的事、别人也许并不在意的事反复思量，认为是自己的错，自己太笨，因而很难过，甚至会在别人没看到的时候哭，总是处于苦闷状态。我最难过的还是晚上睡觉的时候。在晚上睡觉时，我会想起一天里发生的事，如果有不顺心的事，我总会想，并且会非常难过，这样我就会难以入睡。睡不着，我又难过了，因为我会想明天的课，晚上睡不着，白天上课会打瞌睡，耽误课，这样我就更难过。我非常痛苦，心情也总是处于压抑、郁闷的状态中，甚至不想活下去了。给您写信的时候是我最痛苦、最难受的时候，我想向您倾诉，想问我的心理是否有病，是否应找心理医生来看看？我真不知道该怎么办才好。"

班主任李老师随即找到这名同学，详细了解了这名同学个人成长的过程，尤其是对交友的看法，了解到这名同学从幼儿园时期便通过赠送小礼品的方式来换取朋友的关注，随即李老师通过一次组织班级活动的机会，让这个同学担任了召集人，在组织活动的过程中，该同学树立起了自信，并交到了志同道合的朋友。

【情境分析】

日常生活中，我们经常看到一些沉默寡言且不愿与别人交往的学生，应该先分析这些学生沉默背后的原因。这个学生所表现出来的心理特点和行为其实就是一种不良情绪即抑郁所致。抑郁表现为少言寡语、孤独沉默、郁郁寡欢、闷闷不乐、忧心忡忡。对一切事物都缺乏兴趣和参与的动力，对未来感到迷惘，失去信心。一点细小的过失或缺点也会带来无尽的烦恼和懊悔，总是过分自责，自怨自艾。遇事总往坏处想，认为自己是无辜的人和不受欢迎的人。对别人，又总认为样样比自己强。这种人看上去精神萎靡，表情冷漠，他们自己也常诉说倦怠无力、食欲不振和睡眠不佳，严重者甚至会萌发

轻生念头。

在这个案例中，李老师知道这样一些情况之后，并没有对这个学生进行直接的教育甚至是批评，而是从对学生的了解和认识开始着手，他先“找到这名学生”，与他进行沟通交流，以便能够更好地了解和认识学生的成长环境和背景，从而把基于一般性的理论知识上的猜测与学生的实际情况结合起来，并且结合学生给自己的来信中所表达出来的对于他自己的心理和情感上的认识，教师重新“发现”这名学生及他的问题所在，然后通过采取一定的教育措施，针对学生所表现出来的“少言寡语、孤独沉默、郁郁寡欢、闷闷不乐、忧心忡忡”等情绪情感特点，进行教育，例如“让他担任班会的召集人”等，从而在活动中改善他与同伴交往的能力。这样，在组织活动的过程中，这名同学就需要不断地与同学进行沟通和了解，从而既锻炼他的组织沟通能力，又在某种意义上帮助他在活动中重新获得自信，改变自己之前悲观的、闷闷不乐的情感状况，通过在交友过程中获得自我的提升，也顺利地缓和和转变了与同学之间的关系，维护了友谊，并且在友谊中获得自我心理的成长。

【深度解析】 初中生的同伴交往障碍及其情感调适

这是一个初中生在同伴交往中遇到困难和障碍及其教育转化的案例。弗洛伊德说过，作为一个社会人，他做事的动机之一是“渴望伟大”。渴望伟大是人的一种可贵的本能，是人心灵深处的一种潜意识。而渴望伟大的内在驱动力之一是认同与归属，教育工作者应注意发现、引导，使其上升为意识层面，努力打造学生刻苦、踏实、奉献的品质。要求他们从一点一滴的小事扎扎实实地做起，夯实成长的基石，激励他们拓展视野，拼搏进取，探索创新。

初中生在同伴交往中往往会出现自卑心理，尤其是在优秀学生相对集中的重点班级和重点学校内。经调查，有52%的初中生在交友中带有一定的自卑心理，其中17%的学生自卑心理较明显，4%的学生自卑心理严重。交友中存在自卑心理，轻则使学生无法自在地与同学交流、交往，重则使其无法正常学习、生活。初中生交友中的自卑心理主要源于个体自身某些特殊原因，如性格内向、自认为能力差、自身生理上有弱点、家庭原因或自身经历等，导致他们害怕与人交往，唯恐别人看到自己的弱点，成为众矢之的。他们越害怕，越警惕，就越容易过分敏感，在交往中常常不被大家接受和喜欢，于是产生交往挫折感，从而加剧自卑，更加害怕与同学交往。这样就形成恶性循环，最后导致自我封闭。

中学时期正是人生发展的关键时期。这一时期，随着身体的发育，他们的自我意识和独立意识逐渐增强。一方面，对社会有各种强烈的需求，极力地想表现出自己的力量。另一方面，他们对社会的复杂性缺乏认识，对自身行为的合理性与可能性了解得还不够深刻，加之人生的价值观尚未稳定地建立。因此，他们的愿望与现实有时可能一致，有时可能遇到冲突。因而伴随着愿望的实现和落空，情绪也会随之浮动。这种心理发展的不平衡，往往会造成他们在交往心理上的障碍。据调查，目前有28%初中生、55%的高中生存在着交往上的障碍。具有良好人际关系的学生有着真诚、自信的性格，能够轻松地与同学交往，也容易得到别人的喜爱；能够信任、理解交往对象，对待别人较少出现防御、嫉妒、攻击。中小学生通过人际交往可以促进他们的社会化过程，促进他们不断地学习和掌握必要的知识；帮助他们深化自我认识，在与同伴的交往中调整和改进自己的行为；提高心理健康水平，获得友谊、支持、理解，降低挫折感，缓解内心冲突。总之，友谊提供了一起活动和亲密交往的机会，在交往中体验着彼此的关心和帮助，为青少年提供了积极的情感支持。朋友可以提供社会行为的参照榜样，提高青少年的自尊水平。通过与他人分享隐秘的感受和信念，青少年能更好地认识“我是谁”“我要成为什么样的人”之类与自我有关的问题，达成自我的调适。

二、化解同伴矛盾和冲突，建立和谐融洽的情感关系

【情境再现】

一天中午，初一的一批孩子正在操场上打篮球，“战况”激烈。突然一阵骚动，几个学生扭打在一起，其中学生Z和学生C两人拳脚相加，其余几人气势凶猛，我见这阵势，就停在十几米外的地方默默瞅着他们。大概Z同学也看到了我的神态，就慢慢地停止了他愤怒的“咆哮”。直到他们都低下了头，于是我开始说话：“瞧你俩刚才的样子，好像恨不得要把对方吃了！要不要我

在全校同学面前安排一次表演赛呀?”几位同学把头埋得更低了，红着脸说：“不要。”我看火候已到，就问他们：“打球时发生碰撞、发生吃亏的事是很正常的，不至于大打出手，有失球星风度，更在同学们面前丢尽面子！我现在不追究谁对谁错，只想问一句，这件事是你们自己处理呢，还是我来处理?”他们互相看了看说：“自己处理。”于是我让他们商量处理的办法，商量好了再向我汇报。五分钟后，双方握手言归于好。整个事情的处理用了不到20分钟的时间。

【情境分析】

这是一个初中生同伴交往中发生矛盾纠纷的案例。在这个案例中，教师看到学生之间发生了矛盾和冲突，甚至是如他自己所说的“扭打在一起”“拳脚相加”“气势凶猛”，但是教师并没有表现出愤怒而立刻上前去制止与调停学生之间的矛盾，而是“就停在十几米外的地方默默瞅着他们”。等到自己被学生发现之后，“大概Z同学也看到了我的神态”，这时候学生也自然“就慢慢地停止了他愤怒的‘咆哮’”。到此，可以说教师在情绪情感上的回应都是通过一个简单的方式——眼神来实现的。并且在回应的时机上，教师也是在观望和等待，而不是用情绪化的、粗暴的手段去解决。同样的，在接下来的过程中，教师敏锐地“发现”学生们“都低下了头”，于是他觉得这时候应该改变解决问题和回应的方式，“于是我开始说话：‘瞧你俩刚才的样子，好像恨不得要把对方吃了！要不要我在全校同学面前安排一次表演赛呀?’”这一句话有几分开玩笑的意思，同时听起来又觉得有几分轻松和讽刺的意味。一方面降低了现场“气势凶猛”的冲突氛围；另一方面也让初中的孩子知道这是教师在故意讽刺和委婉地批评他们。所以，“几位同学把头埋得更低了，红着脸说‘不要’。”到此，基本上教师的教育效果已经可以看到，学生们也初步地认识到自己的错误。但是，事情并没有结束。教师的情感回应应该以帮助学生停止“拳脚相加”的情绪化行为为目的，但是还应该有更多的教育和认知指导意义。所以，这个时候，“我看火候已到，就问他们：‘打球时发生碰撞、发生吃亏的事是很正常的，不至于大打出手，有失球星风度，更在同学们面前丢尽面子！我现在不追究谁对谁错，只想问一句，这件事是你们自己处理呢，还是我来处理?’”这段话是教师基于说理基础上的解决问题的方式。他在告诉学生，打球时候发生吃亏的事是很正常，但是要认识到，还不至于发生大打出手的事情，这样做无论对于自己的形象还是同学关系都是有害的，也是不对的。从而直接通过认知教育“点开”学生的思想认识，当教师认为学生已经认识到自己的错误，有能力解决好问题和冲突的时候，教师再一次把解决的选择权交给学生自己，“让他们商量处理的办法，商量好了再向我汇报”。最后，这场同学之间的矛盾冲突得到比较好的解决，“双方握手言归于好”。

【深度解析】

这起教师介入学生冲突事件的特点在于：(1)解决问题的速度快；(2)学生认识自身行为的程度深刻；(3)把矛盾交给矛盾发生的主体自己解决，培养了学生处理问题和解决问题的能力。以往在处理这类问题的时候，总是先问谁先出手，以辨出个谁对谁错来，殊不知这样一来，教师自身在不知不觉中被套进了冲突的旋涡，学生相互推诿责任，相互指责，不从自己所应承担的责任的角度去考虑，因此问来问去，问不出个所以然，事情往往还会越搞越复杂，牵扯了教师很多的精力。

教师在处理学生冲突事件中的角色不是一个仲裁者，而应该是一个指导者，让学生自己去面对矛盾，面对由此带来的后果。这起冲突的根本原因在于学生在同伴交往遇到问题的时候无法正确处理，也不知道如何更好地采用正确的表达方式。而教师在面对和处理这些问题的时候，也是场考验，需要技巧的。教师首先要明确并合理地调适处理好自身对于此类问题的回应，然后再帮助学生学会合理地回应和处理同伴交往中发生矛盾。教师应该帮助学生反省自己在事件中所要承担的责任，只有这样，才能真正提高他们采取正确的表达方式解决矛盾的能力，才能从根本上减少冲突。

学生打架怎么处理，老师在处理学生打架这方面的事情要非常的慎重才行，因人而异，不能简单粗暴，更不能自恃权威，要综合分析孩子们发生冲突的原因。

面对自信、自负、甚至有点自傲，朝气蓬勃却又带着强烈的叛逆思想的当代中学生，因现实社会、人际关系方面的不正之风对正处于身心发展时期的孩子们影响极大，致使有的学生信奉“哥们义气”，结交酒肉朋友，甚至“两肋插刀为朋友”，寻衅闹事打群架；有的好强逞强，欺侮同学；很多时候他们不懂得如何控制自己的情绪，当与别的同学起利益冲突时，他们极易冲动而爆发出不满的情绪，形成暴力行为，发生打架事件。在学校生活中，要有意识地通过各种渠道开展各类活动，让师生之间、同学之间逐渐形成一种互相关心、互相爱护、互相团结的关系，如组织学习小组、提倡学生中优帮差、劳动中强帮弱、师生平等对话等，均是行之有效的。同时还要看到具有暴力倾向的学生会将自己的暴力行为合理化，或以攻击的方式来巩固自己的地位，要防止暴力行为发生，要先矫正这些错误的认知，帮助他们建立正确的认知。

首先，要教育学生控制自己的情绪，加强学生社会技能训练，提升学生处理人际冲突的能力。其次，要建立通畅的学生冲突的申诉通道，加强与学生的互动，平时学生和老师、家长之间应有尽量多的平等交流机会，互相沟通增进感情，同时了解和解决同学在班级内外所遇到的冲突和敌意，在这种形式下学生如果有什么委屈或遭遇暴力冲突，就会首先想到老师、家长，从而采取较为合理的处理方式。

教育他们逐步懂得社会中人与人之间的关系准则和做人的道理，学会正确处理个人与集体、同学、老师、家庭成员及其他人之间的关系，增强对集体、对社会的责任感。教师应该使学生了解正确的价值观，使学生认识暴力行为并不是正常的人际关系互动模式，并且进一步教导学生积极正向的人生观。

(1)首先要让学生冷静。

当学生发生打架事件时若你正好在现场，要及时喝止动武者，如认识动武学生，可直呼其姓名及喝其停手。要让学生冷静，老师先保持冷静，不要被情绪牵动。然后严厉地要求两方学生分开。这时候学生处于情绪异常激动的状态，表现为面红耳赤，大口大口地喘气。如果教师此时采用严厉批评的方式来教育学生的话，无异于给这些学生火上浇油。因此，作为老师，不妨让学生在此时单独冷静冷静，让他们坐坐“冷板凳”。过一段时间，等打架的同学的情绪稳定下来之后，教师再来处理也为时不晚。

(2)及时跟进，了解事件的原委。

在处理打架事件之前，我们必须先了解学生为何打架，才能及时地对症下药。一般说来，以下两种类型容易诱发打架事件。一是嬉戏作弄型，青少年常出于模仿怪异行为、恶作剧、无知、好玩或表现与众不同等心理，而发生破坏公物、欺负同学等行为，攻击行为较轻微，但发生的概率最大。二是主动报复型，因双方有过节而怀恨在心，或事虽过却仍心存不满、不平，认为需讨回公道才得以扳回面子，消除愤怒，故采取以牙还牙或有图谋地伤害之举动，这种情形最为可怕。所以等学生的情绪安定下来之后，就要着手调查打架事件的原委。此时学生已冷静了，可以较平和地说出整个事情的经过了。但是，尽管如此，学生在解释自己打架的原因时，往往会推卸自己的责任，双方所说事实不一致，教师要再找目睹整个事件的同学来了解事实的真相，得出正确判断，以此为处理打架事件做好准备。

(3)疏导情绪，重建互信。

在了解了整个事情经过后，针对双方所犯的错误及认错态度，讲清道理力求让学生真正意识到自己打架的不良后果。因此该批评时就批评，绝不心软。当然，教师在批评教育打架的学生时要讲求策略，既要直面指出并批评纠正学生的缺点错误，同时，又要尊重学生，和颜悦色。班主任应对学生“晓之以理，动之以情”，对照《中学生日常行为规范》，分析学生的错误，让学生真正认识到自己违反了校纪校规，以及打架事件的严重性和恶劣性，并提醒学生以此为戒，不要再犯。

(4)分清责任，适当惩戒。

在了解了整个事情经过后，邀请双方家长到校沟通，共同处理学生的过错行为。处理结果分成两部分：首先是处理打架事件，不管打架的原因是什么，双方为对方花钱治伤，并给予一定的补偿；其次是处理打架事件的引起原因，错的一方对自己做的事情负责任，由学校或者年级组继续做相应处罚。

(5)进行团体辅导，澄清班级观念。

打架事件造成的影响是恶劣的，如不给其他学生以警示，或许这一坏习惯会在班中蔓延开来，这极不利于形成良好的班风。因此，班主任必须及时以此为例，利用晨会课或者班会课对全班学生进行深刻的思想教育，引导全班学生分析打架事件的严重性和危害性，告诫学生们吸取教训，遇事冷静对待，适当克制自己的冲动情感，有话好好说。

当然，管理带有一定的艺术色彩，面对不同年龄段、不同性格的学生需要我们班主任因人、因时、因地以至因事，予以灵活处理才能让孩子们对自己敬而畏之，逐步建立一个良好的班集体，形成和谐的同伴交往关系！

三、共情理解，引导初中生正确认知并处理异性情感

【情境再现】 理解学生，站在学生角度分析问题，引导异性交往

一位男生在学校的网站论坛写了一篇帖子：

前段时间很困惑，因为我喜欢上一个女生，在放手去追求与把这份感觉保留在心中之间徘徊。摸着良心问自己，我确实动了真情，确实喜欢她，很自然地，脑袋开始胡思乱想。真正让我困惑的是放手去追求的结果和要担起的责任，所以畏缩不敢前进，但我又确实喜欢她，内心的矛盾和痛苦混在一起，苦不堪言……不管我内心多么痛苦，我必须压制住这份情感。否则，那是既害了我也害了她，既然我现在要把她当作我的妹妹，我就必须关心她。我不能因为一时冲动而使她分心。现在大家的学习任务都很重，我更要把握住这个关键时机。等到以后我们都长大了，再说这些事也不迟。我始终相信，我要向世界呐喊："我的未来不是梦！"

班主任看到帖子后，回复如下：

读了这篇文字，我非常感动。

你的心湖曾掀起过一片青春的美丽涟漪，这是生命最美的风景，美在纯洁，美在朦胧。

但这不是唯一的风景。

你终于走过了这片风景，向着前面更美的风景进发。就凭这一点，我就把你视为我最骄傲的学生之一！……我想起了我的初中时代，进入青春期的心同样为异性同学的一个微笑、一个眼神、一个不经意的动作而颤动。记得我转学的时候，一个我心仪的女同学鼓起勇气向我含蓄而明朗地表示了那个"意思"，我在紧张恐慌的同时，感到一种微妙的幸福。虽然后来因为胆小我并没有接受这份情感，但现在想起来我仍然感到温馨。生命到了这个季节必然会萌动着一种纯洁的憧憬或期盼。爱和被爱都不是错，因为这是青春的阳光抚摸心灵所感到的温柔。放弃是为了更美好的追求。这次你战胜了自己，也许未来两年你又会不经意地坠入"朦胧的情感"，不要紧，随

时提醒自己，随时战胜自己，你就成了一个对自己负责也对别人负责的真正的人！

【情境分析】

面对学生在青春期的异性交往，这位班主任首先不是抱以不屑，认为其幼稚，而是首先以强烈的“同理心”对该学生的境况表示理解与感动，并上升到生命的高度认为这很纯洁、朦胧，同时顺势指出“这不是唯一的风景”，应该“向着前面更美的风景进发”。班主任是站在了学生的视角上同理学生的感受，同时具有一定的引领性。接着班主任举了自己的例子进一步同理学生的感受，这位班主任的描述比较细致，把自己还原到了初中时的自己，跟这位同学一样，“因为胆小并没有接受这份情感，但现在想起来仍然感到温馨”。班主任进而总结“生命到了这个季节必然会萌动着一种纯洁的憧憬或期盼。爱和被爱都不是错，因为这是青春的阳光抚摸心灵所感到的温柔。放弃是为了更美好的追求。这次你战胜了自己，也许未来两年你又会不经意地坠入‘朦胧的情感’，不要紧，随时提醒自己，随时战胜自己，你就成了一个对自己负责也对别人负责的真正的人！”班主任希望学生成为一个负责任的人。可见，班主任对这位同学的调适，是基于自己的情感经历，同情共受，引导学生正确认知情感，做一个对自己和他人负责任的人。

【深度解析】

爱情是严肃的事情，对人一生有着重要的影响；爱情又是一件复杂的事情，要付出心血和代价去培育；爱情是高尚的道德感情，对对方负有强烈的义务和责任。青春期异性之间的爱慕和憧憬如太阳初升的薄雾，它是美好的，而一旦酿成云、酿成雨，甚至酿成雷电与冰雹，对于初涉人生的少男少女来说是难以经受的。

据调查表明，中学生谈恋爱对学习起促进作用的仅占1%～2%。绝大多数都会给学习造成干扰。因为恋爱会使之精力分散，注意力不集中，兴趣转移，情绪不稳定，常处于担心因违纪被学校处罚和感情的发展不能自控的矛盾冲突中，精神高度紧张，常人在教室，心在天外。有的单相思者整天想入非非，甚至出现“白日梦”，其危害之大，自不待言。还有的学生在恋爱中有强烈的幸福感，非常投入，不惜以牺牲学业、违反校规为代价，结果顾此失彼，最后导致两头成空。

中学生的青春萌动是一个不可回避的现实问题。教师应换位思考，从学生的角度去看待他们所表现出来的各种言行和情感。不要夸大问题的实质，更不应该把它上升到道德问题。发现学生早恋，要替学生保密，不要大肆宣扬和公开处理，更不要盲目地发怒或斥责。我们应尊重学生的人格、情感和隐私，平等地与学生进行交谈，尽可能取得学生的信赖，成为他们倾诉的对象。要从学生的立场和角度出发帮助学生分析这份感情，教育他们自尊、自重和自爱，让他们体会到真正的关心与爱护。

我国伟大的教育家陶行知先生曾这样教导异性交往的青少年：每个人，无论男女，到了一定年龄是要谈恋爱，要过家庭生活的。但是，如树上的果子，是熟的好吃，还是生的好吃？人也像果子，要长得成熟，有了学问，会做工作，又有养育子女的能力，就好比果子熟了，那时就可以得到真正的幸福了。要是书还没有学习好，工作能力没有培养好，谈恋爱会有好处吗？陶先生的话对我们是很教益的。

当然，也应防止走向另一个极端。有的人只要一看见男女在一起，不分青红皂白，就斥之为早恋。这也是非常不公正的。首先，异性间的相互吸引、爱慕，是一种正常的心理现象；其次，异性间的交往也是自然的，甚至是十分必要的，它有益于少男少女的身心成长，角色训练，发挥潜力与特长。男女生在交往中，学会与异性相处的艺术，为他们今后择偶、婚姻打下基础，也可以说是一种未来生活的准备。至于在交往中，彼此产生好感，在一时的冲动之下，偶尔发生了接吻、拥抱或其他身体接触行为，不必大惊小怪，自己也不要产生负罪感或忧心忡忡。只是应当注意教育学生增强自我控制和调适能力，把握住分寸，尽量不要发生此类行为，因为肉体的接触会进一步加剧本能的性冲动，把握不住就会产生难以预料的后果。同时，要注意引导学生将注意力转移到学习、集体活动、体育锻炼，以及和其他同学的交往中，用群体的友情和关爱去温暖和感化学生的心灵。

第三节　学校及班级生活中教师的情绪情感调适

与幼儿和小学生相比，初中生在认知程度、身心发育等方面都已经有了较大程度的提升，对于初中生而言，其在这一阶段由于身体发育的急剧变化，以及由此带来的各种个体之间的差异等都非常容易导致他们在心理上的一系列变化，这一阶段学生开始逐渐从他们狭小的自我空间和意识中走出来，在思考问题的方式方法，以及与此相关的价值观、交往能力、社会规范的认同和经验等方面都比先前有了很大程度的提高，参与公共生活和事务，并且在其中获得不一样的社会性情感体验，是青春期学生的典型的情感发展特征和需求。

一、恰当认识初中生参与共同生活的能力和情绪情感需求

【情境再现】

湛蓝的天空漂浮着几朵白云，飞鸟在其中穿梭，享受着自由的快乐。在这片天空下，一间安静的教室中，40 位家长坐在位子上，似听非听一个声音像蚊子嗡嗡一样小的女生演讲。

时间像过了一个世纪那样漫长，女生颤抖着鞠一躬，逃跑似地离开讲台，脸上带着羞赧的笑，不知是笑自己不如人意的表现还是在自我安慰那点稀稀落落的掌声。

其实两者皆有，因为那是一年前的我，胆怯、软弱、不够自信。

一年前，我们的班主任还不是苏老师时，基本上所有的事都被班主任全部揽下，就连我这个班长竟也心安理得跷起二郎腿。因为我知道，下课时班主任是一定会来巡视的，所以我也没有必要多管闲事了。就这样，一天，一天，上课，下课，我几乎成了个局外人，淡定地等待我们那位似有千万只手的班主任来收拾这一切。以至于偶尔上台发个言，都像文章开头那样，不是一个班长应有的样。

终于，在这样高强度的工作下，班主任病倒了，而且恐怕不能教我们了。

尔后，苏老师来了，带着他的自主管理体制。开学的前一天，苏老师就在电话里郑重地告诉我："你是这个班的班长，对这个班的未来走向起着关键

性作用，所以，你必须得承担起你的责任来!”

当时的我还太幼稚，听完只感觉心里酸酸的，没太多感触，只是为自己突然就到了要出来担大梁的时候而手脚无措。

果然，开学头一天就出事了。老师安排我叫几个人去搬书，没曾想一个也不愿去，就要故意让我丢脸。我站在教室里手脚无措，突然，苏老师出现了，就像一个大救星，他让全部男生去搬。果然，没有一个男生不动。苏老师对我说:“你叫全部男生去，那不去的男生就不好意思了啊，对不对?”我咬咬嘴唇，重重地点了点头。

慢慢地，我在苏老师潜移默化的教导中走上了正轨，因为苏老师很忙，所以我就负责监督班委的运行情况，遇到紧急情况我现在也能较为妥善地处理，我也不再是那个连人也叫不动的愣头青了，站在讲台上，我也能很流畅清晰地表达我想表达的事物，因为我明白，每一次我作为班长出面，我的肩上就担着整个班的形象与荣辱，要想自主化管理的成功施行，那么作为一班之长，首先是我要做好才能带动全班的进步。而且，现在我正有意识地带动潜力无限的副班长，分担我的压力，同时更锻炼他的能力。接着是各班委将自主化管理理念逐层深化下去，只要班委起到了应有的作用，那整个班的质的飞跃就只是时间问题。我仿佛看见美好的明天正在向我们招手。

蓝蓝的天空，白白的云，有一群鹰在自由自在地飞翔!(马佩珊)

【情境分析】

在本案例中，我们看到，班主任对班级自主化管理中的重要助手——班长、班委干部、组长等是有针对性地培养的，并通过培养他们，带动全体同学共同进步。

当原来的班主任病倒了以后，苏老师开始接管这个班级，他“郑重地”告诉学生他们的责任，当主人公“为自己突然就到了要出来担大梁的时候而手脚无措”，苏老师也并没有因此对她心灰意冷和不信任，更没有给予责罚，这背后其实也隐含着他对于初中生的认识和了解——因为这样的情况是比较正常的。相反，苏老师还是从认知上着手，放手让学生干部自己管理并在其中积累工作的方法与经验，而自己只是给予策略上的指导和帮助，这背后同样也渗透了对于学生的信任和鼓励。比如说，给他们“压担子”，引导他们逐一说说他们自己的工作的问题困惑、解决方案、远景规划。并且逐步建立学生的自我认识和自我管理的习惯，告诉班委的同学，“今后的班委会，我不一定参加，即使参加，也不主持会议，班委会有你主持，常规工作由你听取大家意见之后，直接拍板!”

班级生活是初中生学校生活的重要组成部分，对学生发挥着直接而亲近的影响。初中生的心理和认知发展特点决定了一方面他们希望能够像成人一样管理自己的事务，发挥在班级生活中的自我管理和自我教育的作用，体验对班集体的归属感和使命感。另一方面他们又不能很自觉地去参与班级生活，表现出推卸责任、自我管理的意识还相对淡薄等。处于这种矛盾心理当中的学生必然在班级生活中表现出很多问题和困惑。作为教师，尤其是班主任，在这些问题的回应和处理就特别重要。尤其是教师在情绪情感上是否能够充分地理解初中生的这种矛盾心理，并且依据这种心理和认知发展的特点做出适时的调适与回应，对于班级生活的整个氛围来说至关重要。

【深度解析】　　享受班级美好的公共生活

让学生更好地享受班级美好的公共生活，需要高度注重培养学生参与班级生活的主动性和创造性，营造一个健康积极向上的“命运共同体”。作为教育者只有把学生看成是学习的主人和生活的主人，由全方位的管理者向顾问、助手、参与者转变，才能让学生真正成为班级的主人，把建设一个良好的班集体作为全体同学的共同目标。

实现学生自主管理最重要的一步是制定班级发展目标，并商定实现这目标的具体措施。因为目标是班级前进的方向，而措施则是确保班级目标实现的具体保障，二者缺一不可。共同的班级目标是享受美好集体生活的前提。班级目标的确立可以采取“民主集中”的原则，通过个人建议、小组讨论、班会等形式，从学习、纪律、卫生、礼仪、行为规范等方面，提出明确而具体的目标和确保目标实现的措施。

建立一套合理完善的班级公约。俗话说：没有规矩，不成方圆。班级公约是一个班级有序建立健康发展的重要保证。积极培养学生的主体意识。建立良好的管理机制，激发全班同学积极主动地参与，培养学生的主体意识。主体意识是指作为活动主体的学生对自身主体地位、自我调控能力和自我价值的一种自觉意识，是学生主体自主性、独立性和创造性在头脑中的反映，它包括学生的自我意识和对象意识。一个具有主体意识的人才会自尊、自爱、自信、自立、自强，具有主体意识才会积极主动地参与社会生活，自觉遵守社会规范，有义务感和责任感。

学生具有巨大的潜能，可以不断地开发和提高。如果没有对学生的尊重就不可能有学生的自主发展，苏联教育家苏霍姆林斯基也说过："没有自我教育的教育不是真正的教育。""学生在学习中能够意识和感觉到自己的智慧和力量，体验到创造的欢乐，为人类的智慧和意志的伟大而感到骄傲。"所以良好的班级生活要能够让每一个学生品尝到成功的滋味，在班级中有存在感、获得感，形成良性班级情感场。只有让学生享受到成功的欢乐，才能让他们发现自我，自信自强。

教师的信任感，即相信初中生自我管理和参与学校班级生活的能力。这其中就充分地体现了教师对于学生的信任。教师应该在对初中生的心理和情感发育特点有充分了解和识别的基础上，和学生之间建立一种教育性的信任关系，教师相信初中阶段学生有参与班级生活、进行自我管理的意识、能力和需要，这是至关重要的。

信任感是活动主体通过把握、认识和评价活动对象的统一的稳定本质后获得的安全、放心、无焦虑的心理状态。信任感的有无将决定信任的有无，也是关系双方有效合作的"情感底线"。在学生从小学进入初中以后，教师应该把他们当作"中学生"看待，也就是说，教师应该了解初中生的身心发展特点，特别是对初中生在参与学校和公共生活中的心理特点、需求及相应的情绪情感变化等有较为深入地了解。在这个基础上，教师应该相信初中生参与学校和班级生活的能力。信任行动需要信任感的推动，信任感与信任行动共同构成了信任。许多的研究是将信任感与信任行为紧密地粘连在一起的，如果将信任作为一种情感来理解，信任感即信任。

【知识链接】

信任的两种类型：策略性信任/道德主义信任

策略性信任基于对学生信息和自身信任经验的理性思考，一旦学生不能按照教师的要求去做，无法履行对老师的承诺或者教师自身遭受了社会、家庭、学校的不信任对待，就会取消对学生的信任。

道德主义信任与策略性信任不同，它不预测学生如何行动，也不受自身经验的影响，它是一种认为学生最终都是可被信赖者的信仰，在时间维度上相当稳定，因之更具教育学的意义。

教师对学生的信任及其关系

教师对学生是否付出信任，付出多少信任，是无法精确计算的。教师信任可能被学生利用，也可能被学生撕成碎片，那么，教师该如何去做呢？讨论继续信任还是取消信任，显然是经济学的"理性的狡计"，教师信任是学生成长的必要，它并不一定期望回报，它容许对方暂时的"口头支票"，即使学生被告知不可信任，教师依然要信任下去。因为"道德价值也要求你如同他们是可信的一样行动"①，因为"道德主义信任是一种信仰，它认为他人最终都是可被信赖者"②。对学生的信任给予是教师的职业使命和职业道德，所以这种预先给予的信任的教育需要教育者自身极大的努力。教师与学生之间信任关系有三种类型：

(1)人格型的信任。在陌生的师生交往之初，并不存在所谓的不信任关系，而是体现为一般性的信任关系，即一般都表现为相互认可和接纳，而不是提防、对抗和斗争。例如：一个班级初步建立，教师和学生彼此没有了解，师生之间的信任关系建立于彼此的身份之上，即教师和学生的一般信任关系。

(2)认知型的信任关系。这一信任类型显然要比人格型信任牢固了很多。就教师而言，认知型信任是教师基于对学生可信任度的理性认识和判断，即充分了解学生以便可以充分预测学生的行为。在认知的基础上，教师就会对部分学生产生不信任，而这一阶段则需要教师和学生的共同努力。

(3)情理交融型的信任。长期的交往实践使师生之间产生了情感联结，信任者通常不再考虑对方在某一事件中的可信任性，即便从认知上认为对方某一行为不可信任，但对其仍抱有信任，因为双方建立起了比较坚实的情感基

① [美]埃里克·尤斯特纳：《信任的道德基础》，22页，张敦敏译，北京，中国社会科学出版社，2006。

② [美]埃里克·尤斯特纳：《信任的道德基础》，22页，张敦敏译，北京，中国社会科学出版社，2006。

础。学生的成长恰恰最需要的就是这种安全感与信任感，或者说免于恐惧的情感。

【小统计】　　你跟学生的信任是什么类型

表 3-2　信任类型表

信任类型	特点	占比
人格型	在陌生的师生交往之初，表现为相互认可和接纳。	
认知型	基于对学生可信任度的理性认识和判断，即充分了解学生以便可以充分预测学生的行为。	
情理交融型	长期的交往实践使师生之间产生了情感联结，信任比较坚实。	

当然，教师在这个过程中主要是从认识上给予帮助和引导，"'旁听生'也有发言的时候，我发言的主要内容是关于如何做好一名干部(包括班委干部、课代表、组长、值日生等)"。教师在不同的阶段对组长们进行了三个专题的培养。

首先，在组建之初，我"告诉"他们：组员信任你们，选你们做组长，这是荣誉与信任，更是责任与担当。第一，你们自己一定要率先垂范，做好组员的表率；第二，各组需要尽快建立起组名、组训、组歌和组规，一定要充分发扬民主，充分利用"议事规则"(组内重大事项举手表决，少数服从多数，组长一票顶两票，定了之后务必执行)，用小组的文化与制度凝聚和带领组员共同进步。

其次，在组规执行了几周之后，有些小组的组规执行不下去了，组长担任起来力不从心时，我"说"：作为组长，执行组规，是你义不容辞的责任，你责无旁贷；但是，个人的力量终究有限，都是同学，个别组员不按组规执行时，你可以利用集体的力量，在每周一次的小组会上提出，大家来说，将问题摆上台面，让"非正义的东西"无所遁形；如果组内还无法解决，那么你也无须担忧，逐级上报相关班委干部、班长，请他们解决，有必要的话，班长会组织班委干部集体找他谈话，实在不行，请告诉我，我帮助你，请相信老师永远站在正义的一方。

最后，在有些小组出现不和谐，组员与组长出现对抗情绪时，我"告诉"

组长们：请你们把自己当成是与你“对抗”的同学，思考3分钟后告诉我你们想到了什么，“我们的组规确实有些偏见，对他太苛刻了。”“我没有从他的角度思考，他其实已经很有进步了，但是我还是对他要求过高。”“我缺少对他的关心和帮助。”……问题已不言自明。接下来，怎么做呢？大家你一言、我一句，管理的方法与智慧已在组长们的头脑中逐渐生成。

在这个案例中，教师就是利用了活动和班级等公共生活文化在初中生情感发育中的重要作用，并且在活动中调适学生的情绪情感及他们参与活动的意识和能力。对于初中生来说，这一点十分重要。因为“如果青年不被班级接纳，那么其年轻冲动的情感就会使并不坚强的理智土崩瓦解”。教师应该依托班级活动为学生搭建各种各样展示自我的舞台，相信并且尽可能地挖掘每个学生身上的闪光点，培养团队精神和班级凝聚力，形成全员共建、积极向上、团结互助的班级文化氛围。把尊重与理解、欣赏与互助、独立与合作、竞争与共享等价值渗透在班级文化氛围中，做到文化育人。

二、调适情绪应对策略，帮学生找到参与学校和班级生活的恰当方式

【情境再现】

开学不久，801班的同学们向我请求：要重新选举班委。正好，道德与法治课里涉及“公平公正”的内容。于是，我把选班委的权力交给了全班同学，只给他们定下了“公开、公平、公正”的原则，要让同学们自主推选自己信任的新一届班委。

选举会开始了，首先，由上一届班委对自己的工作进行了总结并表达了他们愿意继续为班级工作，为同学服务的心愿，同时也谈了对新班委的希望。接着又有同学毛遂自荐，表示愿意为班级集体奉献自己的一分力量，也希望自己能在工作中得到锻炼，取得进步。然后，采用无记名投票的方式开始选举。一切都非常顺利：发选票、全票收回、唱票、监票、统计票数，班委的入选人员名单出来啦！

意外就在这时出现了，有几个同学冲到办公室找我，反映他们对最后的统计票数有怀疑，认为有些同学的票数统计可能出了差错。我狐疑地看着他们，觉得自己听错了，因为计票、唱票、监票都是我信得过的学生，而且一

切活动都在老师和同学的眼皮底下进行，怎么可能？然而，他们再次坚持自己的真实想法。

为了公正，重新在班级里唱票计票。结果，真的发现前面的统计出了差错——小李的票数原来有32票，现在只有25票！几名男生怎么算得如此准？这是我的一个疑惑。下课后我先把他们请进办公室。原来他们几个，觉得小李以前担任副班长、科学课代表，发作业本时态度不是很好，老扔本子，对订正的人推推搡搡，于是十几个人就约好，都不要选他。当票数出来后，他们以为有人改变主意了，课后一碰头，谁都没有投他，于是就认定小李作弊。

这时，我再把小李叫到了办公室，他始终低着头，我轻轻地对他说："老师知道你一直干得很努力，但你细想一下，可能太忙了，是不是有些地方就做得比较粗心了？哪里跌倒就从哪里爬起来，放下'包袱'，做个敢做敢当的真正的男子汉。"他没有多说什么，只是点了点头。"还是有这么多同学投票给你，同学们还是很相信你的，缺点每个人都有，改了，就可以了。老师相信你以后肯定能做好，到时候再竞选班干部，怎么样?"他又点了点头。我想，对此时的班级来说，"冷处理"应该是最好的方式。因为我清楚，学生的态度会随着老师走，如果我把小李"一棍子打死"，学生也会跟过来。我要帮小李重树威信。

【情境分析】

这个案例反映了一个问题，一个不太成功的班委会的选举的过程，在这个过程当中，教师比较敏锐地处理了班委选举的问题，并且根据情境恰当地调适自己的情绪和情感反应，较好地处理了不必要的矛盾并且达到了教育的效果。

(1)当知道需要重新选择班委的时候，教师一下子很敏锐地意识到"正好，道德与法治课里涉及'公平公正'的内容。何不把这次选举作为一次实践操作呢?"正是在这种敏感的职业意识当中，教师把选班委的权力交给了全班同学，并给他们定下"公开、公平、公正"的原则，让同学们自主推选自己信任的新一届班委。

(2)当选举出现票数统计意外的差错的时候，教师并没有立刻茫然无措或者表现出愤怒、责罚的情绪，他先是"'狐疑'地看着他们，觉得自己听错了"，这种狐疑中表现出教师一开始的诧异和不相信，但是仅仅是狐疑，并没有立刻出现行为和言语上的反应，当看到“他们再次坚持自己的真实想法”的时候，班主任一开始是不大情愿的，“难道要重新计票?”但是，很快班主任的职业敏感再一次使他意识到，平常经常教育学生要充分行使自己的权力，做到知行合一。“既然他们对选票有疑义，我应该有所交代。”这样，班主任就把自己的情绪情感从自然人的情绪反应调适到职业敏感上来，并且及时进行行为表现上的调整：“那就再来一次吧!”

(3)当结果出来的时候，班主任再一次面临情绪情感上的挑战：是立刻对小李进行批评教育，还是“轻描淡写”？最后，对于票数做假的同学进行了批评。这也符合初中生教育的特点，并且是在他们自己认识到错误的情况下做出的，带有策略性和认知提升的教育，会有很好的效果。

教师在处理类似问题的时候，就应该注意学生在班集体建设中的参与与合作，在班级管理分工、班干部选举轮岗等方面渗透民主参与、合作共赢、公正公平等现代公共生活中的价值观念，为学生提供自我管理的舞台，培养他们参与公共生活和集体事务的意识、能力，在班级活动和其他社会活动中体验集体的温暖，获得情感上的归属和承担责任时候的荣誉、集体向心力。

【深度解析】

进入初中，学生的情绪情感发展开始逐渐从儿童期的自我为中心的自我情感向社会性情感发展，伴随着身心的发展，他们急切地希望能够像个成人一样来管理自己的事情，并且希望像个成人一样可以参与到公共生活和集体活动中来，在其中展示自我，并获得来自同伴群体的认可与接纳，从而体验由此带来的心理感受和情感状态。因此，对于初中生而言，通过参与学校和班级生活，他们在情感上满足了归属与参与的需要，并且通过活动中的交往与锻炼，不断地感受责任和荣誉，获得集体荣誉感。这些情感的发育和成长，对于初中生将来参与更大范围的社会生活，获得自我情感和心理成长的需求来说，都是至关重要的。

公正、民主的班级氛围显示着班级中各种成员共同的心理特征或倾向性。它在形成集体意识和班级特色中起着渲染作用。班级气氛形成的凝聚点就是每个成员都有强烈的集体荣誉感。高级情感的激发与培养是朝向更高管理目标迈进的群体动力，一些学者认为教师的领导方式也影响着班级气氛的形成和学生的意向。教师把他的理智的(如劝诫、指导、说教等)、情感的(如关心、热爱等)、个性的(如风度、气质、坚毅等)心理因素融进管理的影响通道中会起隐性作用。班主任民主式的领导帮助学生学会自主解决问题。乐意为班集体贡献力量，形成班集体的正确舆论并起到监督和调节作用。

作为班主任，除了应具备令人信服的学识和对学生的责任心之外，还应该拥有良好的人格。具有人格力量的班主任本身就是一位自我实现的人，他具备完美的人性、独立的人格和创造能力，热爱生活并协调自我心理。因此，具备人格力量的班主任能使学生乐观、上进。

赫尔巴特说："如果不坚强而温和地抓住管理的缰绳，任何功课的教育都是不可能的。"这句话道出了学生享受班级公共生活的重要性。教师在处理类似问题的时候，就应该注意学生在班集体建设中的参与与合作，在班级管理分工、班干部选举轮岗等方面渗透民主参与、合作共赢、公正公平等现代公共生活中的价值观念，为学生提供自我管理的舞台，培养他们参与公共生活和集体事务的意识、能力，在班级活动和其他社会活动中体验集体的温暖，获得情感上的归属和承担责任时候的荣誉、集体向心力。

【知识链接】

归属感

美国心理学家马斯洛的需要层次理论认为爱和归属的需要是人的需要中的一个重要部分，也就是说，人在满足生存与安全的需要之后，还有获得归属与爱的需要，特别是对某个群体或者集体的归属的需要。归属感是划定、认同与维系个体对特定群体的关系，特别是心理认同程度的一个重要指标。

责任感

责任感是人的素质的核心成分之一，也是一种重要的情感品质，它直接与人的道德情感相关联，因而对于一个人的道德品质的发展的影响也是巨大的。初中生在参与学校和班级生活中，伴随着其扮演的角色的不同，必然要履行不同的义务并承担一定的责任。也只有在公共生活中，人的责任感才能够被激发，并获得发展。因此，公共生活对于个体的责任感的发展来说是十分重要的，早在1993年联合国召开的"21世纪挑战及教育改革"会议中，来自不同国家的专家学者就已经一致地达成共识：新世纪摆在我们面前的第一个挑战，既不是新技术革命，也不是经济发展，而是青少年一代的道德问题。一个道德情感贫乏、缺少责任感的人是不会真正关心他人，无法与他人真诚合作的，也是无法适应社会的。可见，“学会负责”不仅是个体情感发育的问题，而且关系到个体的道德成长和社会生活的质量。在初中阶段进行责任感的培养是十分迫切和重要的。因为责任感是一种需要有认知参与的、靠意志维系的并且以实际行动体现出来的道德情感，所以，面对中学生这一特殊的群体的时候，他们在认知、意志及行为发展上的特点都意味着教师可能并且也应该不失时机地进行责任感的培育。具体而言，责任感与下面这样几个方面的因素相关。

(1)责任感与认知，特别是人的是非观念分不开。没有是非标准，失去价值判断的责任感是无从谈起的。

(2)责任感需要依靠坚定的意志来维系，能否在艰难的环境中、艰苦的抉择中依然拥有强烈的责任意识，是需要依靠坚强的意志来维持的。

(3)责任感是需要用实际行动来加以体现并在实际行动中获得不断地丰富与发展的。具有责任感的人一定能够在做出满足自己需要的行为的同时，考虑到他人和社会、集体的利益，甚至在个体利益、社会利益、他人利益发生冲突和矛盾的时候能够做出必要的取舍。

(4)最重要的一点，责任感还表现为一种强烈的情感体验，当个人在自己的言行举止中，在参与社会生活和集体活动中承担责任并履行一定义务的过程中，它表现为强烈的情感上的满足和体验。强烈的责任感也必然地引起强烈的集体和公共荣誉感与使命感，它表现为个体能够将自己置身于公共生活和集体中，与集体同呼吸、共命运，在其中感受自我价值的被认同，并不断地以正面的力量塑造和影响集体和社会的价值观。

广义上的公民责任感是一种由认知、情感和行为共同组成的复杂的能力。它包括：(1)关于政治问题和政治手段的知识，公民可以运用这些手段来公正地化解矛盾；(2)对社会的依恋情感，希望为人们的福利做贡献；(3)实现公民目标的技能，例如：怎样与地方官员接触并向他们提出问题；怎样组织一次会议，让所有与会者都有机会发表意见。

荣誉感与使命感

与责任感相比，荣誉感与使命感则是一种更高层次的道德情感，它们甚至是一个正直的人一生都在不断追求并为之奋斗的理想目标。如果要细致地分析起来，荣誉感当然又可以分为个人荣誉、集体荣誉、民族和国家荣誉等。对于初中生而言，维护集体荣誉，在集体和社会生活中不断经历和体验集体荣誉感，则是教师在进行教育活动中特别需要注意的地方。与责任感一样，荣誉感的培育也是需要诉诸认知和行动的。因此，在培养学生集体荣誉感的时候，首先应该教会他们正确处理个人利益和集体利益的关系，当个人利益和集体利益发生冲突与矛盾的时候，应该如何取舍；当大集体和小集体的利益发生冲突和矛盾的时候，应该如何取舍；如何看待个人荣誉和集体荣誉的关系；等等。这些都是初中生荣誉感培育中特别需要引起注意的地方，也是考验教师教育智慧的地方。

三、调适学生的负面情绪状态，积极面对学生在共同生活中的问题

【情境再现】

开学之初，女生孙某自主地坐在了第一排。后来班级调整座位时，李老师见孙某是班内的矮个子，就把孙某留在了第一排。孙某对李老师充满感激，学习也非常努力。

学校通知“十一”举行“金秋放歌颂祖国”合唱会。李老师向班级传达完通知，学生群情振奋。可是，谁来指挥却难住了许多同学，热烈的场面一时沉默了。李老师也犯了难。一阵悄声议论后，有几个同学推荐孙某，说孙某曾是小学音乐班的学生。

听到这个消息，李老师一下子感到了几分踏实。可是孙某却说怕不行，给班级抹黑。一些同学对孙某说：“你不行就没有行的了，别谦虚别推辞了。”李老师见有同学这么说，就对孙某说：“你就指挥吧。只要尽力，就是胜利。”

果然，在排练的过程中，孙某不遗余力，使排练进行得比李老师预想的好许多。看着孙某几分熟练和优雅的指挥动作，几分灵动而机智的指挥眼神，李老师对孙某产生了几分喜欢。孙某也从李老师的神情中读出了李老师对自己的肯定。

在全校的合唱会上，孙某的指挥刚柔分明，挥洒自如。全班的合唱被评为二等奖。

李老师在班上着实表扬了孙某。

此后的几天里，孙某一直快乐着。一个课间，孙某与李老师迎面而行。到了跟前，孙某说："老师，让我抱一下你，行吗?"李老师颇感意外，但看到孙某满脸真诚，就答应了。"这么开放。"李老师心里不由自主地划过这句话。

自那以后，不知何因，孙某成绩不断下滑。更为严重的是，后来孙某居然与一名外校的男生经常在上下学时形影相随，亲亲热热。

李老师颇为烦心和恼火，在班上严厉批评了孙某。

可是，一些任课教师和学生反映，孙某仍然在课上说话逗乐。李老师认为孙某不求上进，甘愿堕落，狠狠地训斥了孙某，把孙某调到了后面的座位。到了后面的座位，孙某像得到了解放似的，有些变本加厉。李老师电话告诉孙某的家长好好管一管。此后几天的课堂上，孙某几乎整天趴在课桌上，但与外校的那个男生的来往却未见收敛。李老师暗想："只要你课上消停就行，只要你不出事就行。"

一天放学后，孙某跟随李老师来到办公室，说："现在跟不上课堂学习，想从明天起请一周假，在家让大学毕业的表姐补课。"李老师问："你家长知道吗?"孙某说："知道。"李老师说："那行，给你假。"李老师心想："你不来，班级消停，我也消停。"

第二天晚上八点，孙某家长突然给李老师打电话，说孙某放学后到现在还没有回家，原以为可能到几个要好的女同学家里去了，可是没有。李老师这才把孙某请假回家补课的事说给了孙某的家长。第三天，学校和家里还是没有见到孙某。李老师心急如焚。一个学生见李老师着急无奈的样子，透露了孙某在外校的那个男生家里。按着这条线索，果然找到了离家离校两天的孙某。

【情景分析】

从上述案例中可知，孙某的学习基础确实薄弱，但孙某是想上进改变的。因此，孙某在开学初"学习也非常努力"。孙某具有一定的合唱指挥才能，而且具有较强的集体责任感和荣誉感。因此，孙某在排练时"不遗余力"，在合唱会上指挥“刚柔分明，挥洒自如”，为班级夺得二等奖“立下了功劳”。孙某也具有较强的情感感知能力和表达能力。因此，在被留在第一排后，“对李老师充满感激”，在演唱会结束后抱一下李老师。但孙某也是一个具有问题行为趋势的学生，由于防范不力，早恋、说谎、离家离校出走，先后发生了。

当要和老师拥抱与成绩下滑时，李老师没有及时顺势引导，没有及时找孙某谈话，帮助孙某分析成绩低下的原因，保护孙某学习的积极性。当问题更加严重时，李老师仍然没有找孙某进行深入的谈心，深入了解孙某发生问题行为的原因，分析其危害，实施防范发展的措施。只是在发现“孙某居然与一名外校的男生经常在上下学时形影相随，亲亲热热”后，“颇为烦心和恼火，在班上严厉批评了孙某”。尤其是准假给孙某，想到的是“班级消停，我也消停”，而且也没有及时告知家长，客观上给孙某提供了可乘之机，从而孙某离家离校出走。

另外，李老师受应试教育影响，只注重分数，忽略学生人格培养，忽视了学生个体发展的差异性，把学习作为衡量学生优劣的唯一标准。因此，没有对孙某以长激短，以长补短。如果不以学习定优劣，而是关怀孙某的情感，尊重孙某发展的差异，以优势转化劣势，那么，孙某的问题行为至少可以得到很大程度的防范。“一切为了每一个学生的发展”“让每个孩子接受适合的教育”这是新课程的最高宗旨和核心理念。防范学生的问题行为，要有敏感的意识。每个学生的思想、心态、动机都是复杂的，而且在特定的条件影响下，在特定的情境中，还是易变的。复杂性意味着内隐性，易变性形成多发性和多向性。因此，教师要学会善于明察学生思想和行为的蛛丝马迹，将问题行为消灭在萌芽前和萌芽状态，防患于未然。

【深度解析】

敏锐的眼睛和敏捷的思维，是防范学生问题行为的前提条件。第一，要善于捕捉学生个体和学生群体当前思想和行为的现状，分析问题行为发生和发展的可能和趋势。第二，要善于捕捉学生个体当前的学习、生活、交往和家庭等方面的状态，分析问题行为发生和发展的可能和趋势。第三，要善于了解当前社会政治、经济、文化、体育、时尚等发展状况，分析可能引发学生问题行为发生和发展的因素。第四，要善于了解班内和校内当前的重要事件和流行风气，分析可能引发学生问题行为发生和发展的因素。防范学生的问题行为，要坚持新课程倡导的发展的学生观、独特的学生观、独立的学生观。

发展的学生观告诉我们，每个学生都是处于发展过程中的人。作为发展过程中的人，每个学生都是一个不成熟的人，都是一个正在成长的人。每个学生都有可能发生这样或那样的问题行为，而且还可能会反复出现。因此，每个处于发展中的学生，都离不开学校的教育培养，都离不开教师的指导。否则，学生的成长将失去方向。学生问题行为的防范，不是一次或一个过程就可以完成的，决不能奢望毕其功于一役，要反复抓，抓反复。

独特的学生观告诉我们，每个学生都是具有自身独特性的人。独特性形成差异性。每个学生由于遗传素质、社会环境、家庭条件和生活经历不同，所形成的心理世界也千差万别。“人心不同，各如其面”。独特性不仅表现在心理上，还表现在行为上。不同的心理外化为差异的行为。要充分尊重学生的独特性，从差异的心理和行为切入，进行具有独特性的防范。

独立的学生观告诉我们，每个学生都是独立于教师头脑之外的人。这就是说，学生具有独立的人格和尊严，具有独立的思维特点、心态特点、行为习惯，是不依教师的意志为转移的客观存在。因此，绝不是教师让他们做什么，怎么做，不做什么，他们就完全做什么，怎么做、不做什么。作为教师，首先要放下架子，把每一个学生都看作与自己平等的人，尊重学生方方面面的独立性，以人文关怀防范学生的问题行为。清代学者戴震就曾经说过：“理也者，情之不爽，失也。未有情不得而理得者也。”

“教学永远具有教育性。”教学中，教师要充分挖掘和展示学科中的各种道德因素，要积极关注和引导学生在课堂教学中的各种道德表现和道德发展，实现课堂教学的育人功能。教师心里装着学生，每一个学生都是一个生命。教师所教的是一届学生，而对家庭，学生是唯一的孩子。关注学生的情感变化，及时调节，是真正爱学生的根本要求。“注意每一个人，关怀每一个学生，并以关切且又深思熟虑的谨慎态度对待每个孩子的优缺点，这就是教育过程的根本。”苏霍姆林斯基这样说。

第四节　教师情绪情感调适的认知策略

一、调适对学生情绪情感的认识和回应

教师应加强对初中生身心发展规律的了解和认知，调整自己的刻板印象，真实科学地把握初中生的情绪情感特点和表达方式。正如苏霍姆林斯基所言，“教师合理地使用对儿童的权利，这是一个重大的创造过程，它要求教师具有深入到儿童的思想情感世界中去的热忱，以及善于理解儿童语言的能力。”因此，教师应尽可能地根据初中生的情绪情感特点，引导并帮助学生“生命意识”的自我唤醒，使学生将自己的生活与学校教育、学校生活结合在一起，在学校中深刻地体验并积累他们自身的生活经验，丰富自己的情绪情感体验。除此之外，教师还应该专注于初中生认知水平的提升。帮助学生获得对兴趣、友爱、责任、荣誉等各种情感类型的内涵和它们之间相互关系的认识，从而在面临不同情绪情感冲突、矛盾的时候，学生能够明白并处理各种情感及与此相关的各种价值之间的关系，调适好自己的情感状态，并做出恰当的行为选择。

在以上基础上，教师应接纳所有的学生。根据学生不同的情感特点和需求，满足他们在学习、交往及参与学校和班级公共生活中恰当的情感需求，注重细致、关心，在教学活动、日常教育生活中渗透“友爱、平等、公平、开放、尊重”的理念，建立良好的师生、生生关系。反对歧视、排斥、分类和压制学生。在具体的问题和现象处理的过程中，教师应该努力在情感上寻找到师生情感的连接点。因为老师和学生只是不同的身份角色，但是作为人，都有共同的情感需要，也有着相似的情感体验。教师要能够在教学活动、师生交往，以及学校和班级生活中准确把握师生之间的情感连接，拉近师生之间的距离，从而增进情感调适的机会和效果。

二、调适对自身情绪情感的认识和回应

除了要准确、合理、恰当地认识学生在教学活动、同伴交往，以及学校和班级生活中的情绪情感状态、特点、需求和问题之外，教师还应调整对自

我，特别是自我心理和情绪情感特征的认识，了解自己的性格特征、价值偏好，以及在班级和学校教育生活中的期望等，做情绪情感及工作预期上的“自我剖析”，以便更好地调适自己不恰当的情绪情感反应和应对策略，并达到能够调适自己的情绪情感以便唤醒和激发学生的正面情感，而不是简单的方法和技巧学习。这就要求教师应具备敏锐的职业情操和修养，经常反复地反思自己在教学活动、处理学生同伴交往、学校和班级公共生活中的角色问题，以及自己在处理这些问题(包括师生关系)时候的策略和在相应问题上的情绪情感反应和变化，求证自己在以上各种场景中处理问题、与学生相处时候所持的态度立场，以及对学生的情绪情感反应状况，有意识地、自觉地根据初中生的特点和情境的变化，调适自己的情绪情感应答方式，为学生创设并提供具有教育意义的学校教育文化氛围。教师尤其应该在认识自己情绪情感和初中生身心发展特点基础上，着重注意对自己在处理学生一系列问题时候的不当和负性情绪情感反应，调适自己在教育过程和师生交往生活中的不利于教育教学、学生成长和自我心灵成长的负性情绪情感状态，用良好的情感状态去解决和处理初中生在学校中的各种问题。

第五节　教师情绪情感调适的行动策略

一、调适学生的情绪情感

1. 激发并调适初中生情绪情感的机制：笑脸墙

笑脸墙：通过将笑脸的照片贴在墙上，展示学生活力四射的面貌。

2. 引导学生感知自我和他人的情绪，进行情绪情感的自我调适

游戏目的：

(1)通过创设安静的环境引导组员悉心感知自己，感知自己的内心活动，感知自己的内在声音。

(2)通过安静环境中悉心思考，学会感知别人。培养自己善解人意的心态与能力。

(3)体会自己对注意力的驾控能力。

游戏导入：

(1)导师选择安静的环境，通过指导语引导保持安静。

(2)音乐响起后，请组员寻找自己最舒服的姿势，在这一过程中要注意自己的感受，但活动期间一定要保持安静。

(3)引导组员在安静环境下思考下列问题。为什么你在那个姿势下最舒服？最舒服对于你来说是怎样的感觉？对自己呼吸、心跳等生理变化的感知；对自己认知过程的感知；对自己身体动作、姿势的感知；对自己情绪体验的感知……

以上引导告诉我们，同一种活动不同的人会注意到不同的方面，注意到同一个对象也会有不同的内容，这就是我们常说的感知和差异，注意点的差异。今天，我们就给大家准备一系列的活动，让大家尽情感受并发挥一下平时没有被我们太多重视的感知觉和自己的注意状态。

人员与场地：

15 人左右，两人一组，室内。

游戏道具：

班得瑞的音乐、A4 白纸、笔。

规则和程序：

第一轮：感知自己

(1)播放音乐，请组员边听音乐边在白纸上写下最喜欢的一首或一句诗歌。

(2)完成诗句后，请组员闭上眼睛感受音乐，感受诗句，感受自己。

(3)讲清规则后再发纸笔给组员，开始播放音乐。计时 10 分钟。

(4)时间到后，请组员睁开眼，简单记录自己刚才的感受。

(5)记录完成后，关闭音乐，小组内交流分享。

第二轮：感知彼此

(1)将组员两两配对，并面对面坐好。

(2)请组员们慢慢闭上眼睛，聆听班得瑞的音乐，做 5 个深呼吸，然后慢慢睁开眼注视对方。

(3)在注视的过程中请试着去感受对方的心境，体会对方对音乐的感受，试着去理解对方想要表达给你的内容。

(4)讲解完规则后统一计时，本环节15分钟。

(5)结束后，小组分享。你是否感受到了对方的感受？在试着去理解对方表达时，你自己是怎样的心情？通过现在的语言交流，你感受到的对方与对方想要表达的内容是否存在差异？你认为造成这种差异的原因是什么？

第三轮：控制自己的注意力

(1)请同对组员面对面坐好。

(2)请组员们慢慢闭上眼睛，聆听班得瑞的音乐，做5个深呼吸，然后慢慢睁开眼注视对方。

(3)保持注视，但在注视过程中，不要去关注对方的感受，而是回想自己在游戏环节中对诗歌的感受体验。

(4)讲解完规则后统一计时，本环节15分钟。

(5)小组分享。当你一边注视着对方，一边去回想自己在第一环节的体会时，对方的注视是否成为回想的干扰？当你发现回想受到影响时，你是怎么调整自己的注意力的？在平时的学习生活中，你如何控制自己的注意力？

三轮活动的解说要点：

你一边听音乐，一边感受自己喜欢的诗歌，体会到自我将二者的意境相互融合，带给你一种新的感受。这种感受是对注意力的分配。我们的日常生活中有很多这样的情况，只是我们没有用心体会，今天这个活动目的就是体会你的注意力，体会它的存在和它的变化，体会你对它的控制力。

第二个环节强调彼此的感受，通过组员们的注视，跳出语言交流的通路，感受对方，理解对方。这种情况下，需要更多地动用我们的注意力，有意识地去注意，去寻找你要的注意内容，体会分析你的注意的客体。我们会感受到自己的注意力对外界世界的指向性、通过第一环节与第二环节的对比，用心感受你的注意力如何指向自我内部，协调内部机能，如何指向外界，联系内外感知。

第三轮，感受自己对注意力的驾控能力。小组成员对你的注视是否影响到你的注意力全神贯注于自己喜欢的诗句，当你意识到这种干扰的时候，你是如何保持注视，将注意力拉回到自己的思考的？有时候我们会认为注意力是不受我们控制的，外界事物吸引了我们，我们的注意力就会转移。这种情况是存在的，而且相当普遍，但更多时候注意力是可控的，感受到注意力的可控性，加强自我控制训练，我们相信自己的自控能力，才能有资本更加自信。

3. 创建良好的班级情感氛围，在环境创设中培养学生良好的情感品质①

甜蜜蜜、乐融融的教室布置　引导与策略

一、可善用的美化区域

以目前一般教室的大小来说，空间的确相当有限。若将一间普通教室可以布置美化的区域加以划分，大致可分为以下各部分(请参考使用，可依您的需求酌予增删)。

(一)重点区域

主题栏或学生园地(亦即教室后方的墙面，面积最大)。

生活公约栏、公布栏(通常在黑板的左右侧)。

标语(通常会利用教室窗户间的小墙面或柱子作为张贴处)。

(二)辅助区域

荣誉榜(团体竞赛、个人表扬、优良成绩表现专区)。

心情系列(留言板、辅导专栏、小小信箱、温馨小品文章)。

班级图书馆、学习角(学生的休憩小天地)。

教室绿化。

其他(别忽略了学生们的巧思创意)。

二、梦幻工作团队

即使教室布置需每一位成员的参与，还是要有负责统筹规划的领导者，导师固然是最佳指导者，但不妨借着这个机会，让学生培养新任干部的合作力，当他们累积越多的成功经验时，梦幻工作团队的营造就渐具雏形。下面表 3-3 可提供参考。

① 薛春光，等：《班级经营调色盘——学生人文情怀的培育》，36～42 页，北京，首都师范大学出版社，2012。

表 3-3　团队分工表

教室布置班级自治干部初步分工表	
干部职务	工作分配
班长	公布相关信息
副班长	全班意见整理，协助选出教室各区域制作人才
学艺股长	统整各分配区域之设计、制作，请教专业老师
总务股长	布置经费管理及教材采买
其他各股干部	主题栏作品搜集(如：体育股长——体育专栏；卫生股长——保健常识；辅导股长——辅导专栏；风纪股长——法律常识)

三、掌握时效，全体总动员

教室布置就是一项学习活动，理应全员参与才有意义。如何全员参与又不致造成“人多手杂”效率不彰？不妨先听听孩子们的想法，以问卷调查的方式整理班级成员的意见，从中选出最适合的人才。以下是执行教室布置的一般流程，可以让第一次规划布置活动的学生有所依循。

意见统整	设计草图	执行制作	布置张贴	验收成果
问卷调查、公布调查结果，选出布置人员 (第一至三天)	统整各区域负责人所设计之草图，并请专业老师指导 (第一周前)	开始采买材料及制作 (评分一周前)	将制作好的部分固定于墙面上，确认是否牢靠 (评分前三天)	布置完成，请同学、老师提出还可以更加美化的方法 (评分前两天)

图 3-1　教室布置流程图

四、凝聚热情，追求专业

美术、生活科技及家政课程中都有一、两个单元与教室布置或居室设计相关，导师可以和任课老师讨论课程是否能配合活动，或聘请这些老师在学生设计、制作的过程中给予指导建议，学生不但做得有信心，未来进步的空间也更大。家长们更是宝贵的指导者及参与者，可透过班亲会或家庭联络簿广征家长支持，在教室布置中增设“亲子专栏”也是让家长融入班级的好方法之一。试想教室中多了学生家长的才艺，或是提供家中多余的盆栽，班级就能更添“家”的味道。

表 3-4　问卷调查表

"____年____班真少不了你"问卷调查
教室布置战略高手就是你
制卷人________感谢您的帮忙，请于________月________日前交给我！ 高手大名：
散发气氛篇
我希望第一次的教室布置能以____________________色为主要色系。 例：健康的绿色系 因为：
我认为我们这一班可以呈现出____________________的班级特色。 因为：
我觉得可以用____________________来当教室布置的主题。 例：海洋世界 因为：
推荐人才篇
我推荐________很适合提供教室布置的创意点子。
我推荐________负责学生园地的设计与创作。
我推荐________负责布告栏的设计与制作。
我推荐________负责生活公约栏的制作。
我推荐________负责标语的制作。
我推荐________负责________的制作。
我推荐________为工作伙伴加油打气、叮咛工作进度。
我推荐________老师能为我们在制作过程中给予指导及讲评。
如果每人均需要认领工作，我认为我可以尝试________的工作
诚心公益篇
我觉得我可以提供________物品放置班级，服务亲爱的同学们。
我有多的________可以捐给班上使用。
我甚至可以自愿协助________，希望能为班上尽一分力。
梦想篇
我心中的梦幻教室能有(可以用写的，也可以直接画草图)：

4. 把握介入调适学生负面情绪的时机

(1)是不是发现学生有负性情绪就需要教师介入呢？

讨论1：哪些情况下学生有负性情绪不需要介入或者延缓介入？

答案：下面的四种情况，教师可以不介入或者延迟介入：学生的负性情绪反应不明显；学生是通过此故意引人注意；无立即性伤害或影响；学生只是想宣泄一下情绪。

讨论2：哪些情况下学生有负性情绪需要立刻介入？

答案：学生的反应强烈，有立刻性伤害，会伤害自我或他人；学生表现异常、无助；学生主动寻求协助；影响学生的学习活动。

(2)教师如何介入？

讨论1：当学生有情绪问题需要老师介入的时候，老师们一般会采取哪些方法？想到多少写多少。

讨论2：对这些方法进行归类，发现一般可以归入三种方式。

答案：(1)消极处理：忽略，不理会；骂、恐吓。(2)只解决问题，不关注情感本身：教师居中协调与劝导；和学生讨论如何解决问题；请家长协助处理。(3)从情感维度解决问题：倾听与同理学生的情感；鼓励学生表达情感感受与想法；教导学生抒发情感的方法。

二、调适自身的情绪情感

1. 常用的情绪情感调适策略

(1)情绪情感调适三部曲。

①what情绪觉察与接纳情绪——我现在有什么情绪。觉察自己的情绪，比如通过扪心自问“我怎么了”“我现在的感觉是”等形式，让原本不清晰的情绪逐渐清晰起来，从而比较好地辨识出自己的情绪状态。它包括在认识自己

情绪情感状态的基础上对自己情绪情感的接纳，敢于正视自己的情绪情感，不回避、不自我贬低，与自己的情绪情感同在。

②why 与自己的情绪同在——我为什么会有这种情绪。继续自问“我怎么了”“为什么会有这样的情绪呢”，帮助自己进一步了解关于情绪情感状态的内容，这样做的好处是既理清楚情绪情感的来龙去脉，同时也在这个过程中达到抚慰自己的情绪、调适自己情绪情感状态的目的。

③how 在了解情绪情感状态，知道了其原因之后，就是学习为自己的情绪情感负责，即学习调适自己的情绪情感，其中，情绪情感的表达、释放等都是重要的情绪情感调适方法。在教育生活中，教师还应该学会有教育意义和有目的地调适自己的情绪情感表达与释放方式。

(2)自我同情。

这是一种综合性的心理构建过程，主要包括下面这几个方面。

①自我友善：宽容地对待自己，当在教育场景及和学生的相处中遇到负性情绪的时候，不要过分地责罚自己。

②意识到自己所经历的是全人类普遍经历的一部分，承认没有人是完善的，无论得失，都是生活中很正常的现象，尤其是对于初中生这个特定年龄阶段的孩子而言，更是如此，不必斤斤计较。

③正念：拥有情感上的平静，避免长时间陷入痛苦情感中无法自拔。

自我同情水平较高的人就能避免让自己过分沉溺于负性情绪中，从而可以对自己的行为给予更多的了解，并且用正确的态度评价和认识自己的负面情绪。能够坦然接受自己的负面情绪，也就更加能够从负性情绪中获得转化。

(3)积极性的写作。

通过这种方式可以帮助教师在较短的时间内产生正向情绪情感，从而有效对抗包括沮丧、压力、愤怒在内的负性情绪。所谓积极性写作，是指教师在写作过程中，通过回忆的方式体验并挖掘自己在面对问题和矛盾时候的一些瞬间的正面情绪情感，换一个角度来进行情感的自我审视，获得另一种对于认知系统的评价，改变自己的情绪情感状况。

2. 教育教学中教师的情绪情感调适策略

(1)提升教学水平和能力。

据相关研究表明：教师越成功(包括受学生欢迎、职称高、授课水平高等）其情绪情感调节能力越强，教师课堂情绪调节能力与教师的教学业绩呈正相关，教师课堂情绪调节能力越高，其教学业绩就越好。[①] 反之亦然。我们可以推断，教师在教育教学中的积极情绪情感最主要的来自教学的成就感，因此教师调节情绪的首要目标是提升自身的教学水平。有了良好的教学水平，其教学效果、教师的情绪调节能力都会随之提升。教师提升教学水平的方式可以有很多种，如积极备课、不断创新、请教他人、拜师学艺等。

(2)在教育职场中提升自我，使性格逐渐偏向外向。

其一，心理学研究表明，外向的教师(人)情绪情感的调节能力更强[②]。因此，建议教师阅读心理学相关书籍，使自己的性格趋向于开朗、外向。其二，教育教学作为一种与人交往、具有道德性的活动，教师的情绪智力(情商)相对于教育教学水平而言同等重要。因此建议教师，学习关于情绪情感的相关知识，增加对自己的了解、提升对自己情绪情感的控制能力。本书在前后文中多次提到，与人交往、拜师、读书、写教育反思笔记等都是可以提升教师自身。

(3)教师可以通过一定的方法提升个人的情绪感染力。

教师学习表演艺术可以增加个人的情绪感染力，如相声、评书、快板等，还可以练习朗诵、表演、声乐、绘画、舞蹈等多种方式。

(4)教师的教育反思笔记可以采用价值澄清法来尝试。

您可以按照以下步骤进行思考：自由选择；从多种选项中选择；深思熟虑后选择；珍视、重视所做的选择；愿公开表示选择；采取行动；重复实行。

(5)教师反思还可以通过给学生表达的机会和平台来实现。

3. 其他的一般性情绪情感调适策略

(1)运用转移问题和注意的方式，使自己暂时性地离开负面和不恰当的情绪情感状态，然后再寻找恰当的时机来处理这些问题，避免一时的过激和不恰当的处理方式给学生，也给自己造成情绪情感上的更大伤害。

(2)投入问题当中去，积极地思考、评估情绪情感问题的原因，寻找恰当的方式来宣泄、调整自己的情绪情感。

---

① 邱莉：《教师课堂情绪调节能力的研究》，118页，博士学位论文，上海师范大学，2007。

② 邱莉：《教师课堂情绪调节能力的研究》，119页，博士学位论文，上海师范大学，2007。

(3)寻找社会支持或者动态的活动等方式，如倾诉、表达、寻求理解或通过运动来释放和合理宣泄负面的情绪情感。

(4)放松身体和大脑，或者进行自我暗示与调节，让身心处于一种饱满和舒适的状态中，从而进一步调适负面的情绪情感状态。

(5)基于移情理解和教育者的视角观察初中生的情绪情感特点，进行有目的的情绪情感状态调适，使自己和学生都有情绪情感上的缓和。

三、行动工作坊：教师情绪情感调适训练

(一)反思与审查自己的情绪情感表达程度

【活动】

1. 有时候你会利用自己生活中的故事为学生解释一些事情，试着回忆一下你讲过的那些故事，对每一个故事都尝试问自己以下三个问题：

(1)这个故事是否表达了一些你的感受？

(2)如果有，请描述一下故事中表露了你哪些感受(如惊讶、恐惧、喜悦、脆弱等)？

(3)你每次表露出来的感受是否有重复或者有固定的模式？

2. 以下我们给出了一些情绪，请从中选出符合你实际情况的词语。

表 3-5 情绪表

<table>
<tr><td colspan="3">气愤　喜悦　贪心　快乐　放松　困惑　成就感　无助感　担忧　焦虑　兴高采烈
恐慌　厌倦　烦恼　刺激　兴奋　嫉妒　失望　烦躁　不耐烦</td></tr>
<tr><td>1. 我在学生面前表露过以下感情</td><td>2. 我没有在学生面前表露过以下感情，但是有些情况下我也可能表露这些感情</td><td>3. 我绝不会在学生面前表露以下感情</td></tr>
<tr><td></td><td></td><td></td></tr>
</table>

3. 看看以上表格中的第三列，你绝对不会向学生表露这些情感的原因是：你想保持你在学生心目中的形象？你觉得这种情感不利于创设学习氛围？还是你自己本身就对这种情感比较排斥？

（二）反思与审查自己的情绪情感表达方式

【活动】

本活动主要通过观察自己的教学录像来进行反思。

1. 录制一段自己上课的视频，时间至少10分钟；观察录像，声音调小，拿出纸笔记录，从以下三个维度进行观察，后面会提出六个问题，请你在回答每一个问题时都要从这三个维度来检查自己。

(1)你观察到了什么？

(2)这段录像反映了你当时什么样的内心状态？

(3)这种状态对学生有什么影响？

2. 根据以上三个维度回答下列问题：

你眼睛的注视方向？你的手势动作？你的身体姿势？你的面部表情？你的站位和频率？是否有异样的仪态和口头禅？

再次观察，声音调大，把注意力集中到你讲话的语气和声调，并试着描述出来。

3. 思考以下问题：

录像中，你是否在有意识地调控以上这些非语言表达？你课堂上所说的和你实际上表现出来的是一致的吗？这些非语言表达是否有助于你加深了你想对学生表达的东西？你是否需要对自己的一些非语言表达做出改变和修正？

（三）反思与审查自己的情绪情感表达时机

【活动】

从活动1最后的表格中选择一种情感，并根据这种情感向学生讲述一个故事，在故事中描述和表达你的这种情感，有计划、有针对性地表达你的情感。

第六节 拓展阅读：情绪情感调适的依据

一、情绪因何产生

（一）需要

需要是人对客观事物的要求在头脑中的反映，它是人维持、延续和发展生命的必要条件。动物与人都有需要，但是人的需要更为丰富，“人以其需要的无限性和广泛性区别于其他一切动物。”①人的需要与情感的发生有密切的关系，无论是教师还是学生，作为自然人的情感体验与表达，往往都会受到需要的影响。

首先，对于同一种刺激，由于需要的不同，会产生不同极性的情感体验与表达。唐朝孔颖达与元朝的陈灏在《礼记·乐记》的注疏中提到，对于同一事物（刺激）“顺其心则喜、逆其心则怒”，所谓“顺逆”即人的需要满足与否。其实“顺其心”不仅产生喜悦，还产生兴奋、惬意等多种积极情感，而“逆其心”也不仅产生愤怒，还产生失望、嫉妒等多种消极情感。

其次，客观事物满足需要的种类不同，导致了情感发生的不同种类。刘劭在《人物志》中将其归结为“六机”：“夫人之情有六机：杼其所欲则喜，不杼其所能则怨，以自伐历则恶，以谦损下之则悦，犯其所乏则婟，以恶犯婟则妒；此人性之六机也。”②人的需要得到满足就欢喜；才能得不到施展就埋怨；别人在面前自我夸耀就厌恶；别人对自己谦让就高兴；别人揭了自己的短处就愤恨；别人在自己面前自夸同时又揭短则妒忌。在刘劭看来，由于满足（或不满足）需要的客观对象的不同，正性情感表现为喜、悦，负性情感表现为怨、恶、婟、妒。此外，人的需要本身是很复杂的，比如出现“鱼和熊掌不可兼得”的情况，于是表现出悲喜交加、爱恨交杂，甚至百感交集的复杂情感。

再次，对客观事物需要的迫切性与否，会影响情感体验和表达的强度。

---

① 《马克思恩格斯全集》第49卷，第130页，转引自《需要—创造论：马克思主义人类观研究》，113～114页，北京，中国广播电视出版社，1992。

② ［魏］刘劭：《人物志全译》，马骏骐，朱建华译注，163页，贵州，贵州人民出版社，2009。

最后，不同的表达需要产生不同的表达方式。《毛诗序》云："诗者，志之所之也，在心为志，发言为诗。情动于中而形于言，言之不足故嗟叹之，嗟叹之不足故咏歌之，咏歌之不足，不知手之舞之、足之蹈之也。""言""嗟叹""咏歌""手舞""足蹈"既可以理解为因体验强度不同，产生不同的表达，也可以理解为对于同一种体验，不同的表达需要产生不同的表达方式。

（二）预期

情感并非都由需要而起。清新的空气与甘醇的水都是我们的需要，但是我们平常在呼吸或饮用的时候，并不会体验到快乐。而在我们缺乏清新的空气与甘醇的水，有了对它们的渴望之后，再去享用它们时才会获得巨大的快乐体验。因而在情感发生的基础上，还有一个重要的中介——预期。

"预期"是经济学广泛使用的概念，在经济理论中，预期指的是从事经济活动的人，在进行某项经济活动之前，对未来的经济形势及其变化做出一定的估计和判断。①

学生在参与公共生活和集体活动中都有意或无意地有一个预期，如希望通过活动多与他人交流，如在活动中获得别人的认可、集体荣誉等。这些都与学生的情绪情感及产生的情感冲突有密切的关系，心理学家勒文塞将期望视为情绪状态的重要决定因素。期望越精确，我们越有可能出现情绪反应。②社会心理学家西奥多·肯珀把预期看作是情感动机机制中的一个重要成分，认为个体在他们与他人互动之前期待什么和他们实际上得到了什么将影响情感的唤醒和进程。他论述了如果人们期望获得某种东西（如权利和地位），但实际上获得了超出他们预期的东西，他们将体验到满意和感觉良好，同时也使他们对东西的给予者表达更多积极的情感，反之，则体验到羞愧、尴尬、抑郁或对他人表示愤怒。③

（三）认知评价

现代的情绪心理学家，越来越重视认知评价在情感体验与表达中的作用，

---

① 江世银：《凯恩斯主义以前的预期理论述评》，载《云南财经大学学报》，2010(1)。

② [新西兰]K. T. Strongman：《情绪心理学——从日常生活到理论》，王力主译，74页，北京，中国轻工业出版社，2006。

③ [美]特纳(Turner J. H.)：《情感社会学》，孙俊才译，178～179页，上海，上海人民出版社，2007。

称之为情绪认知理论，其中著名的有阿诺德的评价—兴奋理论、沙赫特的认知—激活理论、拉扎勒斯的认知—评价理论。他们都认为情感不是单纯的生理唤醒或者无意识的反应，而是心理对刺激事件的意义评价后的反应，对于同一种刺激，因为觉知和认知的不同，会产生不同的评价，从而产生相应的不同情绪反应。

评价的依据是客观事物是否符合需要与预期的评价，“当客观事物作用于一个人时，他遂将客观事物与自己的需要、预期之间的关系进行认知评价”。① 同时，认知评价有着广阔的背景，拉扎勒斯认为，“评价的背景包括个体的生物成分、文化成分，个体的生活史和心理个性结构等诸多制约因素。”②也就是说认知评价不仅仅是个体孤立的心理过程，而是个体与环境交互作用而产生的。随着评价的变化，产生的情感会发生相应的改变。

对于初中生而言，他们往往对社会生活和他人缺少充分的认识与评价，因此，在参与集体性的共同活动中都会因为缺少认知和评价的不准确而产生一些情感上的矛盾与冲突。对于这些冲突，他们甚至还不能很好地进行反思，从而又导致了一系列连续性的情绪情感冲突与问题。这是与初中生的情感发展特征密切相关的，也体现了教师在初中生参与社会生活和集体活动中给予情感和心理上的引导帮助的必要性。

初中生在学校和班级生活中所产生的心理与情感上的矛盾和冲突的原因是多方面的，其中既是与初中生这一特定年龄阶段的身心发展特点相关，也是与他们社会生活和集体活动经验的缺乏分不开，更是与他们所处的具体的环境和环境中的具体的人、事相关，因此，分析初中生公共生活中的矛盾就必须要根据具体的情况和情境来进行。

不过，正是因为以上的一般性的客观的原因存在，所以，初中生社会生活中的情感冲突和矛盾也是十分正常的。其中，除了以上的主客观原因之外，分析情绪情感产生的一般原因和规律也是十分必要的。根据中外心理学的研究成果，人的需要、预期与认知评价这三个相互制约的重要因素，构成了人的情绪情感产生的心理基础。无论是学生生活中的情绪情感还是教师在回应、

① 卢家楣：《情感教学心理学》，181页，上海，上海教育出版社，2000。

② 孟昭兰：《情绪心理学》，34页，北京，北京大学出版社，2005。

调适这些问题中所产生的情绪情感，都与这些一般性的情绪情感原因分不开。

二、情绪能够调适吗：情绪智能/情绪智力

丹尼尔·戈尔曼认为情绪在多方面影响着我们的生活形态。在学校和班级生活中，教师在进行自我情绪情感认知的基础上，对学生的情绪情感进行调适，并引导帮助学生实现情绪情感的自我调适。也就是说，对于教师而言，了解个人情绪、管理情绪、辨识他人情绪和处理相互关系是师生在学校和班级生活中所应具有的基本情绪智能。

激励自己是能将情绪对焦在有价值的目标上。其中，情绪的自我控制意味着我们可以延迟满足和抑制冲动，从而帮助我们更好地了解自己，并反思自己的情绪，同时也可以给予学生更多的教育指导。

哈佛大学戈尔曼的研究成果认为，一个人成功的80％在于情商，智商只占20％。史迪克兰的研究也发现，就任何领域的成功而言，情绪能力比认知能力和技术能力的总和还要重要两倍以上。也许我们可以质疑这些专家提出的情商与智商重要性比例的科学性，但是我们至少可以得出这样的结论：情绪能力对于学习非常重要，尤其是在社会性的发育方面，情绪情感能力的发展程度甚至要超出认知与技能的作用。

萨洛维和梅耶认为，“情绪智力是智力的一种，是个体准确有效地加工情绪信息的能力”。他们将情绪智力定义为：“情绪智力是知觉情绪、浸入和引导情绪促进思维，理解情绪和情绪的意义，成熟调节情绪，促进情绪和思维向更积极方面发展的能力。”

表 3-6　情绪智力表

沟通	动机	自　主	自我管理
头脑清晰	好奇	自主	专注
倾听	参与	足智多谋	自信
共情	兴趣	自律	自我控制
团队精神	激情	主动性	乐观
大胆	坚持不懈	头脑开放	耐心

初中阶段，伴随着学生生活范围的扩大及参与学校和班级活动的愿望的增加，如何发挥好学生的情绪能力，将能够更好地帮助初中生参与公共活动，

从而在活动中体验责任与归属，这对于初中生的公民责任意识的培育及心理发展来说都是至关重要的。长期以来，人们主要关注初中生的认识、技能等方面，忽视了他们成长中的情绪情感需求。世界经济合作与发展组织就此明确提出，“长期以来，在学校的教育过程中情绪总是被人忽视。”俄罗斯学者巴利辛柯夫也认为，现在学校教育还未能掌握学生的情感资源。同时巴利辛柯夫又指出，如果能够掌握学生的情感资源，学校教育的质量会大大提高。

法国学者埃德加·莫兰认为，人脑是三合一脑，在人脑中整合了哺乳动物和爬行动物的脑。这三个方面之间的关系是互补的，也是对抗的，包含了在冲动、情感和理性之间的冲突。莫兰甚至认为，在一定意义上说，教育就是脑培育。朱小蔓教授指出，儿童期脑神经网络的生长、发育与儿童健全人格是相互形塑的过程，这一过程中，情感的发育良好是重要表征。朱小蔓教授说，如果情感教育让孩子在生活环境中获得了健康的情感支持和丰富的情感体验，提高了情感文明的程度，他们就容易形成健康的自我认识，在社会生活中有更好的沟通交往能力。如卡娅所说，有了自我独立、判断和选择的能力，哪怕在单独的环境里，他们也能做出正确的道德选择。脑神经科学也已证实，优质的感情是孕育人性真善美的种子。

朱小蔓教授引用苏霍姆林斯基的话说，对儿童的精神世界高度敏感和关心的老师是从来不高声训斥儿童的，真正的教育能手都具有高度的情感修养，即使从教师的平常话语里，儿童也能体会出教师的担心、忧愁、苦闷、惊奇和愤慨，以及他的种种细微情感反应。20世纪八九十年代以来，国际学术界在研究情感、道德方面有一个重要转向，就是重视人的关系性存在，最有代表性的是美国诺丁斯的关怀理论。诺丁斯主张学生要学会关心，教师自己也要学会与学生相互关心，关心的关系是一个循环往复的构建过程。提高情感素质才能关注到真实的人，做真实的教育。

第四章　开展行动研究，提升教师情感素质

现在关于教师专业发展的理论和实践，往往偏重于强调教师在学科知识与技能意义上的“专业性”，在强调教师职业的专业性质时忽视和淡忘情感在教师职业活动及专业成长中的重要性。其实，如果没有教师本人对所教学科的挚爱甚至痴迷、执着的情感，没有经常性的对胜任该学科教学自我肯定的积极体验，不但他自身的专业提升走不远，也无法在教学中体会成功的愉悦。而且，受制于他个人情感素质的局限，其教学过程无法影响学生逐步形成积极的情感态度、正面的价值观。

教师情感素质的提升，既需要不断地学习并且敏感地意识到情感素质的重要价值和意义，还在根本上依赖于教师自身的行动。只有每一位教师在实际的教育教学和教育生活中善于学习并勤于实践，才会不断提升自我的情感素质，从而不仅促进学生的学习和发展，而且其自身的生命成长和专业发展也将获得不断地丰富与提升。

第一节　教师专业成长中的情感之维

朱小蔓教授在 1998 年对于教师的情感素质曾做过一些初步提炼，例如：教师要能够敏锐发现学生的情感需求，及时做出恰当的情感应对，能够理解学生的情感，与学生顺畅沟通，以及在实践操作中，教师有无情感—人格资质与技能，是否形成与学生的情感交往关系或“情感场”，学生是否有情感经验的积累或改组等，这些不仅是判断教师情感素质的重要指标，也是衡量教

师专业成长的重要标志。

她依据教师情感人格与其教育素质的关系，认为教师的情感—人格素质是一个由教育爱为核心的教育价值观、教育思维方式、教育行为技艺及教育风格类型等组成的综合体(见表 4-1)①。

表 4-1 教师情感人格与其教育素质的关系表

教师情感—人格素质的构成与内涵	教育价值观	主要指对教育特有的理想、信念和情操，包括一个教师特有的人生观、价值观、职业观。强调个人化和独特性、信奉程度、显著的情感性和评价性特征、有突出的情景性
	教育思维方式	主要指教育工作者特有的一种思维方式。强调理智性与情感性、现实性与超越性等特征，特别提出幻化性思维、浪漫性思维、创造性思维
	教育行为技艺	教师的艺术和技术是多种多样、丰富多彩的 1. 对自己的情感与技术：(1)识别、认识自己的情绪、脾性、趣味；(2)善于表达和控制自己的情绪；(3)能够激励自己、战胜挫折 2. 对学生的情感与技术：(1)善于识别、体察和感受学生的情绪，并作出相应的反应；(2)善于与学生沟通情感，能够分享和移情；(3)善于欣赏、鼓励、调动学生的积极情感 3. 来源于三个条件：教师本身的情感经验的丰富性、自我监控水平、教师的语言修养(词汇的丰富性、用词准确性等)
	教育风格类型	可分为自然型和表现型 自然型又分为：含蓄型、沉稳型、温柔型、热烈型 表现型又分为：故事型、诗歌型、哲理型等

因此，教师要对儿童、对自己的情绪情感发育及其变化机制有一定的基本认知，教师工作不能建立在必要知识和认知缺失的荒漠上。

① 朱小蔓：《关注心灵成长的教育》，北京，北京师范大学出版社，2012。

一、教师需要掌握的关于学生情感发展的内容

首先，关注情感发展的四个方面。基于对学生情感发展的实有情况的研究，关注学生情感发展有四个重要方面：情感状态、情感品种、情感品质、情感能力(见表 4-2)。①

表 4-2　儿童情感发展表

儿童情感发展	情感状态(感受)	正性情绪与负性情绪，短暂、持存、可调节、情绪基调
	情感品种	安全感、依恋感、惬意感； 兴趣、好奇、惊异、专注； 同情、怜悯、恻隐、移情； 联系感、亲近感、适应感、和谐感； 共通感、他心想象、同理心； 自我悦纳、被承认感、有力感、成功感、自尊与自信； 思想与人格独立感、自我同一感、时间支配自由感、从容感； 此外，还包括秩序感、敬畏感、幸福感、羞耻感、怨恨感等
	情感品质(较稳定性、有认知基础、经验积累)	真诚、热忱、友谊、宽容、同理心、坦诚、利他、奉献、坚忍、信念同一与持守、责任感等
	情感能力(有外化表达、需经锻炼)	对他人及自己的情绪情感的察觉、觉知、体悟、理解； 情感沟通与交往、情绪情感表达、情感移入、情绪调节与控制、情绪情感激励与自我激励

其次，不同年龄段情感发展的具体目标与教育引导。基于学生的脑发育、心理特征、主导的生活方式等架构出不同年龄段(儿童、少年、青年)的情感发展的具体目标及主要教育方式(见表 4-3)②。

① 朱小蔓：《情感德育论》，北京，人民出版社，2005。

② 朱小蔓：《情感德育论》，北京，人民出版社，2005。

表 4-3 不同年龄段的情感发展的具体目标及主要教育方式

年龄阶段	情绪—情感基本特点	教育目标	主要教育方式
儿童期（3～8 岁）	我向性阶段： 需要并力争得到成人的支持、赞许和爱抚等情感评价； 感受性强，模仿性强，易劝导性强； 情绪活泼、愉快、明朗，同时少控制、易任性	主要以快乐—兴趣的享受色调为中心建构情感教育目标； 学前期到学龄期的情感适应	教师或成人给以情感充予；进行象征性游戏或角色游戏；采取多次训练、操练的方式使一些基本的情感品质与能力形成习惯（如同情、控制任性）
少年期（9～14 岁）	他向性阶段： 情感与思维从自我中心中解脱，把别人作为情感对象，自己的情绪表现也把别人作为参照系； 有自我确认的强烈需求，胜任感、有力感、信任感是少年安宁、自足、愉悦情感的主要来源； 重视集体评价、社会评价、他人评价，珍视友谊； 敏感性较强，容易激动甚至产生强烈的反抗情绪	主要以自尊感—荣誉感和顺遂体验为中心构建情感教育目标	寻找一切可能表现少年的聪明才智的领域，调整人群关系结构，用顺遂的情感体验来克服挫折的情感体验；用以外促内的方式，开展丰富多彩、形式活泼的集体活动，重视集体的建设和舆论风气的形成，提供更多榜样；在认知教育中，借助语言文字和概念思维的发展，同时，仍然需要实物、表象等形象化手段，建立起情感的概念认识，从而使情感分化水平迅速提高
青年期（15～22 岁）	整合性阶段： 自我意识的独立性增强，学会观察周围和解剖自己，不仅按兴趣而且按能力来考虑职业和生活的选择，开始寻求生活意义； 对人、对生活的感受增强，对社会和他人对自己的接纳更加敏感，尊严感和害怕挫折的焦虑同时上升	主要以理想自我与现实自我的同一感或一体感为中心构建情感教育目标	调整青年的价值追求与实际追求之间的关系，帮助建立准确的自我形象和合理的社会角色期待；为青年提供发掘兴趣和表现能力的场所，创造专业选择和职业培训的条件；通过参观、访问、调查、研讨及社会角色的直接承担，了解社会、了解国情、了解社会需求，培养对人生责任的热情、对社会实际事务的关注

基于实证研究，依据青少年儿童情感发展的年龄特点及其轨迹，提出教育的关注要点和有关教育的策略(见表 4-4)[①]。

表 4-4　教育的关注要点和教育策略表

年龄特点	关注要点	教育策略
依恋的 0 岁	依恋感	重视关注性的满足
好动的 1 岁	安全感	重视安全性的保护
可爱又“可怕”的 2 岁	信任感	重视支持性的参与
“听话”的 3 岁	秩序感	重视尊重性的引导
模仿的 4 岁	自主感	重视榜样的示范
好问的 5 岁	探求感	重视积极的鼓励
合群的 6 岁	认同感	重视合作性的互动
规范的 7 岁	成长感	当一名小学生自豪感的教育
好学的 8 岁	勤奋感	培养学习兴趣、鼓励刻苦学习，进行磨砺教育
友谊的 9 岁	友爱感	培养相互交往中的友爱感
上进的 10 岁	进取感	培养天天向上的进取感
迷惘的 11 岁	自爱感	培养自我认同的自爱感
冲突的 12 岁	自尊感	培养自我肯定的自尊感
闭锁的 13 岁	自立感	培养自我要求的自立感
重义气的 14 岁	自强感	培养自我激励的自强感
幻想的 15 岁	美感	培养自我欣赏的美感，进行追求真善美的教育
花季的 16 岁	责任感	培养学会负责的责任感，进行自我要求的教育
憧憬的 17 岁	成人感	培养学会关心的成人感，进行追求理想的教育
成熟的 18 岁	使命感	培养学会反思的使命感，进行崇高使命的教育

二、教师需要了解的情感教育过程及其机制

朱小蔓教授整合情绪情感发生、演化、调适与培育机制的多学科基础，从教育学角度将情感教育的过程及其机制描述为“情动—感受”“体验—理解”

① 该表系梅仲孙老师和朱小蔓教授的合作研究，转引自：朱小蔓：《情感德育论》，75～76 页，北京，人民出版社，2005。

“价值体系化—人格化”三个相互联系并相互过渡的过程(见表 4-5)①，三者之间是后者包容前者的递升关系。在此基础上，情感教育可以通过课程教学、学校日常教育、学校管理、学校文化、教师教育等途径来实现。

表 4-5　情感教育的过程及其机制表

情感教育的过程及其机制	情动—感受	包括信号放大、刺激强化、情绪感通等	借鉴并使用的一些概念： 情感经验及其积淀；情感孕育、情结；情感交往、情感应对；情感场；情景记忆、情节、情绪记忆；情感想象；情感氛围、情感微环境；情感叙事；等等
	体验—理解	包括心理体验、实践体验、主动体验过程、被动体验过程等	
	价值体系化—人格化过程	价值体系化：价值冲突与融通整合 通过情感矛盾(透射价值矛盾)，价值获得统整，情感恢复平静，形成较为稳定的人格，实现人格的自我统整。自我统整的过程就是逐步的人格形塑的过程	

第二节　提炼、丰富生活史中的情感经验

一、珍视正向、积极的情感品质

珍惜教师在职业生活中经常出现的、有积极价值的情绪情感品种，比如安全感、工作中的胜任感及师生关系、同侪情谊等，它们是教师在特定的职业情境中生成职业认同、道德操守及信念的重要源泉。

【活动 1】　　　　　**教师的情感素质**

这个活动邀请你来对优秀教师所拥有的不同类型的品质进行分类，并且要鉴别运用情感能力进行教学的教师所拥有的特殊的情感品质。

1. 回想下当你作为一个学生时，你遇到的优秀教师。

① 朱小蔓：《情感教育论纲(第二版)》，北京，人民出版社，2007。

2. 你用什么样的单词和短语来描述他们？

3. 下面是一些用来描述优秀教师的单词和短语，哪一个可以被用来描述你遇到的优秀教师？

表 4-6 描述优秀教师的单词和短语表

第 1 列	第 2 列	第 3 列
专家	良好的组织能力	可接近的
知识渊博的	良好的时间管理能力	可接受的
权威的	能提供有用的反馈	积极乐观的
足智多谋的	很好地运用教材和教具	很好的倾听者
有经验的	良好的表达能力	同情心
跟上时代的	良好的指导能力	有求必应
能够回答任何问题	相关的，有趣的和有挑战性的活动	专心的
	有好的学习资料	开放的
		没有威胁性的
		能够认识我
		值得尊敬的
		不做假设

第一栏中的单词和短语与教师的知识方面有关；第二栏的单词和短语与教师的专业技能有关；第三栏的单词和短语与教师的情感品质有关。

4. 作为教师的你，上面哪些单词和短语可以用到你身上？其中情感品质所占的比例有多大？

【活动 2】　　提供运用情感智力的证据

这个活动要求大家从自己作为学生和教师的经验中寻找一些运用情感品质的例子。活动 1 第 3 列中优秀教师的一些属性可以帮助你来思考你所遇到的最有情感品质的教师。

假设这位老师正在申请一个职位，这时你被要求提供个参考。你知道招聘者很看重教师的情感品质，他们需要你提供五个明确的例子来证明那位教师具有一定的情感品质。你将选择哪五个例子？如果你被要求给出你自己运用情感品质的五个例子，你又将会选择哪五个？

二、重视能够外化出来、处人处事的情感能力

这些情感能力包括情绪识别、理解、应对、调控，以及激励自己与激励他人的能力。这些能力与教师的天赋条件有关，更重要的源自长期的人文修养，同时一定程度上是可以经过教化和训练的。我们认为，可以按照以下步骤去总结、提炼、丰富自己的情感能力。

【活动 1】　　　　　　　　自我审视

完成以下问卷，在相应的方框中打"√"。看一下你的情感能力有多高？（A 从不：0 分；B 有时：2 分；C 经常：3 分；D 自己也不确定：1 分）

表 4-7　情感能力问卷调查表

A 从不；B 有时；C 经常；D 自己也不确定				
	A	B	C	D
1. 是否审查过自己的非语言表达及其影响？				
2. 是否能明白学生的非语言表达？				
3. 是否能明白学生的感受？				
4. 是否能感受到全班学生某一刻的心情？				
5. 是否能对学生们的心情有所回应？				
6. 教师能够对学生的这种心情感同身受？				
7. 是否给学生机会让他们表达自己的感受？				
8. 是否能够真诚地聆听学生？				
9. 是否能够通过语言或者眼神接触了解学生的态度？				
10. 是否能了解并重视学生的回应？				
11. 是否会提到学生的贡献？				
12. 是否对所有重要的信息、学生期望、教师期望都保持公开透明？				
13. 是否能认识并调节自己的情感？				
14. 是否能恰当地向学生表达自己的情感？				
15. 是否能意识到自己对某些学生的偏见？				
16. 是否能创建一个积极的情感氛围？				
17. 是否为学生创设了最好的物理空间？				
18. 是否对自己有更多了解？				
19. 是否对学生有更多了解？				

【活动 2】 **设定目标**

从活动 1 的表格中选出三个“A”或者“B”，把它们作为你的目标，以后可以增加这些事情的频率，并以此作为目标。对每一个目标，你需要做出以下决定：

1. 在哪一个特定的情境中你会开始做出改变？

2. 你需要额外做些什么或者说些什么？尽可能描述出来。

3. 你需要为这个目标做哪些准备？

4. 在完成这个目标的过程中，你需要哪些帮助？

5. 可能会出现哪些意料之外的情况？

6. 你的后续计划是怎样的？

做出以上决定后，写出你实现自己目标的详细步骤。

【活动 3】 **情感叙事活动**

1. 选择一件你在职业生活中与情感范畴相关的事件讲给大家听，这件事可以是还没有完全解决的，可以是让你有过深刻反思的，也可以是一个简单但是你还从来没有机会和大家深度探讨的。

2. 想想自己要怎样讲述这个故事，口头的还是书面的？

3. 讲述你的故事。

4. 让同事或者小组成员帮助你审视自己在故事中的行为表现。

5. 尝试对这个故事做一个整体的和详细的结论。

6. 总结一下怎样更好地处理或者避免类似的事情。

7. 假设你要将上面讲的故事讲给一个新的听众，你在某些方面会有不同的讲述吗？比如：加上新的细节，强调不同的部分，讲述你从中学到的东西，对故事里的人的态度更加清晰，把故事讲成一个喜剧而不是悲剧，或者把故事讲成一个悲剧而不是喜剧。

【活动 4】 **反思日志**

1. 从以下方面来记述某一特殊事件：事情起因、经过、结果；这件事引发了你哪些情绪；这件事让你发现了什么？我还有哪些疑问没有解决？我以后可以做出哪些计划或者解决方式？

2. 寻找联系。坚持写日记的习惯，这可以帮助你审视自己和班级全体及和部分学生个体的交往方式。在写日记的过程中，可以帮助自己认识在和学生交往过程中的优点和缺点。

3. 实践。不论什么时候，只要你在教学中尝试一些新的关于情感表达的方法、策略，都把这些方法和策略记下来。

【活动 5】　　　　同事合作

1. 找一个你信任的同事，帮助各自的专业发展。

2. 你坚信你们能在问题的解决和探索上互相学习互相帮助。

3. 如果可能，形成一个有规律的探讨时间。

4. 决定在某一个时期内谁当听众谁当讲述者，如在前半学期其中一个人讲述另一个人听，后半学期互换角色。

倾听者需要注意以下事项：注意力集中；做出回应并帮助讲述者探索这件事；允许给讲述者留出时间探索这件事；包容讲述者的一些较大的情绪反应；不要给予直接的引导或者建议，而是帮助讲述者不断去探索事情的解决方式；不要评价好坏。

讲述者需要注意的事项：运用倾听者的专注来帮助自己解决问题；不要觉得自己一定要快速提出问题解决方式；不要刻意避免谈论自己的疑惑或不确定的地方。

【活动 6】　　　　收集和了解学生的反馈

假设你在学期末想要得到学生的反馈，你可以用以下三个开放性问题：

1. 你觉得这学期我上课的内容有用吗?

2. 这学期学的内容对你有什么影响?

3. 请你对我上课的方式、教具应用等方面做出评价?

教师还可以通过以下几个方面的问题来审视自己的情感范畴的事情：一、倾听；二、移情；三、课堂氛围的创设；四、对学生情感的关注；五、教师自身情感的表露程度。

第三节 行动研究的理念与倡导

一、行动研究的指向

将受教育者当作客体的传统认识已经不再适应教育的发展趋势和时代的要求，当今时代，每一位教育工作者都不能回避师生关系的价值取向问题。教师应该将受教育者从客体状态解放出来，让他们充分发挥自身的潜能与创造力，教师应该倡导与学生进行平等对话与交流，与学生在相互尊重中相互欣赏，与学生在相互理解中共同发展。这应该成为当代教师在师生关系上的价值追求，同时也是教育应该追求的理想。

与学生的交往是教师精神生活的重要组成部分。教师不仅要向学生传授知识，而且也应该研究学生的精神世界，探索脑力劳动和人的个性形成的复杂过程的规律性。研究学生应该是贯穿教师一生教育事业的主题，通过研究学生身心发展特点了解学生，热爱学生。苏霍姆林斯基在其著作《帕夫雷什中学》中指出了研究学生心理特点的重要性，而他本人在几十年如一日的教育实践过程当中也正是这样身体力行的。“每个孩子在思想、观点、情感、感受、快乐、不安、悲伤、忧虑等方面都是一个独特的世界。教师应当认清并熟悉自己学生的这个精神世界。”学生的精神世界是相当丰富和复杂的，作为教师很难从一个学生的外在表现就能准确地了解到他的内心和情感。对于他们的内在世界，教师只能通过与学生之间的沟通和不断地交流才能了解，也才有可能对他们进行区别性的情感态度的教育，从而帮助他们及时克服与纠正一些不健康的甚至是错误的情感态度。而所有这一切的基础又是良好的师生关系。只有在这样的师生关系中学生才有可能向教师敞开心扉，畅所欲言，将教师视为推心置腹的真诚朋友。阿德勒指出，任何一个未能精通人性科学的理论和技术的人，要想把人教育好，都一定会遇到极大的困难。他完全只是在表面上操作，而且会错误地相信自己能够改变孩子。我们必须基于我们的教育实践，进行复杂的“心、脑、精神”的工作。

二、行动研究的倡导

基于该手册，我们希望与一线教师共同研究，希望各位教师能够基于学校生活中的教学、师生交往的基本经验、典型案例等，对教师情感表达的基本内容、教育操作等开展行动研究。它体现在教师的课堂教学、师生交往的方方面面，通过教师的语言、表情、行为具体体现出来，并且是可以在教师的日常生活和工作中，通过现象学写作、人文阅读等行动方式得到一定的锻炼和提升的。

（一）教学及课堂组织方式中教师的情感素质体现

1. 恰当使用各门学科教学内容中的情感教育资源

学科中广泛蕴含着具有情感教育价值的内容，教师需要敏于发现与捕捉、善于挖掘、主动构建，结合学科史实与栩栩如生的人物进行延伸和拓展性介绍，将其自然而艺术地呈现与表达出来。

2. 教师对学科及教学的情感态度、教学组织方式

教师本人对所教学科的挚爱甚至痴迷、执着的情感，对产生胜任该学科教学的自我肯定的积极体验，以及其表达对学生情感传递、分享与教育起到积极的作用。教师的学科水平不仅通过其知识传递真理的力量，而且对学科深爱的情感伴随其生命能量具有信念和信仰的力量。

（二）师生关系中教师的情感素质体现

安全感、归属感、被承认感，是健康人格的基础，信任是早期必须完成的发展任务。教师应为学生营造接纳、获得个人身份、有正面发展可能的环境。

教师对于学生有多元的角色，但核心是人的关系、人道主义的关系。对学生人格的尊重是教师的基本义务和伦理底线，激发学生的生命是教师道德精神与职业过程永恒的使命。而教师与学生之间的关系更是双向的关心和心灵上的相遇。

（三）教师情感素质的具体表现

教师可借助面部表情、肢体语言及声调等情感沟通与学生建立良好关系。

1. 关于表情

美国加利福尼亚大学教授保罗·艾克曼通过研究表明，人脸部的肌肉有43块，可以组合出1万多种表情，其中3000种具有情感意义。表情可以是一

种表演，有时有很强的欺骗性。有人概括当代中国人有六种典型表情，造成笑容的退化，分为职业化表情、符号化表情、程式化表情、品牌化表情、功能化表情、娱乐化表情。对于教师而言，要研究怎样的表情是适切的，如何利用好表演性的表情，不同情境下，教师表情的开启、兴发、控制、转化等内在机制是怎样的等。

2. **关于语言**

主要涉及教师的肢体语言、口头语言和书面语言。教师的肢体语言是如何实施的，身体动作如何体现对学生的接纳、宽容等而不会导致冷漠、控制、伤害等负面情绪，如何利用好教师的肢体语言；怎样的口头语言对于表达教师自身的内心情感是有帮助的，对于影响孩子比如唤起情感认同、情感共鸣、接纳等也都很有帮助，教师如何运用幽默机智调节情感气氛；教师在使用书面语言的时候应该掌握哪些基本技巧。所有这些，我们需要通过教师在自己的行动中去观察、探索，形成个体化的教育经验研究，从而开出一个最基本的、普及性的知识或线索，指导教师的教育实践。

3. **关于行为**

教师如何观察、识别学生的情绪反应并给予应答；如何倾听、灵活处理学生的情绪；如何通过行为表达对学生的尊重，平等交流；如何运用语言、体态、手势等鼓励和激起学生的积极情感，引导学生的情感方向和情绪强度等。

（四）教师情感素质的提升行动

可以通过现象学写作和人文阅读的方式不断地获得对学生，以及自我情感的识别、表达和调适，从而提升自我的情感素养。

1. **现象学写作**

教师对于自己对学生的教育影响作用有无敏感性？有无自觉意识？教师的教育主体性是通过这种敏感性体现出来的。教育敏感性虽然有一定的个人天赋因素，但是可以培养的。其中途径之一就是学习写作现象学日记。

教育现象学的反思是将生活体验以文本的形式表述出来，对一个极其具体、真实的生活情境进行描述，包括人物、人物关系、情节、行动（或无行动)、内心事件及体验等。从而在写作过程中，将主体的生命、心灵投入其中，投入当时的情境，通过回顾情境中人物细微的变化，如表情、体态、动作、情感、言语(或无语)等，不断回想，并反思自己有没有寻找到重要的时刻、关键点，有没有把握、采取适当的行动(或不行动)。

2. 人文阅读，领悟教育意蕴①

马克斯·范梅南说，我们为一个孩子擦鼻涕时，如果是别人的孩子我们更多的是感觉在擦鼻涕，而如果是自己的孩子我们则是感觉在擦孩子。

在马克斯·范梅南看来，课堂教学的观察与实践主要在于探究教育机智如何实现它的目的。教育机智“就是通过实施某种认知的敏感性和实践一种对孩子的主动关心”，它就是以迷恋人的成长的深情来倾听孩子说话时(各种行为表现)的内心世界的潜在调子。理解孩子的敏感性，保护学生的脆弱性，让教育教学生活显得快乐、感人而和谐。

下面简要地列举一些例子，让我们更亲近地走近那些令人心动和向往的教学机智吧!

(1)言语。

机智创造一种积极的言语气氛。言语是通向心灵的独特通道，生命与生命通过如同血脉般的言辞来获得联系与相互感应。对师生言语方式的考量，是探测课堂温度及心灵深度的重要媒介。

一位老师说：“现在我要大家拿出课本来。翻到第 86 页。我不想听到任何的讲话声！你们首先阅读第十四课的说明。然后在阅读的基础上完成列出来的问题……”另外一个老师说：“卡西似乎已经准备好了。我们是不是像卡西一样。我们现在开始来讨论诗歌好吗？这些诗歌我们昨天觉得有趣极了。让我们翻到第 87 页来……”②

这两种谈话的方式我们在课堂上经常遇到。这些教师向学生讲话的方式有些什么隐含的意义呢？马克斯·范梅南认为，第一位教师和第二位教师的区别在于前者将自己摆在中心的位置(我想要你们翻到第 86 页)，而后者则是

① 林高明：《课堂观察——顿悟的艺术》，176～181 页，福州，福建教育出版社，2008。

② [加]马克斯·范梅南：《教学机智——教育智慧的意蕴》，李树英译，228 页，北京，教育科学出版社，2001：228 页。

从学生的情境出发。然后将自己加入到学生与课程的内容关系之中去(让我们翻到第 87 页）。即使对这两位老师其他情况什么也不知道。我们还是能够区分这两位教师对学生说话的语调的差别。因此，亲爱的老师们，我们是不是有了这样的共识呢：第一，细致地捕捉并记录我们的一些课堂教学惯用语，我们就可以发现语言背后的支撑物。第二，在学校和教室笼罩着的那种言语气氛可能会阻止或者促成教师和学生间的联系和接触感。第三，一个机智的老师明白语调的细小变化的微妙效果。

(2)沉默。

在充满喧哗与骚动的世界里，沉默传达的意蕴更为深刻与丰富。机智的沉默，不是被动的无可奈何的沉寂，而是积极地等待与不干预。如果体会不到沉默背后的无限的生命时空及教育教学的意义，那么，教育生活还是未能真正浸入师生的心灵领域。

肯尼变得激动起来，他匆匆忙忙地写完了指定的作文。但老师指出他并没有真正写好。他跳过了几个部分，也没有检查拼写，而且他的字迹潦草。老师试图让肯尼理智些，“你同意你能做得更好些吗?”老师这样问道。可是，肯尼拒绝同意。他很可能将老师让他理智些的要求体会成不合理的了。“我不会再写一遍的,”肯尼毫不动摇地说。但是老师坚持，她不会接受没有达到肯尼的标准因而没有做完的作业。她对肯尼说：“瞧，假如你没有能力做到比这更好些，那么我就可以接受它。但是，我知道你，肯尼，我尊重你的智力和能力。在我的脑海中，你是一个好学生。”肯尼气愤地回到座位上，炫耀地拒绝继续做作业。他坐在那儿，做出挑衅的样子，两个手臂挽起来，合上书本，眼睛直视前方，嘟哝着说他已经受够了！有些孩子惊奇地看着他。肯尼在显示对峙和抵抗，他肯定要有麻烦了。但是，老师似乎对肯尼不理不睬，她将注意力转到其他同学那儿。她知道肯尼，他有一种自傲的性格和强烈的自尊心，肯尼不喜欢别人告诉他该怎么做。然而，老师接受肯尼的，针锋相对的挑战既对肯尼不好，也不利于课堂的气氛。——老师了解肯尼破碎的家庭生活背景，她希望能够充分鼓励肯尼。因此，她从某种意义上是在要求肯尼充分地投入——以积极的一面充分展示自己的能力。她回避了对肯尼的对峙做出直接的反应，老师保持着沉默，不理睬肯尼的装腔作势，过了好一阵肯尼才冷静下来。这时，老师从眼角的余光望去，注意到肯尼终于重新打开书本，继续做作业了。

在这里，沉默向我们敞开教育教学中无声却音韵悠远的世界。

(3)眼睛。

当嘴巴和眼睛相互矛盾时，孩子往往相信眼睛。许多学生是在教师的目光的航线中进行知识的旅行的。

不时地，老师和学生相互阅读着脸上的表情和眼神，去理解什么东西重要、有趣、干扰人、感人、令人厌烦、激动人心、让人心中不平静。一个优秀的教师能够读懂孩子脸上的表情。就像细心的父母能够读懂自己的孩子脸上的各种表情一样。

马克斯·范梅南认为，我们体验到他人的存在大多数是通过眼睛来进行的。通过眼睛我们可以体验到对方内心深处，她或他心灵的存在。我们知道眼睛在表达心灵的复杂情绪方面具有很强的表现力。这些是爱的眼神还是憎恶的眼神？是充满激情的还是心灰意懒的？诚实的还是欺骗性的？信任还是恐惧？希望还是失望？关心还是漠然？眼睛可以表达所有的这一切，甚至更多。我们可以从与我们生活在一起的孩子身上看到这一点。孩子看见了什么？我们的眼睛说了些什么？当我们的眼睛与我们的嘴唇试图要说的相矛盾的时候我们知道吗？

因此，认识到我们的目光通常情况下不能够像我们说出的话那么容易塑造和控制。一个鼓励的点头、一个理解的目光、一个满怀深情的凝视、一个请求和开放性的脸部表情——这些都不是一套简单的行为学技巧，是无法在一个关于课堂管理的研讨班上学得到的。一个用温暖和支持的目光机智地鼓励孩子的老师，必须要有对孩子温暖的感情。这个老师必须成为他或她所传递的目光本身。

(4)动作。

人们通过动作相互接触，彼此靠近，彼此交融，彼此消除疑忌建立亲密与信赖，甚而彼此开诚布公，肝胆相照。当然，动作有时也是一堵任你如何努力也无法打破的铜墙铁壁，成为心灵沟通的障碍，成为一道很难逾越的鸿沟。课堂中教师的身体语言、表情语言是构筑课堂和谐乐章的美好音符。

我们是通过身体和动作初次相遇的。从人们开始相遇和互动的那一刻开始，他们就是以他们的身体和身体的动作出现的。有时我们总会有这种感觉，与某个教师在一起真是如沐春风，而与另一个教师谈话则是如坐针毡。究其缘由，可能是出于动作的细微差别。如前者身体自然倾向你的身边，目光专注侧耳倾听，表示对你非常关注。而后者则是目光游移不定，随时频繁变换身体姿势，身子僵硬地向外倾，显出不耐烦的神色。其实，同一句话因不同的体态语言而显得意蕴及效果不同。如手的摆放位置，是否有友好的点头、微笑的表情等，这些都可能影响表达效果；目光中一种沉思的或不感兴趣的凝视，一种聆听的或僵硬的头部和整个身体的倾斜，能决定语言传达的真实程度与可信度。

(5)气氛。

课堂中师生们是兴高采烈，还是死气沉沉？是眉飞色舞，还是呆若木鸡？是群情激昂，还是垂头丧气？是如痴如醉如迷如恋，还是若即若离不冷不热？进入任何一个课堂，我们都能嗅出每一个课堂潜在的空气、温度和气味。这种感觉称之为情境和气氛。气氛是一节课的底色。总体而言，在阴沉冰冷的底色中很难透出阳光的呼吸，在呆滞刻板沉重乏味的基调下很难回响灵性独特自由不拘的旋律，在轻浅浮泛花里花哨的形态中很难有积淀厚重的思想的诞生……

一个老师与八年级的学生们分享《千纸鹤》这个故事，缅怀那些由于人类的冲突和战争而丧失了生命的人们。老师很快地把故事的背景介绍了一下，它讲的是第二次世界大战的余悸，原子弹迫使日本结束了战争，但是人们至今仍因为第二次世界大战的余波而死去。老师开始阅读故事，全班同学都静了下来。但是，随着故事片的展开，学生开始明显地发现老师有点控制不住自己了，她的声音在颤抖——不是有意这样做来创造戏剧性的效果。这个老师真正地被故事打动了。学生们感到的是老师在故事力量面前的脆弱性，但他们同样也发现老师对故事的反应也同样感染了他们。很有趣的是，这些学生没有一个利用这个情境来取笑老师。为什么没有呢？取笑一个多愁善感的人很容易，但是，这些感情不只是伤感而已。这个故事揭示了人类的真实，所有的学生都被它感动了。

老师觉得最好停下来，她对一位同学说：“你能从这接着读下去吗?”当故事读完之后，老师发现许多同学都被故事感动了。有一些同学很快地用手指擦擦眼睛，还有一些同学低下头，不愿让人看到他们被感动的样子。教室里寂然无声。接下来的沉默不是注意的沉默，也不是等待的沉默或服从的沉默，它是这样一种沉默：使得故事余音尚在，让人反思。与某种深层有力的东西达成和谐，气氛的力量就是那种让人无法抗拒的影响与感染。它几乎是让你身不由己、情不自禁地陷入。然后你的身体与心灵在不断地熔化，不断地聚合。

善于创设气氛的教师是高明的教师，他能让学生沉浸在充满科学、文化、道德、规范的气息中，沉浸在思想的流域中，不知不觉改善自我、提升自我。就像鱼游于水，就像雨细致地滋润稻禾，就像露水沾溉晨花……

(6)榜样。

夸美纽斯称，教师的职业就是通过榜样的作用来教育学生。我们都是教师，因为我们通过我们自己，通过我们的文化生活方式，通过我们独自的个人生活体验向孩子们和年轻人提供了生活应该怎样来度过的景象。实践是无言的大师，而榜样则是最伟大的导师。

学生是从善良中学会善良，从粗暴中学会粗暴，从尊重中学会尊重，从侮辱中学会侮辱！老师是学生最重要的课程。

马克斯·范梅南所说的教育教学机智是体现在与孩子相处时“关心取向”上。他在聆听学生的独特的感受，理解学生的心理体验，尊重学生的主体性。而老师就是要以父母的耐心温情与细致来回应孩子们的心灵的内在召唤。马克斯·范梅南召唤我们如何细心地观察，理解与呵护课堂中的每个生命！而这些，正是我们今天的教育所稀缺的那些通达心灵的力量。这些力量的获得，有赖于我们每一位教师开启自身的人文阅读之旅。

本手册前面提供的一些情景和分析，就是为了给广大教师提供一些捕捉教育契机的例子，更加具有现场感和生动的教育故事在我们的课堂中时时存在，它需要我们去总结、提炼，并研究师生交往中教师情感识别、表达和调适的技巧、策略、经验。

在全球化时代和社会转型的背景下，教师更应该深入思考，有哪些情感主题是初中生生命发展历程中所不能缺席的，这样的情感如何更好地与青少年当下的生活经验对接；如何通过情感教育，从而对学生的人生观、价值取向进行重要的启蒙与内化。这些工作，将有助于实现全球化时代“道德人”的培养，无论对于学生的生命成长还是教师自身的专业素养提升，都将大有裨益。

我们期待着与所有教师一道，携手前进，共同塑造学生和我们自己美好的、充满生命色彩和情感温度的教育生活！

后 记

本手册是朱小蔓教授领衔主持的“全球化时代的‘道德人’培养——教师情感表达与师生关系构建”项目的主要研究成果之一，得到香港田家炳基金会的大力支持和资助。朱小蔓教授作为项目主持人，对手册的研究和编写工作给予了高屋建瓴的全方位指导，并亲自参与研讨实践，为该手册的出版付出了大量的心血和精力。

北京中学和江苏南通田家炳中学作为该项目的种子校，为手册的编写提供了大力的支持，两所学校中很多优秀的、对项目抱有热情的老师们自觉地投入手册案例的征集、撰写等工作中，没有他们的参与，就难有今天呈现在读者面前的这本手册。

北京师范大学教师教育研究中心作为项目依托单位，一直支持手册的研制和编写工作，朱旭东教授、李琼教授、张华军副教授及中心其他很多教师都为手册的编写提供了诸多的便利，并贡献了他们的智慧。感谢刘胡权博士、王坤博士、项目助理李洁妤等在手册编写过程中给予的帮助，感谢为手册贡献宝贵案例的作者和老师们！

北京中学的王守英、全洪姝、刘晓媛、余国志、周洋及江苏南通田家炳中学的张弛、张良金、吉萍等老师在手册后期修改完善中给予诸多支持。感谢四川成都棠湖中学外国语学校的孙晓辉老师，她在百忙之中接受我的邀请，极为认真、负责地为手册修改提出很多有建设性的意见和帮助。

最后，特别要感谢田家炳先生，老先生的爱国情怀和高尚的人格品质令我们感动、敬仰，鞭策我们前进。田家炳中学荣誉校长陈建熊先生及田家炳基金会总干事戴大为先生、干事萧开廷先生、李泽晗女士等都在本手册的研制过程中给予诸多的关心、帮助和指导，在此一并致谢。

由于我们的水平、时间有限，手册中还存在很多不完善的地方，我们将在后期的研究和使用过程中不断地补充更多的案例，也敬请广大教师同仁在阅读、使用中为我们提供更多的批评意见，以便我们不断完善这本手册。

编　者

2018年8月